e스포츠 윤리

eSports Ethics

이상호

박영사

이 저서는 2022년 대한민국 교육부와 한국연구재단의 지원을 받아 수행된 연구임
(2022S1A5C2A02093162)

책을 내면서

e스포츠는 한국이 종주국이다. 종주국은 경기에서 선수의 뛰어난 기량도 있지만, e스포츠의 확산과 관련된 산업, 방송, 팬 문화, 비즈니스, 엔터테인먼트 등의 모든 것이 한국적 상황에서 시작되었다는 의미이다. 2004년 광안리 현상은 그러한 상황을 가장 잘 보여준다. 이러한 상황에서 e스포츠의 윤리적 문제도 한국에서 먼저 등장하였다. 2005년 MBC 게임에서 벌어진 경기 조작 사건과 2010년과 2015년 연이어 발생한 스타크래프트의 승부조작은 e스포츠 생태계의 위협과 e스포츠의 지속 가능성에 대한 회의감을 갖게 하였다.

e스포츠 경기는 디지털 특성상 공정성과 평등성을 전제로 시작하였다. 1972년 스탠퍼드 대학에서 열린 최초의 e스포츠 경기인 스페이스워(Spacewar) 토너먼트에 참여한 24명은 즐거움과 동시에 경쟁을 즐겼다. 그 경기의 우승 상금은 롤링 스톤(Rolling Stone) 잡지 1년 구독권이었다. 하지만 오늘날 e스포츠 경쟁은 다른 양상을 보인다. e스포츠 경쟁은 디지털 규칙하에서 승리를 위해 개인의 기술 능력뿐만 아니라, 팀원 간의 협력을 포함하는 사회적 기술이 필요하다. 선수의 뛰어난 개인과 사회적 기술 발휘에 따른 대중들의 환호와 열광은 방송과 비즈니스가 개입되어 이제 전 세계적으로 모두가 즐기는 엔터테인먼트가 되었다.

디지털 기술의 발전과 함께 경쟁에서의 승리나 상금 획득을 위한 승부의 집착에 따른 윤리적 문제는 피할 수 없다. 오늘날 e스포츠 윤리와 관련된 문제는 다양하다. 첫째, e스포츠에 참여한 플레이어의 유리한 경기 진행을 위한 맵과 유닛의 조작, 도핑, 속임수와 해킹과 관련된 기술적 e도핑이다. 둘째, 프로화에 따른 상업화는 불법적 베팅, 학습권, 선수의 건강권, 인권 등 법률적 문제가 발생하였다. 셋째, e스포츠 엔터테인먼트의 요소는 지적 재산권, 광고, 스폰서와 같은 경제적 문제를 발생시켰다. 넷째, e스포츠의 중독, 과몰입, 폭력, 학습장애 등의 부정적 요소이다. 다섯째, 좋은 장비와 인터넷 환경의 차이 그리고 많은 전력 사용은 e스포츠의 불공정한 상황과 환경을 생각하는 계기가 되었다. 이러한 상황에서 e스포츠 윤리를 체계적으로 설명하기란 쉽지 않다.

더욱이 학문적 관점에서 e스포츠는 스포츠 윤리뿐만 아니라, 비디오 게임 윤리와의 공통성과 차별성을 명확하게 드러내어야 하는데 그 작업 또한 쉽지 않다. 왜냐하면 e스포츠 윤리는 스포츠 윤리와 비디오 게임 윤리가 서로 중첩적으로 연결되어 있기 때문이다. e스포츠는 현실에서 일어난다는 점에서 스포츠 윤리와 연결되지만, 컴퓨팅으로 만들어진 가상세계의 행위와 관련된다는 점에서 게임 윤리와 관계된다.

과거 가상세계에서 축적한 재화가 현실세계에서 통용된다는 사실을 기대한 사람은 많지 않다. 그러나 오늘날 가상화폐는 현실에서 인정되고 사용된다. 이는 가상세계가 현실의 연장된 세계로 받아들여지기 때문이다. 이러한 관점은 e스포츠 윤리에도 적용된다. 따라서 가상세계의 움직임이 현실에서도 연결되어 윤리적 문제를 초래한다는 점에서 이와 관련된 윤리적 해명이 필요하다. 더 나아가 e스포츠 윤리는 가상세계에 참여하는 행위자의 관점을 넘어선다. 이제는 디지털 기술에 의해 만들어진 매개체가 윤리적 행위의 주체로 등장하여 우리의 삶에 영향력을 미친다. 예컨대 AI와 생성형 AI가 윤리적 주체로 등장한다는 것이다. 이는 스포츠 윤리와 비디오 윤리와 또 다른 점이다. 따라서 e스포츠 윤리는 플레이어의 윤리적 문제뿐만 아니라, 디지털 기술에 의해 만들어진 가상세계의 경험이 일상의 삶에서 어떻게 나타나는지, 가상경험을 제공하는 이해관계자(Stakeholders)의 윤리적 행위를 이해해야 한다. 그리고 디지털 매개체가 윤리적 주체로 등장하는 것도 설명해야 한다. 이 모든 것은 e스포츠 윤리와 관련된다.

저자는 2017년 한 학술대회에서 e스포츠의 윤리적 문제는 스포츠에서 보이는 승부조작의 윤리적 문제와 연결되며, 디지털 사용에 따른 질병, 과몰입, 폭력성, 중독 등의 문제에도 관심을 가져야 한다고 하였다. 여기에 더해 e스포츠 윤리는 스포츠와 다른 가상세계에서 일어난 윤리적 행위이기 때문에 디자이너 윤리, 게임 투자자 윤리, 디지털 시스템의 경험과 관련된 윤리적 문제를 담론적으로 설명해야 한다고 하였다. 하지만 그 당시에 e스포츠 윤리가 무엇이고, e스포츠 대상과 관련된 이론적 근거 및 실천적 방법이 무엇인지와 관련하여 구체적인 논의를 진행하지는 못하였다. e스포츠 윤리와 관련된 산발적인 논의, 즉 e스포츠 플레이어의 경쟁과 관련된 윤리적 논쟁, 부정적인 건강문제, 법률적 경제적 권리 등은 있었지만, 체계적인 e스포츠 윤리를 조망하고 이해할 수 있는 저서는 전혀 없는 실정이다.

저자는 e스포츠가 독자적인 학문 영역이 가능하다고 생각한다. 이를 뒷받침하기 위해서라도 체계적인 e스포츠 윤리의 설명이 필요하다고 생각하였다. 아직 e스포츠의 학문체계가 수립되지 않는 상황에서도 담론적으로 e스포츠 윤리를 제시하고 싶었다. 이 점이 저자가 『e스포츠 윤리』라는 제목의 저서를 집필하게 된 동기이다. 이러한 e스포츠 윤리와 관련된 생각을 이제 한 권의 책으로 현실세계에 내놓고자 한다. 이렇게 할 수 있었던 것은 e스포츠 관련 동료의 관심과 배려에 근거하며, 특히 나의 아내와 두 아들 재민과 재영의 지지에 감사하다는 말을 전한다. 또한 이 책 출간에 노력해 준 박부하 과장과 더 좋은 책을 만들어 준 편집을 담당한 탁종민 과장에게도 감사하다. 혼자 이루는 것은 없다.

이 책을 저술하는 동안 힘들 때마다 들은 음악은 구스타프 말러(Gustav Mahler)였다. 특히 그의 교향곡 5번은 힘든 상황의 암흑을 지나 마음의 평정을 가져다주었고, 교향곡 2번 '부활(Resurrection)'은 글자 그대로 e스포츠 윤리 저술에 새로운 힘을 가져다주었다. 그에게 감사한다. 이 책이 놀이와 경쟁에 참여하는 플레이어와 e스포츠 이해관계자 그리고 e스포츠 연구자에게 더 나은 e스포츠 윤리를 만들어 가는 데 디딤돌이 되었으면 한다.

2025.04.22.

연구실에서

이상호

서론

1. 들어가면

독자적인 e스포츠 윤리가 가능한가? 이 질문은 두 가지 관점으로 설명이 가능하다. 먼저 e스포츠 윤리는 독자적인 영역으로 제시할 수 없다는 것과 반대로 e스포츠 윤리는 가능하다는 입장이다. 전자의 관점에서 본다면, e스포츠 윤리는 스포츠 윤리의 관점에서 해석할 수 있기 때문에 굳이 e스포츠 윤리의 측면에서 설명할 필요가 없다는 것이다. e스포츠에 경쟁이 개입되는 상황에서 나타난 속임수, 부정행위, 도핑, e도핑 등 비윤리적 행위는 스포츠 윤리로 충분히 논의가 가능하기 때문에 독자적인 e스포츠 윤리는 필요하지 않다는 것이다. 후자는 독자적인 e스포츠 윤리가 가능하다는 입장이다. 하지만 이 문장의 타당성을 확보하기 위해서는 e스포츠 윤리가 무엇이고, 그 대상과 목적 그리고 그것의 해석과 실천적 방법이 학계로부터 타당성을 인정받을 수 있는 이론적 근거를 제시해야 하는 현실적인 문제에 부딪힌다. 여기에 e스포츠가 비디오 게임과 밀접한 연관성에 따라 비디오 게임 윤리와 차이점과 유사점을 명확하게 드러내어야 한다. 덧붙여 스포츠 윤리와의 관계도 명확하게 해명해야 한다. 이러한 어려움은 아직 e스포츠 윤리와 관련된 체계적인 저서가 없는 이유이기도 하다.

저자는 독자적인 e스포츠 윤리가 가능하다고 생각한다. 비록 e스포츠 윤리는 스포츠 윤리 및 비디오 게임 윤리와 겹치는 부분이 많지만, 그 자체로 독자적인 영역으로 설명할 수 있다. e스포츠에 경쟁과 같은 스포츠의 가치와 내용이 포함되어 있다고 해서 e스포츠를 스포츠 윤리의 접근법으로 설명하는 것은 e스포츠를 스포츠의 영역으로 축소시킬 가능성이 높기 때문이다. e스포츠는 경쟁의 차원 이외에도 컴퓨팅으로 만들어진 가상세계에 자발적인 디지털 놀이 참여의 특징을 보여준다. 이는 스포츠와는 다른 e스포츠만의 윤리적 태도를 보여준다. 또한 비디오 게임은 플레이어로 하여금 윤리적 숙고를 하는데 유용하다(Sicart, 2009; Schrier, & Gibson 2010; Zagal, 2011)고 하더라도, 게임 윤리의 관점에서 e스포츠 윤리로 설명하는 것에도 한계를 갖는다. e스포츠 윤리는 스포츠 윤리와 게임 윤리 사이에 중첩적인 부분이 존재하지만, 각각이 주장하는 초점은 다를 수밖에 없다. 스포츠는 현실의 행위 움직임에 관심을 갖는 반면에 비디오 게임이나 e스포츠는 디지털 기술에 근거한 가상세계에서 활동과 움직임에 관심을 갖는다. 예컨대 스포츠 윤리는 인간의 신체적 참여와 행동과 관련된 윤리적 문제이며, 비디오 게임의 윤리는 디지털 미디어와의 상호작용의 관점에서 논의되고 있다. 컴퓨터 게임의 윤리는 직접적인 플레이어의 경험에 따른 윤리나 디자이너의 윤리에 관심을 갖는다. 이는 스포츠 윤리와 비디오 게임의 윤리가 서로 지향하는 방향과 내용이 다름을 보여준다.

반면에 e스포츠 윤리는 경쟁에서 인간 행위와 관련된 윤리적 논쟁 이외에도 디지털 행위의 자발적 놀이 참여, AI와 디지털 기술의 발전에 따른 경쟁, 컴퓨팅의 기술로 만들어진 가상세계의 윤리, 디자인과 관련된 윤리, 디지털 매체와의 상호작용 윤리, 기술 윤리, 법적인 문제 등 총체적인 윤리적 문제를 고려해야 한다. 또한 e스포츠 윤리는 가상과 현실이라는 상호작용에서 발생하는 윤리적 문제를 해결해야 한다.

e스포츠 게임 내에서 상대를 공격해 무력화하는 행위가 있다고 해서, 이를 일상생활의 윤리적 잣대로 비윤리적이라 평가하기는 어렵다. 그렇다고 해서 그 행위에 대한 윤리적 검토가 필요 없다는 말은 아니다. 가상세계에서의 윤리적 행위와 그 동기가 일상생활에 영향을 미칠 수 있으므로, 이에 대한 윤리적 해명이 필요하다. 이와 같이 e스포츠 윤리는 스포츠 윤리와 비디오 게임의 윤리와 다른 이해의 접근이 필요하다. e스포츠는 디지털 플랫폼과 기기의 운영에 근거한 경쟁과 관련된 윤리적 행위를 넘어, 상상력의 놀이에서 근거한 전 지구적인 현상이기 때문에 자발적 디지털 놀이라는 측면에서 윤리적 내용을 검토할 필요가 있다. 따라서 e스포츠는 스포츠 윤리와 비디오 게임의 윤리와 다른 독자적인 e스포츠 윤리가 가능하다고 생각한다.

이 저서는 독자적인 e스포츠 윤리의 영역과 이해를 위한 담론적 내용이다. 이러한 e스포츠 윤리의 내용이 타당성을 획득한다면, 이는 저자가 바라는 독자적인 e스포츠 학문 형성에도 일조할 것이다. 물론 독자적인 e스포츠 윤리를 제시하기란 쉽지 않다. e스포츠 윤리학이 되기 위해서는 e스포츠 윤리란 무엇이고 무엇을 대상으로 하고, 그 목표는 무엇인지 해명되어야 한다. 그리고 그것을 파악하기 위한 이론적 방법과 실천적 타당성의 검토가 이루어져야 한다. 이 모든 것은 쉽지 않은 작업이다. 그럼에도 불구하고 누군가는 그 길을 걸어가야 한다. 이 저서는 그 길을 내고자 하는 작은 걸음이다. 그 길에서 더 많은 사람들이 동참해서 새로운 길이 만들어지기를 기대한다.

2. 연구의 목표와 논의 순서

본 저서는 e스포츠 윤리학을 형성하기 위한 e스포츠 윤리의 이론적 내용과 현상 그리고 실천적 방법을 담론적 관점에서 제시하고자 한다. 1부에서는 e스포츠 윤리와 관련된 기초 이론 내용을 다루고자 한다. 1장에서는 e스포츠 윤리의 전제인 e스포츠가 무엇이고, 왜 e스포츠 윤리가 필요한지, 독자적인 e스포츠 윤리의 지향점이 무엇인지를 설명하고자 한다. 이를 통해 e스포츠 윤리에 대한 전반적인 이해의 틀을 형성할 수 있을 것이다. 2장에서는 e스포츠 윤리에 대한 다양한 인식론적 관점들, 즉 상대주의와 절대주의의 관점, 현실과 가상의 인식, 인지 과학적 관점에서 e스포츠의 윤리 이론을 설명하였다. 이를 통해 기존 스포츠 윤리와 비디오 윤리의 차이점과 유사점을 드러내고 독자적인 e스포츠 윤리적 이론체계를 형성할 수 있을 것이다. 3장에서는 결과론, 의무론, 덕 윤리, 동양 윤리, 현상학적 윤리의 이론 체계로 e스포츠 윤리의 해명과 윤리 적용과 관련된 내용 등을 설명하였다. 이를 통해 e스포츠 윤리의 설명에 가장 적절한 이론적 근거로 경험의 본질을 설명한 현상학적 윤리학의 이론 체계가 타당성을 갖고 있음을 확인하였다. 4장에서는 기술의 발달에 따른 디지털 환경과 e스포츠 윤리와의 관계를 해명하였다. 여기에서는 디지털 기술의 발전에 따라 나타난 VR/AR/MR/XR/IoT의 등장에 따른 윤리적 문제를 논의하였다.

2부에서는 개별적으로 나타난 현상과 관련된 e스포츠 윤리의 내용을 다루고 있다. 5장에서는 선수 윤리에 대해 살펴보고자 한다. 이 장에서는 선수들이 경기에서 지켜야 할 페어플레이, 스포츠맨십, 굿 게임의 가치와 실천 방향에 대해 논의하였다. 6장에서는 놀이 참여의 윤리를 살펴보고자 한다. e스포츠 출발의 근원은 디지털 놀이에서 출발한다.

자발적인 디지털 놀이에 참여함으로써 플레이어는 재미와 즐거움을 경험한다. 여기에는 플레이어의 상상력이 발휘된다. 이와 관련해서 호이징가와 가다머의 이론적 근거를 통해 놀이 윤리가 무엇인지를 논의하고자 한다. 7장은 행위성(agency)의 윤리를 다룬다. e스포츠 윤리는 컴퓨팅 기술로 구현된 디지털 대상과 인간의 움직임 사이에서 발생한다. 플레이어는 자신이 선택한 아바타를 통해 행동하며, 그 결정에 따른 결과를 직접 확인할 수 있다. 바로 이처럼 자신의 행위와 결과가 긴밀하게 연결된 상호작용이 e스포츠 윤리를 스포츠 윤리와는 다른 독자적인 영역으로 만든다. 8장은 디자인 윤리에 대한 내용이다. e스포츠의 윤리적 행위는 디자이너가 설정한 프로그램에 따라 플레이어의 행동에 일정 정도 영향을 미친다. 여기에서는 디자이너에 의해 설계된 디자인과 플레이어 간의 직접적인 대면에서 일어나는 윤리적 내용을 다루고자 한다. 덧붙여 디자인된 그 자체의 윤리적 의미와 그 속에서 플레이어 윤리적 경험이 어떻게 전개되는지도 살펴볼 것이다.

3부에서는 e스포츠와 사회 윤리를 살펴보고자 한다. 디지털 기술의 발달 과정에서 탄생한 e스포츠는 다양한 사회 문제를 일으킨다. 9장은 e스포츠에서 일어나는 인종 차별, 성 차별, 장애 차별, 도핑, e도핑과 관련된 내용을 논의하고자 한다. 10장은 e스포츠와 인권과 법을 다룬다. 단지 플레이어뿐만 아니라, e스포츠 선수도 인간으로 존중받아야 할 인권과 법적인 보장이 필요하다. 이와 관련하여 한국e스포츠협회의 스포츠공정위원회, e스포츠진흥에 관한 법률, 3종의 e스포츠 표준계약서 등의 법적인 장치와 관련된 논의를 진행하고자 한다. 11장은 e스포츠 정책과 조직의 윤리를 다룬다. 한국의 e스포츠의 성장은 정책적 뒷받침에서 시작하였기 때문에 이와 관련된 논의는 필수적이다. e스포츠의 특성상 e스포츠 게임 개발사의 영향력이 크다는 점에서 그들의 사회적 책임이 존재한다. 이는 e스포츠 조직의 윤리와도 연결된다. 12장은 e스포츠 지도자의 윤리와 심판 윤리를 살펴본다. 여기에서는 e스포츠 지도자의 역할, 책임, 권한이 무엇이고, 경기에서 심판의 윤리적 역할에 대해서 논의하고자 한다.

마지막으로 4부는 e스포츠와 학교윤리를 다룬다. 13장에서는 학교 e스포츠 교육이 인성 함양에 미치는 영향과 윤리 교육의 올바른 방향을 논한다.

이러한 저자의 e스포츠 윤리에 대한 주장을 통해 e스포츠 윤리가 무엇이고, 어떠한 방향으로 전개되어야 하는지, 실천적인 방법으로 타당성을 갖는지와 관련된 논의가 시작되기를 기대한다.

차례

| 책을 내면서 | · 3

| 서론 | · 7

Part 01 e스포츠 윤리의 기초 18

Chapter Ⅰ. e스포츠와 윤리 20

1. e스포츠와 e스포츠 윤리 20
2. e스포츠 윤리가 왜 필요한가? 26
3. e스포츠 윤리 연구의 지향점과 특징 29

Chapter 2. e스포츠 윤리의 인식론적 접근 36

1. e스포츠와 윤리적 상대주의 36
2. e스포츠와 윤리적 절대주의 40
3. 현실과 가상의 도덕적 인식 44
4. 인지 과학적 접근 47

Chapter 3. 윤리 이론의 적용 57

1. e스포츠와 결과론적 윤리 59
2. e스포츠와 의무론적 윤리 63
3. e스포츠와 덕 윤리 68
4. e스포츠와 동양 윤리 74
5. e스포츠와 현상학적 윤리학 79

Chapter 4. 디지털 혁명과 e스포츠 윤리 89
1. 디지털 혁명과 e스포츠 89
2. 디지털 기술과 e스포츠의 윤리적 문제 104
3. 인터넷 윤리와 e스포츠 윤리 107

Part 02 e스포츠 플레이어와 윤리 구성 112

Chapter 5. 선수 윤리 114
1. 페어플레이의 유래와 의미 114
2. 스포츠맨십 120
3. 굿 게임(Good Game) 122

Chapter 6. 디지털 놀이 윤리 126
1. 놀이와 마법의 원(magic circle) 126
2. e스포츠 놀이의 윤리 134
3. 가다머의 놀이 윤리 138

Chapter 7. 행위성(Agency)의 윤리 142
1. 디지털과 상호작용성 142
2. e스포츠 상호작용성의 특징 145
3. e스포츠 상호작용성의 윤리 148
4. 도덕적 행위자로서 윤리 151

Chapter 8. 디자인 윤리 157
1. 디자이너의 윤리 157
2. 디자인된 윤리 164
3. 미적 경험의 윤리 169

Part 03 e스포츠와 사회 윤리 178

Chapter 9. e스포츠와 불평등 180

1. e스포츠와 인종 차별 180
2. e스포츠와 성 차별 187
3. e스포츠와 장애 차별 192
4. e스포츠와 도핑 200

Chapter 10. e스포츠의 인권과 법 218

1. e스포츠 선수의 인권과 법 218
2. 공공재와 지적 재산권 235

Chapter 11. e스포츠 정책과 조직의 윤리 244

1. e스포츠의 정책 윤리 244
2. e스포츠 조직의 윤리 251

Chapter 12. e스포츠 지도자와 심판 윤리 257

1. e스포츠 지도자의 역할 257
2. e스포츠 지도자의 윤리 259
3. e스포츠 심판의 자격과 역할 262
4. e스포츠 심판의 윤리 265

Part 04 e스포츠와 학교교육 270

Chapter 13. e스포츠와 윤리 교육 272

1. e스포츠 교육과 인성 교육 272
2. 윤리 교육의 내용과 e스포츠의 역할 279

| 참고문헌 | · 284

| 색인 | · 296

Part 01

e스포츠 윤리의 기초

윤리란 인간의 관계에서 지켜야 할 태도나 도리를 말한다. 이는 e스포츠 윤리에도 적용된다. 하지만 e스포츠 윤리는 현실의 인간 관계에서 지켜야 할 태도가 가상세계의 디지털 영역까지 확대되므로 e스포츠 윤리는 인간이 지켜야 할 윤리적 태도뿐만 아니라, e스포츠 현상에서 나타난 컴퓨팅으로 만들어진 디지털 세계의 윤리적 의미와 그들 간 인간의 움직임과 관련된 지켜야 할 규범이나 태도까지도 이해해야 한다. 이를 위해 저자는 1부에서는 e스포츠 윤리를 체계적으로 이해하기 위한 이론적 근거를 제시하고자 한다. 1장에서는 e스포츠가 무엇이고, 왜 e스포츠 윤리가 필요한지, e스포츠 윤리의 지향점을 제시하고자 한다. 2장에서는 e스포츠 윤리를 이해하는 다양한 인식론적 접근에 따른 윤리적 내용을 설명하고자 한다. 3장에서는 다양한 윤리이론을 e스포츠에 적용하여 e스포츠 윤리의 실천적 가능성과 한계를 살펴볼 것이다. 4장에서는 미래 디지털 기술의 환경에서 발생하는 e스포츠 윤리의 내용을 설명하고자 한다.

CHAPTER 1

e스포츠와 윤리

1. e스포츠와 e스포츠 윤리

사전적 의미로 윤리는 "사람으로서 마땅히 행하거나 지켜야 할 도리"를 말한다. 윤리 연구는 사람이 지켜야 할 도리가 무엇이고, 그 도리가 어떻게 이루어지는가를 연구한다. 도리란 "사람이 어떤 입장에서 마땅히 행하여야 할 바른 길"이라면, 윤리학은 바른 길을 가기 위해 지켜야 할 규칙이 무엇이고, 그것을 판단하기 위한 기준이 무엇인지를 설명하는 학문이다. 일상적인 용어로 우리는 윤리(ethics)와 비슷한 도덕(morality)이라는 말을 사용한다. 어릴 때 공중도덕에서 보여주듯이 모두가 지켜야 할 약속, 즉 도덕으로 사용된다. 반면에 성인에게는 도덕 대신에 윤리 단어를 요구한다. 전자는 그리스어를 어원으로 ethikos, 즉 도덕적 성격과 습관을 의미한다. 후자는 라틴어 moralis에서 나왔으며, 사회적 관습과 행위의 도덕성을 가리킨다.[1)]

동양적인 한자 표현도 윤리와 도덕의 내용이 일정 부분 다르다. 한

1) www.etymonline.com

자인 윤리(倫理)는 인간이 지녀야 할 태도나 도리의 의미를 가진 글자이다. 한자인 윤(倫)은 인간의 무리라는 글자로 人(사람 인)자와 侖(둥글 륜)자가 결합한 회의문자이다. 侖자의 기원은 둥글게 말아놓은 죽간(竹簡)을 그린 것으로 '둥글다'는 의미를 갖는다. 옛 사람들은 세상을 돌고 도는 것으로 생각했다. 내가 인륜을 저버리면 언젠가는 나에게 불행으로 돌아올 것이고, 반대로 내가 '도리'를 지킨다면 언젠가는 나에게 좋은 일로 되돌아올 것이라는 윤회 사상을 믿었기 때문이다. 理자는 '이치'나 '다스리다'를 뜻하는 글자이다. 理자는 玉(구슬 옥)자와 里(마을 리)가 결합한 형성문자이다. 단단한 옥에 무늬를 새기는 작업은 매우 어려우며, 이 과정에서 생긴 흠집을 메우거나 수선해야 했다. 그래서 理자는 후에 '메우다'나 '수선하다'는 의미를 가지게 되었으며, 오늘날에는 '(일을) 처리하다'는 뜻으로 쓰이고 있다.[2] 이처럼 理는 일을 처리하는 방식으로서, '바르다'는 의미를 지니게 되었다.

반면에 도덕(道德)은 인간이 마땅히 가야할 길에 대한 행위 준칙이나 규범을 의미한다. 도(道)는 '길'이나 '도리', '이치'를 뜻하며, 덕(德)은 은덕이나 선행의 의미를 담고 있다. 德자는 '걸어 간다'의 彳(척), '바름'을 나타내는 直(직), 心(마음 심)자로 구성되어 있다. 이처럼 '德'은 '곧은 마음으로 삶의 길을 걷는 사람'을 상징하며, 윤리적 관점에서 '길'은 곧 우리의 삶이나 인생을 비유한다. 따라서 '德'은 바른 마음가짐으로 살아가는 태도, 곧 도덕적 삶을 의미한다고 볼 수 있다.[3]

엄밀하게 접근한다면, 윤리는 사회관계에서 지켜야 할 도리나 방법이라면, 도덕은 개인적인 측면을 강조한다. 하지만 실천적 측면에서

2) 네이버 한자 사전.

3) 덕의 윤리적 의미와 관련해서는 이상호(2023)의 9장을 참조.

타율이 아닌 개인의 자율성을 기본으로 자신의 개인적 이익보다는 타인의 관심과 요구를 바탕으로 행동해야 한다는 점에서 윤리와 도덕은 서로 구분할 필요는 없다(김정효, 2024:14). 이 저서에도 윤리와 도덕은 같은 의미로 사용한다.

e스포츠란 무엇인가? e스포츠의 사전적 정의는 전자적인 스포츠(electronic sports)의 약자이다. 전자적인 특징은 디지털 게임을 말하며, 스포츠의 경쟁적인 요소가 결합되어 일반적으로 e스포츠는 경쟁적인 비디오 게임으로 불린다.[4] 한국에서 법률적 의미로 '이스포츠'는 게임물을 매개로 하여 사람과 사람 간에 기록 또는 승부를 겨루는 경기 및 부대활동을 말한다.[5] 스포츠가 제도화된 규칙에 따라 승부를 내기 위해 경쟁하는 것이라면, 경쟁과 관련된 움직임에는 윤리적 문제가 발생한다. 예컨대 인간의 승리에 대한 욕망이 다른 사람과 충돌할 때 어떻게 행동해야 하는지, 그들 간의 규칙의 타당성은 어떻게 설정할 것이며, 그 규칙의 내용이 플레이어에 적절하게 적용 가능한지의 질문은 당연히 따라온다. 따라서 e스포츠 윤리도 e스포츠의 정의에 근거한 윤리적 대상, 윤리적 목적, 윤리의 연구 방법을 설정해야 한다. 즉 e스포츠 윤리는 e스포츠 플레이의 행위와 현상을 대상으로, 옳고 그름의 기준을 제시하고, 그 기준이 윤리적 이론에 근거해서 타당한지를 탐구하는 학문 분야이다. 그러나 e스포츠 윤리는 가상세계에 참여하는 인간의 행위와 디지털 매개체가 윤리 행위의 주체로 영향을 미치므로 이와 관련된 윤리적 논의가 필요하다. 다시 말해, e스포츠 윤리가 무엇인가의 질문

4) e스포츠 정의와 관련해서는 이상호(2024a)를 참조.

5) 이스포츠(전자스포츠) 진흥에 관한 법률에 따르면 공문서는 영어를 쓸 수 없어 한글인 '이스포츠'로 사용한다. 하지만 이 책에서 저자는 e스포츠라는 단어로 통일하여 서술하고자 한다.

과 해답은 e스포츠만이 갖고 있는 대상, 목적, 해결 방안까지 포함해야 한다. 하지만 미래 디지털 기술의 영향력을 명확히 예측하기 어렵듯이, e스포츠 윤리를 체계적으로 설명하기란 쉽지 않다.

e스포츠 윤리(eSports Ethics)는 e스포츠의 윤리(Ethics of eSports)와 윤리의 e스포츠(eSports of Ethics)를 포함한다. 전자는 e스포츠가 인간에게 적용될 때 나타난 윤리적 현상을 이해하고 설명하는 것이다. 이는 e스포츠의 경쟁 본질과 관련된 윤리적 의미를 파악하는 것이다. 예컨대 디지털 기술의 발달에 따른 e스포츠 경기 장르의 등장과 그것에 참여한 플레이어 움직임과 관련된 윤리적 내용이다. 이는 저자가 정의한 "e스포츠는 디지털 플랫폼이나 디지털 기기 하에서 인간의 움직임을 통해 승부를 내는 경기이다"(이상호, 2019)에서 나타난 윤리적 문제이다. 이러한 관점은 스포츠 윤리의 내용과는 크게 차별성을 보이지 않는다. 경쟁과 관련해서 스포츠 윤리나 e스포츠 윤리에는 윤리적 문제를 분리할 수 없기 때문이다.

후자는 윤리 자체에 대한 하나의 매개체로서 e스포츠의 윤리적 영향력을 설명하는 것이다. e스포츠는 스포츠와 다르게 디지털을 매개로 그 자체로 윤리적 영향력을 행사한다. e스포츠는 e플레이, e게임, e스포츠(프로 e스포츠), VR/MR/AR e스포츠, M e스포츠로 구성된다(이상호, 2024a)면, 각각의 디지털 매개체와 관련된 e스포츠 윤리의 내용은 매우 복잡하게 나타난다. 즉 e스포츠 윤리는 플레이어 경기와 승부와 관련된 윤리적 문제에 국한되지 않는 복잡한 양상을 보여준다. 더욱이 직접적인 참여자인 동시에 관전자의 특징인 e스포츠는 디지털 행위의 윤리적 주체로 등장한다. 이는 넓은 의미로 저자가 e스포츠를 정의한 '디지털 행위성의 놀이'(Lee, 2023)라는 측면에서 본다면, 윤리적 주체와 대상의 설정은 달라지기 때문에 윤리적 이론의 근거를 새롭게 설정해야 한다. 예컨대 가상세계의 아바타를 움직이고 행동하는 주체가 누구인지, 자발적 디지털 참여의 놀이에 따른 윤리적 의미는 달라진다. 가상세계 안에서 인간이 아닌 디지털이 만들어낸 매개체가 윤리적 주체로 등장하는 상황에서 그것과 인간과의 상호관계 속에서 나타난 경험의 윤리적 문제도 고려해야 한다.

독자적인 e스포츠 윤리를 이해하기 위해서는 스포츠 윤리에 대한 정의를 파악할 필요가 있다. 박성주(2014: 83)에 따르면 스포츠 윤리란 '옳음(good)', '그름(wrong)'과 같은 도덕적 의미의 용어들이 스포츠 환경에서 사용될 때 그 기준은 무엇이고, 그 기준이 정해지는 방법에 대한 탐색이라 하였다. 하나의 학(學)으로서 스포츠 윤리는 스포츠 상황에서 발생하는 규범적 가치 판단의 문제에 있어서 스포츠인이 해야 할 바람직한 도덕적 판단의 원리나 근거를 마련하기 위해 윤리의 본질적 문제 탐구를 하는 학문 분야라고 정의하였다. 즉 좋은 스포츠를 위한 스포츠인의 올바른 행동을 위한 철학적 탐구이다.

스포츠 윤리의 관점에서 e스포츠 윤리의 논의는 긍정과 부정의 입장이 존재한다. 전자는 스포츠 윤리의 관점에서 충분히 e스포츠 윤리를 다룰 수 있다는 것이다. "스포츠 윤리란 스포츠에 참여하는 사람들이 행동하는 데에 요구되는 행동원리, 도덕적 표준, 도덕적 특성에 관한 탐구라고 정의한다"(박성주, 2014: 80). 이는 e스포츠 윤리에도 적용이 가능하다. 즉 e스포츠에 참여한 플레이어의 행동에 요구되는 행동의 규칙이라면, e스포츠에서 보이는 도핑, 속임수, 승부조작, 욕설과 같은 비윤리적 행위 등은 스포츠 윤리의 관점에서 충분히 논의가 가능하다. 하지만 e스포츠 윤리는 스포츠 윤리와 중첩되는 부분이 있지만, 앞에서 언급하였듯이 e스포츠 윤리만의 독자적인 영역이 존재한다.

물론 이러한 저자의 주장이 타당성을 확보하기 위해서는 e스포츠의 대상과 목적이 무엇이고, 그 윤리적 문제를 해결하기 위한 실천적 방법에 대한 이론적 타당성까지 확보해야 한다. e스포츠는 현실세계가 아닌 가상세계의 참여자이면서 동시에 현실의 관전자이기 때문에 스포츠 윤리에서 일어나는 현실세계 참여자의 윤리와는 다르다. 직접적인 시각에서 보여주는 e스포츠 참여의 경험은 몰입을 만들어내고, 그 몰입은 정도에 따라 그 자체로 윤리적 의미를 만들어낸다. 또한 디자이너가 설정한 가상세계인 게임의 영역에서 능동적인 활동[6]하는 주체의 윤리적 문제도 고려해야 한다. 더 나아가 게임 내에서 특정 역할을 수행하는 가상의 캐릭터, 즉 Non－Player Character(이하 NPC)의 능동적인 행동에 대한 윤리적 문제까지 고려해야 한다. 이전에는 NPC가 플레이어의 경험을 위해 존재하였지만, 인공지능의 발달에 따라 스스로 윤리적 주체로 등장한다는 것이다. 이는 스포츠 윤리가 아닌 e스포츠 윤리의 새로운 해석을 요구한다. e스포츠는 스포츠와 같이 현실에서 참여하여 윤리적 행위를 일으키는 것뿐만 아니라, 디자이너가 설정한 디지털이 만든 가상세계에 참여함으로써 나타난 윤리적 문제도 설명해야 한다. 디자인된 가상세계에 참여한 플레이어의 경험 또한 자신의 윤리적 결정에 영향을 미치기 때문이다. 이 모든 것은 서로 유기적으로 연결되어 있는 상황에서 e스포츠 윤리의 주체가 누구인지 그 역할은 무엇인지 해명해야 한다.

6) 게임이라는 것은 주어진 목표를 달성하기 위해 자신의 행위적 유동성(agential fluidity)이라는 중요한 역량을 지니며 게임 그 자체는 참여한 사람들의 역량을 최대치로 활용한다(이동휘 역, 2022: 15).

저자는 e스포츠 윤리를 좁은 의미와 넓은 의미로 구분하여 설명하고자 한다. 좁은 의미의 e스포츠 윤리는 경쟁과 관련된 스포츠 윤리 사건들을 해명하는 데 초점을 맞추며, 이는 기존 스포츠 윤리와 매우 유사한 측면이 있다. 반면에 넓은 의미로 e스포츠 윤리는 디지털 행위 기반의 놀이 참여와 관련된 윤리적 행위의 원인, 관계, 영향력을 파악하는 것을 목표로 한다. 이 놀이 개념에는 자발적으로 디지털을 활용하는 초기 단계의 놀이뿐만 아니라, e스포츠 월드컵, 롤드컵, 그리고 매년 미국에서 열리는 아케이드 대전 격투기 게임 대회인 EVO(Evolution Championship Series, 이하 EVO)와 같은 세계적인 경기까지 포함된다. 여기에는 디지털 자체의 윤리 역시 고려되어야 한다. 나아가 e스포츠가 가상세계에 기반한 움직임임에도 불구하고 현실세계의 윤리적 태도에 영향을 미친다는 점에서 e스포츠 윤리를 해명할 새로운 이론적 관점을 제시하고자 한다. 이 저서에서 제시하는 현상학적 윤리 이론과 인지 과학 등의 이론적 방법론은 e스포츠 윤리가 나아가야 할 방향과 모든 움직임 그리고 행동 관계에서 실천적 방법을 배우는 데 도움이 될 것이다.

2. e스포츠 윤리가 왜 필요한가?

e스포츠는 디지털 기술의 발전과 경쟁을 기반으로 비즈니스의 개입으로 엔터테인먼트 산업의 영역으로 성장하였다. 메카 스포츠의 형태로 e스포츠는 디지털 기술을 매개로 전략과 전술에 근거하여 경쟁에 참여하여 승리 쟁취의 과정을 보여준다. 경쟁에서 공정성과 같은 윤리적인 원칙과 규범의 준수는 e스포츠 지속 가능한 발전의 전제 조건이다. 과거 e스포츠 참여에는 긍정과 부정의 윤리적 내용을 보여 주었다. 예컨

대 자발적인 e스포츠 경기 참여가 오늘날 한국이 e스포츠 종주국의 위상을 가져다주었다. 반면에 한국에서 발생한 2010년 승부조작과 같은 비윤리적 행위가 한국 e스포츠의 성장에 어떻게 방해 요소로 작동하였는지 또한 잘 보여 주었다. 비윤리적 행위는 근본적으로 e스포츠의 성장을 저해하는 중요한 문제로 등장하였고, 학문적으로 e스포츠 윤리를 검토하는 계기가 되었다. 그 당시에는 선수들의 개인적인 불법 행위가 중요한 윤리적 문제를 대두되었지만, 오늘날 디지털 기술의 발달에 따른 새로운 e스포츠 장르의 등장과 더불어 여기에 참여하는 플레이어의 중독, 과몰입, 폭력성, 학습권 침해 이외에도 지적 재산권, 선수의 인권 등과 관련된 다양한 윤리적 논의가 등장하였다.

25년의 e스포츠 역사에서 e스포츠 산업의 지속 가능성과 장기적인 성장을 위한 윤리적인 원칙의 적용은 필수적이다. 승부를 내는 경기의 관점에서 본다면, 플레이어의 윤리적인 행동과 공정한 플레이는 e스포츠의 윤리적 의미를 명확하게 이해하는 계기를 마련하였다. 이는 더 많은 사람들이 e스포츠에 참여하고 투자를 이끌어내는 요인이 된다. 또한 윤리적 주체와 행동의 대상이 인간을 넘어, 디지털 작동이 스스로 행동의 주체로서 인간에게 영향을 미친다는 점에서 디지털 윤리의 관점에서 e스포츠 윤리를 검토할 필요성이 제기되었다. 따라서 e스포츠 윤리는 경쟁을 본질로 하는 인간의 행위, 디지털 인간의 이해, 디지털의 매개체, 그리고 그들 관계에서 나오는 윤리적 해명이 필요하다. 윤리가 주어진 환경에서 인간이 살아가는 하나의 가치 있는 삶에 유용한 방법이라면, e스포츠 윤리는 디지털 환경과 인간의 행동을 이해하는 중요한 이론이다. 이는 단순히 경쟁과 관련된 논의를 넘어선다.

e스포츠 윤리가 필요한 이유는 다음과 같다. 첫째, e스포츠의 공정

성을 담보한다. e스포츠는 디지털 특성상 참가자의 나이, 성별, 국적에 상관없이 참여가 가능하다. 이에 따라 모든 참가자에게 공정하고 평등한 조건하에서 경쟁할 수 있는 기회를 보장해야 한다. 디지털 특성상 비윤리적인 행위는 즉각적으로 확대되어 e스포츠의 공정성을 훼손한다. 둘째, 스포츠맨십의 발휘이다. 경기에서 상대방의 존중, 공정한 플레이, 승부결과의 인정 등은 바람직한 e스포츠 경쟁 환경의 성장에 도움이 된다. 셋째, 도핑과 e도핑의 부정행위 방지이다. e스포츠는 약물 도핑도 있지만, 더 중요한 것은 해킹, 승부조작, 대리, 핵 등 e도핑의 부정행위가 개입되면, 그 여파는 디지털 특성상 빠르게 확산될 가능성이 높다. 이는 e스포츠 경기의 신뢰도를 떨어뜨리고 모두의 공정한 경기 진행에 방해가 될 것이다. 넷째, 플레이어의 정신 건강과 삶에 도움이 된다. e스포츠 선수들은 하루에 10시간이 넘게 게임을 한다. 이는 스트레스와 손목증후군, 시력 등 다양한 부상과 증상을 야기한다. 여기에 지나친 스트레스나 훈련으로 자신의 건강을 해친다. 코치나 지도자의 윤리적 인식은 플레이어의 균형 잡힌 생활을 유지하는 데 도움을 줄 수 있다. 다섯째, 커뮤니티의 신뢰를 유지할 수 있다. e스포츠는 참여자인 동시에 관전자의 특징을 보여준다. 그들 간의 커뮤니티의 윤리적 태도는 e스포츠의 신뢰로 이어진다. 이를 통해 e스포츠의 지속 가능성을 유지할 수 있다. 여섯째, e스포츠 윤리는 중독, 과몰입, 시간낭비, 폭력성 등 부정적인 요소의 원인과 해결책을 찾기 위해서라도 필요하다. e스포츠의 긍정적인 측면뿐만 아니라, 부정적인 측면을 강조하는 상황에서 이러한 문제 극복의 전제 조건은 e스포츠 윤리에 대한 학문적 연구가 뒷받침되어야 한다. 일곱째, 디지털 기술의 발전에 따른 윤리적 이해에 도움이 된다. 디지털 기술의 발전에 비례하여 윤리적 이해의 깊이도 달라야 한다. 디지털 기술의 발달은 새로운 e스포츠의 장르를 만들어내므로, 이와 관련된 이해관계자, 지적 재산권과 관련된 법률적 문제도 관심을 가져야 한다. 여덟째, 윤리적 주체와 도덕적 책임인 인간과 다른 비인간적 존재, 즉 컴퓨터, 디지털 기기, 플랫폼에 근거한 인공 지능이 결합하여 자율적 기능을 수행함으로써 윤리의 주체로 등장한다는 사실이다. 이에 따른 윤리적 주체나 대상으로 어떻게 이해하고 파악해야 하는지의 본질적인 실체와 관련된 윤리적 문제도 고려해야 한다. e스포츠 윤리는 인간의 영역을 넘어 인공지능, 로봇, 사물인터넷 등 기술적 존재까지 포괄하는 윤리 영역을 확장하고 이해가 가능해야 한다(문종길, 김미덕, 2023: 58). 이 모든 것은 e스포츠 윤리 내용의 학문적 근거로 작동할 수 있으며, 궁극적으로 독자적인 e스포츠 윤리를 구성할 수 있을 것이다.

3. e스포츠 윤리 연구의 지향점과 특징

처음에는 e스포츠를 단순히 즐기는 것에서 시작하였지만, e스포츠 경기에서 승리를 위한 인간의 욕망이 개입되었다. 여기에 대중의 관심 증대와 비즈니스와 산업의 개입은 2000년대 들어 e스포츠가 하나의 엔터테인먼트가 되었고, 이제는 아시안 정식종목과 올림픽 종목으로 인정받게 되었다. 세계적으로 인기 종목이 되고, 많은 상금과 대중의 관심을 얻기 위해 선수들은 경기에 참여하여 자신의 기량을 최대한으로 발휘하고자 하루에 10시간 넘게 훈련을 하는 등 많은 노력을 한다. 관객들은 직접적으로 그 경기를 관전하고 참여하여, 뛰어난 선수의 기량에 열광하고, 즐거움을 얻는다. e스포츠는 공정한 경쟁과 투명한 경기 운영이 적용되기 때문에 관객과 참여자들의 뜨거운 호응을 얻는다. 경기의 공정성과 투명성이 e스포츠 팬들에게 깊은 신뢰를 주기 때문이다. 하지만 디지털 매개체가 윤리적 행위의 주체로 등장하는 만큼, 이와 관련된 심도 있는 윤리적 논의가 필요하다.

e스포츠 윤리 연구의 지향점은 여섯 가지로 나누어진다.[7] 첫째는 경쟁적인 e스포츠 선수의 행위와 관련된 윤리적 내용이다. 여기에는 스포츠맨십, 페어플레이, 선수 인권과 불평등, 도핑, e도핑, e스포츠 이해관계자(stakeholder)[8]의 법률적 문제 등이 포함된다. 이는 스포츠 윤리의 내용과 다르지 않다. e스포츠는 많은 청소년이 관심을 가지고 미래에 자신이 원하는 직업으로 선호하거나 선택하기도 한다. 따라서 프로 e스포츠 선수의 행동과 말투는 이들에게 긍정적인 본보기가 될 수 있기 때문에 그들의 행동과 역할이 어떻게 해야 하는지 생각해 보아야 한다. 윤리적인 측면에서 프로 e스포츠 선수는 건강한 커뮤니티 형성에 책임 있는 행동과 사회적 책임이 필요하다. 프로 e스포츠 선수는 기부, 봉사활동, 긍정적 메시지 전달 등을 통해 사회에 기여하고, 자신이 속한 사회와 커뮤니티에 대한 책임을 해야 한다. 물론 프로 e스포츠 선수는 어린 나이에 선수로 참여하기 때문에 선수의 건강, 권리, 인권이 보장되어야 한다. 선수 보호를 위한 표준계약서 이외에도 사회적 윤리의 측면

7) e스포츠의 윤리적 쟁점과 관련된 기존 연구의 내용은 승부조작, 도핑, 인권, 감시와 규제 등이 있으며, 윤리적 쟁점으로 경기의 공정성, 선수의 학습권, 건강권을 언급하였다. e스포츠 윤리의 내용으로 개인적 차원으로 윤리의식의 자율성 강화와 사회윤리의 차원으로 제도 개혁과 정책 정립을 주장하였다(이학준, 2014).

8) 비즈니스에서 이해관계자(stakeholder)란 하나의 조직이 그의 행동 결과물에 관심을 갖는 개인이나 그룹, 단체를 의미한다. e스포츠에서 이해관계자는 복수의 이해관계자들(stakeholders)을 의미한다. e스포츠의 이해관계자란 1차적으로 e스포츠에 참여하는 플레이어나 선수를 말한다. 2차적으로 관객이나 팬과 같은 e스포츠를 소비하는 사람을 말한다. 여기에 e스포츠를 만들어내는 e스포츠 협회, 게임 투자사, 게임 개최 운영자, 감독, 코치, 심판 등이 포함된다.

에서 도핑 방지 규범, 인종 차별, 성 차별, 정책 윤리, 기업 윤리 등을 고려해야 한다. 이 모든 것은 e스포츠의 지속 가능성과 연결된다.

둘째는 e스포츠에 참여하고 경험하는 플레이어와 관련된 윤리적 내용이다. 경쟁과 관련된 윤리적 문제 이전에 e스포츠 참여로 얻게 되는 경험과 관련된 윤리적 문제이다. 이러한 경험의 문제는 참여하는 태도에 따라 경험하는 윤리적 내용에 따라 다르게 설명된다. 예컨대 상금을 놓고 경기에 참여하는 플레이어와 단순히 경기를 즐기는 플레이어의 윤리적 경험은 다를 수밖에 없다. 전자는 프로 e스포츠 선수를 지향하는 플레이어 경험의 윤리적 문제로 그들은 경기에 참여하여 경쟁을 통해 승리를 쟁취하고자 한다. 후자는 승부 우선보다는 스트레스 해소, 친목 행위로 참여하는 경험이다. 승부 지향과 즐거움이나 재미에 따른 경험과 관련된 윤리적 해명은 다르게 설명할 수밖에 없다.

셋째는 디지털 놀이의 윤리적 내용이다. 이는 e스포츠 선수의 경쟁 참여와 관련된 윤리적 관점보다는 친구, 동료, 친척 등과 e스포츠를 즐기고 재미를 느끼는 상황에서 나타난 윤리적 내용이다. e스포츠에 참여하여 승리의 목적을 갖지만 모든 플레이어가 그것만을 추구하지 않는다. 단지 소통과 즐거움을 나누는 기회로 생각하는 경우도 존재한다. 물론 그 과정에서 승리의 경험도 가능하고 재미를 느낄 수 있다. 예를 들어 멀리 떨어져 생활하는 저자의 두 아들은 e스포츠를 매개체 삼아 만나고 서로의 안부를 묻는 소통의 도구로 활용하는데, 이는 경기의 승패가 주된 목적이 아닌 것으로 볼 수 있다. 이러한 게임에서 자발적인 참여 형태를 응우엔(이동휘 역, 2022)은 분투적 놀이(striving play)로 설명한다. 그는 분투적 놀이란 승부를 결정하는 성취형 놀이(achievement play)와 다르게 게임은 주어진 목표를 일회적으로 받아들이며, 그 자체를 즐기고 스트레스를 푸는 수단으로 생각한다. 즉 일상생활에서는 목적을 위해 수단을 취하지만, 경기에서 즐기는 수단 그 자체가 플레이어가 추구하는 목표와 동일시된다는 것이다.

가상세계에 참여하는 플레이어는 디자이너가 설정한 규칙에 따르고 그 규칙을 받아들인다. 재미와 즐거움을 위해 e스포츠에 참여한 윤리적 경험은 현실세계에 직접적으로 적용되지 않겠지만, 암묵적으로 사회 구성원으로 역할을 하는 데 긍정적인 역할을 보여준다. e스포츠 참여의 행위는 게임 규칙과 관련하여 지켜야 할 대상이지만, 그 속에서 그 규칙은 자신이 참여하는 행동 과정에 개입될 여지가 존재한다. 우리는 경기 과정에서 자신이 어떻게 행동하느냐에 따라 그 결과 과정을 볼 수 있는 기회를 가질 수 있다. 그 속에서 e스포츠 놀이에 참여함으로써 플레이어 자신이 도덕적 존재임을 확인해야 한다. 디지털 놀이의 또 다른 윤리적 논의는 컴퓨팅의 기술로 만든 가상세계와 직접적인 플레이어와 관계에서 나오는 윤리적 문제를 넘어, 이제 e스포츠 게임 그 자체가 윤리적 행동의 중요한 매개체로 등장한다. 디자인된 e스포츠 종목 그 자체가 윤리적 주체의 의미를 갖는다는 것이다. e스포츠 윤리는 이러한 윤리의 문제도 해명해야 한다.

넷째는 e스포츠를 경험하고 참여하는 윤리적 주체와 역할에 대해 해명해야 한다. e스포츠에 참여하는 것은 누구인가? 각각의 개인이라고 할 수 있겠지만, 좀 더 깊이 들어가면 몸의 움직임을 전제로 한 개인이다. e스포츠에 참여하는 현실의 몸이든 가상세계 속의 아바타의 몸이든 e스포츠의 참여하는 몸은 객관적인 몸이 아니다. 그 몸도 이미 디지털 환경에 익숙한 몸이라는 것이다. 이는 e스포츠를 대하는 기성세대와 디지털 세대에 태어난 젊은 세대의 e스포츠에 대한 이해 정도가 다름을 보여준다. 이와 관련된 윤리적 행동 그 자체는 다를 수밖에 없다. MZ세대의 롤 경기의 경험은 상호 수평적 관계, 계급의 인정, 평등성을 전제로 노력의 결과물에 박수를 보낸다고 하였다(이상호, 2022.01.17). 이때 e스포츠를 경험하는 몸은 디지털 세계에 참여한 객관적인 몸이 아니라, 몸 자신(proper body)[9]이다. 몸 자신은 e스포츠를 통한 자신의 경험을 현실화할 때 놀이의 주체자로 등장한다. 자신에게 보인 가상세계에서 자신의 능력을 발휘하려는 놀이의 주체는 객관적인 존재의 몸이 아니라, 디지털 세계의 경험이 자신에게 축적되어진 상황에서 주어진 가상환경에서 해결책을 찾으려 하는 능동적인 윤리 주체이다. 즉각적인 반응에 익숙한 몸 자신으로 윤리적 행위의 주체로 설명하는 것은 전혀 다른 윤리적 방향성을 제시한다. 또한 몸 자신을 움직이게 하는 행동하는 자아는 동시대의 문화와 환경에 영향을 받는다. 이는 e스포츠가 한국에서 탄생과 발전 과정에서 잘 보여준다. 예컨대 몸 자신의 행위는 스타크래프트 게임과 관련된 개인들의 경험과 그 당시 한국의 IMF, 집단참여문화, 과도한 학습, 전국의 인터넷 설치 등 사회적 문화의 영향을 받는다. 몸 자신이 주어진 문화의 영향력과 연결되어 있지만, 그 자신이 독자적으로 무언가를 할 수 있는 능력을 갖는다. 몸 자신이 e스포츠 문화를 만들어 가는 상호주관성의 역할을 하기 때문이다. 이와 관련된 윤리적 행위의 주체도 설명해야 한다.

다섯째, 자발적인 참여에 따른 e스포츠의 윤리적 문제이다. 사이버 세계에서 경험은 게임 디자인이 설정한 게임 세계가 주는 일방적인 관

9) 몸 자신(proper body)은 몸과 마음의 이분법을 넘어 그 자체로 하나의 유기체이다. 몸 자신은 능동적인 움직임의 주체와 대상의 자극을 받아들이는 이중적인 역할을 한다. 이를 통해 몸 자신은 무언가를 할 수 있음을 보여준다. 몸 자신의 역할에 대해서는 이상호(2023: 108)를 참조.

계이기보다는 플레이어가 직접적으로 참여하는 능력에서 나온다. 디지털 세대는 자발적으로 e스포츠에 참여할 수 있는 디지털 기기 사용에 익숙한 세대이다. 자발적인 참여와 관련하여 발생하는 윤리적 문제를 설명하기란 쉽지 않다. 자발적인 참여의 이유는 디지털 속성이 가져다 주는 재미나 몰입의 조건이다. e스포츠의 참여 이유는 재미의 요소를 배제하고는 설명하기 어렵다. 플레이어의 행동에 즉각적인 실패와 성공의 결과는 재미의 요소를 증가시킨다. 실패의 경우도 마찬가지다. 실패를 하더라도 다시금 할 수 있는 디지털 속성은 비록 주어진 숙제를 풀지 못해 스트레스가 쌓이게 하지만, 결과를 해결했을 때 주는 만족감이 실패보다 더 큰 만족감을 주기 때문에 다시금 도전한다. 사실 재미와 즐거움을 윤리적 관점으로 접근해서 설명하기란 쉽지 않다. 그러나 e스포츠 행위의 놀이가 출발이 재미와 즐거움에서 온다면, e스포츠의 자발적인 참여와 관련된 윤리적 인식에 대한 새로운 접근과 해석은 필요하다. 따라서 디지털 속성이 보여준 영향력을 검토하기 위해 뇌 과학, 인지과학, 신경과학 등 새로운 이론적 접근으로 e스포츠 윤리를 해명해야 한다. 이와 관련해서는 2장에서 설명할 것이다.

여섯째, e스포츠 윤리는 가상세계의 즐거움이 일상생활의 윤리적 행위에도 영향력을 갖는다는 측면에서 가상세계의 윤리적 경험 본질이 현실세계에 어떠한 영향을 미치는지에 대한 검토도 필요하다. e스포츠는 관찰자이면서 동시에 참여자의 특징은 e스포츠 윤리에 대한 복잡한 인식을 보여준다. 주어진 가상의 영역에서 참여하는 활동하지만, 그 가상의 행동을 관찰하는 현실에서 행위자의 역할을 한다. e스포츠에 참여하는 플레이어는 자신의 사회적, 문화적 배경을 가지며, 참여자는 각자 게임 능력의 정도를 가지고 참여함으로써 윤리적 행위가 가능함을 경험한다. e스포츠에 참여하는 플레이어는 e스포츠 특성상 디자이너가 설정한 목표와 자신의 도덕적 존재 사이에서 윤리적 밸런스를 창조하려고 노력한다. 이와 관련된 e스포츠 윤리의 문제도 앞으로 해명해야 할 과제이다.

CHAPTER 2

e스포츠 윤리의 인식론적 접근

e스포츠 윤리 설명에 앞서 먼저 해야 할 것은 e스포츠를 바라보는 우리의 인식론적 접근에 대한 해명이다. e스포츠와 관련된 특정한 윤리적 태도나 관점이 e스포츠 윤리의 인식론적 태도를 형성하기 때문이다. 일반적으로 e스포츠 윤리의 현상 분석은 크게 상대주의와 절대주의 관점이 개입된다. 하지만 이러한 관점들과는 별도로 e스포츠 윤리는 가상세계에서 작동한다는 점에서 현실과 가상간의 도덕적 관계도 해명해야 한다. 또한 e스포츠는 디지털 특성상 직접적인 시각장 안에서 일어나는 활동이기 때문에 뇌의 움직임과 생리적 작동과 관련된 인지 과학에 대한 윤리적 의미 해석도 필요하다. 어떻게 보면 e스포츠 윤리는 절대주의와 상대주의를 넘어서 새로운 윤리적 관점에서의 해명이 필요하다.

1. e스포츠와 윤리적 상대주의

1) 윤리적 상대주의

상대주의는 모든 사람에게 보편적으로 적용 가능한 윤리적 기준은 존재하지 않는다는 입장이다. 왜냐하면 윤리의 문제는 시대적 상황과 여건에 따라 다르게 적용될 수밖에 없기 때문이다. 이는 매키(Mackie, 1977)의 『윤리학은 옳고 틀림을 만들어내는 것이다(Ethics: Inventing Right and Wrong)』의 저서에서 잘 보여준다. 그는 도덕적 가치와 윤리적 판단의 절대적인 기준은 미리 결정되지 않는다고 주장한다. 객관적인 도덕적 가치란 존재하지 않으며, 가치는 사회적 창조물로 설명한다. 즉 옳고 그름의 윤리적 기준은 변화하지 않는 보편적이며 객관적인 것으로 인정하지 않는다. 이에 따라 우리는 어떤 도덕적 가치를 채택할 것이며, 어떤 도덕적 입장을 취할 것인지에 초점을 맞추어 결정해야 한다. 도덕적 가치는 특정한 문화, 사회, 개인의 믿음이나 신념에 따라 다르게 나타날 수 있으며, 일부 문화에서 허용되는 행동이 다른 문화에서는 비윤리적 행위로 받아들이기 때문이다. 따라서 윤리적 상대주의는 도덕적 기준이나 윤리적 규범이 문화적, 사회적, 개인적 배경에 따라 다를 수밖에 없다.

이러한 상대주의는 e스포츠의 글로벌 특성상 다양한 문화와 신념을 가진 사람들이 서로 참여, 경쟁, 협력의 상황에서 중요한 행동 기준으로 작동이 가능하다. 예컨대 학교를 그만 두고 프로 e스포츠 세계에 참여하는 것에 대한 아시아와 서구의 인식과 기준은 다를 수밖에 없다. 이는 도덕적 규범과 윤리적 기준이 각 문화마다 다름을 보여 주는 문화적 상대주의에 기인한다. 또한 개인의 윤리적 판단은 개인의 신념이나 감정에 따라 결정될 수밖에 없다. 이외에도 국가 정책에 따라서도 달라진다. 한국과 중국에서는 각각 2021년 해제된 일명 '신데렐라법'[1)]과 공

1) 셧다운제는 2011년 국회에서 통과된 법률로, 청소년보호법 제26조에 따라 인터넷 게임 제공자는 16세 미만 청소년에게 자정부터 오전 6시까지 인터넷 게임을 제공할 수 없도록 규정한다.

산주의 정책에 따라 생성된 중국 정부 당국의 규제가 여기에 해당한다. 신데랄라법에 따라 16세 미만 청소년들에게 심야시간(자정에서 오전 6시까지)에 게임 접속을 제한하였다. 중국은 공산당의 정책에 따라 미성년자의 온라인 게임 이용에 대해 세계에서 가장 엄격한 규제를 적용하고 있다. 중국은 2022년 항저우 아시안 종목인 왕자영요도 21년 8월 규제하였다. 중국 정부와 사회는 자신의 공산주의 이념을 해치는 미성년자의 게임 중독을 차단하기 위해 게임업계 차원의 대책 마련을 지속적으로 요구하고 있다. 중국 국무부 산하 싱크탱크인 사회과학원은 “기업은 각 게임을 연령에 맞게 분류하고, 미성년자가 부적절한 콘텐츠에 노출되는 것을 방지해야 한다”고 하였다. 이러한 공산당의 이념을 바탕으로 중국정부는 게임의 부정적인 요소를 엄격한 규제로 대응하고 있다(이윤정, 2024.08.14.) 반면에 일본은 온라인 게임보다는 아케이드 게임이 상대적으로 관심이 높기 때문에 한국과 중국에 비해 e스포츠 윤리에 대한 관심은 상대적으로 낮을 수밖에 없다.

2) e스포츠와 윤리적 상대주의의 효용성

e스포츠의 윤리적 상대주의는 e스포츠가 보여주는 현대 사회의 다양성과 변화 가능을 이해하는 데 도움이 된다. e스포츠에 대한 윤리적 상대주의의 효용성은 다음과 같다.

첫째, 글로벌 문화 차이에 따른 상대적인 윤리적 기준 인정이다. e스포츠가 글로벌화가 됨에 따라 다양한 문화적 배경을 가진 선수들이 한 팀을 이루어 경기에 참여한다. 그들의 행위나 움직임을 이해하는 데는 윤리적 상대주의의 관점이 필요하다. 인종 차별적 표현 금지와 승리와 패배에 대한 인식의 차이는 상호 문화적 가치를 존중하는 배려에서 나온다. 따라서 상대의 문화를 인정하지 않는 태도에서 나오는 언어적 표현은 엄격한 규제가 필요하다.

둘째, e스포츠 경기 중 협력과 팀워크의 발휘는 상대를 인정하는 태도에서 나온다. 경기 중 협력과 팀워크는 승리의 가장 중요한 부분이다. 특히 팀 기반의 e스포츠는 윤리적 상대주의에 대한 열린 태도가 필요하다. 다른 나라 태생의 선수들과 한 팀을 이루고 경쟁에서 승리하기 위해서는 유연한 리더십과 의사소통이 필요하다. 동양의 문화에서는 리더가 강력하게 의사결정을 내리는 것을 선호한다면, 다른 문화권에서는 민주적이고 상호 존중적인 소통을 중시할 수 있기 때문이다. 이러한 차이를 인식하지 못한다면, 팀 구성원 간의 소통 방식에 갈등을 유발시키는 요인으로 작동할 가능성이 높다.

셋째, 온라인 행동과 언어의 차이에 대한 인정이다. 어떤 문화에서는 강한 언어적 표현이나 감정적 소통이 허용되겠지만, 다른 문화에서는 이를 예의에 어긋난 행동으로 간주한다. 게임 중 욕설이나 도발적인 발언은 특정 문화에서는 어느 정도 용인될 수 있지만, 또 다른 문화에서는 윤리적 위반으로 여겨질 수 있다. 물론 그러한 행동이 비윤리적 행동이기 때문에 경기에서의 언어폭력과 행동에 대해서 금지하는 당연하다. 이를 위해 각 문화권의 커뮤니티와 소통하며 규정과 윤리 기준을 조정해가는 국제적인 가이드와 규제 기관이 필요하다. 이는 e스포츠 커뮤니티의 성장을 돕고, 플레이어들이 서로를 이해하고 존중할 수 있는 환경을 만드는 데 기여한다. 다양한 국가와 문화의 플레이어들이 함께 경쟁하는 e스포츠는 각자의 윤리적 기준을 인정하고 조정하는 방식으로 글로벌 윤리 기준의 제정이 필요하다. 이는 지속 가능한 e스포츠 산업의 전제 조건이다.

하지만 윤리적 상대주의(倫理的 相對主義, ethical relativism)는 문화적 차이의 인정도 중요하지만, 무조건적으로 수용되기 어려운 한계도 존재한다. 누구에게나 절대적으로 인정받을 수 있는 규칙이나 제도가 없다면 논쟁만이 존재할 뿐이다. 예컨대 윤리적 상대주의는 문화적 다양성과 사회의 관습을 인정하고 이해하는 데는 도움이 되겠지만, 승부조작, 도핑, e도핑 등 모든 상황에 적용 가능한 보편적인 도덕적 원칙을 원칙적으로 부정할 수 있는 비판도 존재한다.

2. e스포츠와 윤리적 절대주의

1) 윤리적 절대주의

절대주의는 모든 사람에게 보편적으로 적용 가능한 윤리적 기준이 존재한다는 입장이다. 이것은 포이만과 피저(Pojman & Fieser, 2016)의 『윤리학은 옳고 그름의 발견하는 것이다(Ethics: Discovering Right and Wrong)』의 저서에서 잘 보여주고 있다. 그들은 도덕이란 것이 상대주의자인 매키의 주장처럼 단순히 윤리적 가치의 창조이기보다는 하나의 발견이라 주장한다. 윤리적 의견이 단순히 개인의 의견이나 감정을 넘어 보편적 기준을 가질 수 있음을 강조한다. 도덕은 바퀴의 개발에 비유하여 도덕과 바퀴 둘 다 발견에 기초한 창조물이라는 것이다. 창조물인 윤리는 단순히 철학적 논쟁을 넘어, 바퀴와 같이 실생활에서 중요한 역할을 담당하기 때문에 모두에게 적용될 필요가 있다는 것이다. 따라서 발견된 윤리적 탐구가 개인의 삶을 풍요롭게 하며, 사회 공동선을 추구에 필수적이기 때문에 인간은 도덕적 가치를 채택하고, 모든 사람들이 그에 맞는 도덕적 입장을 견지해야만 한다.

윤리적 절대주의(倫理的 絕對主義, Ethical Absolutism)는 도덕적 가치와 윤리적 원칙이 특정 상황이나 배경에 따라 달라지지 않고, 절대적이고 보편적인 것이 존재한다는 입장이다. 따라서 옳고 그름에 대한 도덕적 기준이 시간, 장소, 문화에 상관없이 변함없이 모든 사람에게 특정한 도덕적 규범이나 원칙이 동일하게 적용되어야 한다. 예컨대 거짓말, 폭행, 속임수, 살인 등은 어느 사회나 상황에서도 윤리적으로 잘못되었다는 것이다. 윤리적 절대주의의 특징은 보편성과 객관적인 기준에 따라 존재 여부를 인정한다. 도덕적 진리의 보편성은 모든 사람에게 동일하게 적용되며, 시간이나 장소에 따라 변화하지 않는다. 도덕적 규범은 개인의 주관적 감정이나 신념에 의해 결정되지 않고, 보편적 규범으로 인간의 이성과 신의 섭리, 자연법 등 객관적인 기준에 따라 정당화시킨다. 따라서 윤리적 절대주의는 도덕적 진리가 시대나 문화에 상관없이 불변하며, 그것을 따르지 않는 것은 도덕적으로 잘못된 행동이라고 주장한다.

e스포츠는 주어진 규칙은 절대적이라는 점에서 윤리적 상대주의보다 절대주의적 관점이 타당성을 갖는다. 예컨대 경기에 참여하는 플레이어는 주어진 e스포츠의 진행 규칙을 바꿀 수 없으며, 그 규칙을 받아들임으로써 경기가 진행된다. 그렇지 않으면 경기가 진행되지 않는다. e스포츠와 관련된 절대주의는 모든 플레이어에 적용이 가능하다. 규칙은 절대적으로 지켜져야 한다는 것은 윤리적 절대주의의 입장을 보여준다. 외형적으로 보면, e스포츠의 공정성을 유지하기 위해서는 윤리의 절대주의적 관점이 타당하게 보인다.

윤리적 절대주의는 모든 e스포츠 플레이어에게 적용될 보편적인 윤리 기준을 수립해야 한다고 주장한다. 그러나 절대적 기준의 필요성과 그러한 기준을 제시하여 모든 이로부터 효용성을 얻는 것은 별개의 문제다. 물론 절대주의자도 특정한 도덕적 행동이 사회마다 다르게 주장되고 평가될 수 있음을 인정한다. 하지만 이러한 행동이 본질적으로 옳거나 그르다는 근본적인 입장은 바꾸지 않는다. 따라서 윤리의 절대주의적 관점은 다양한 문화적 맥락이나 상황을 충분히 고려하지 못하고, 다른 사회나 개인의 도덕적 관점을 배제할 수 있다는 비판을 받는다.

2) e스포츠와 윤리적 절대주의 효용성

e스포츠의 윤리적 절대주의는 도덕적 가치나 규범이 문화적 차이와 상관없이 보편적으로 적용됨으로 해서 e스포츠가 지향해야 할 가치 판단에 도움이 된다. e스포츠에 대한 윤리적 절대주의의 효용성은 다음과 같다.

첫째, e스포츠와 윤리적 절대주의의 관계는 모든 플레이어에게 일관된 윤리적 기준을 제시한다. e스포츠의 공정성과 스포츠맨십 강화는 지속 가능한 e스포츠에 도움이 된다. 상호존중, 스포츠맨십, 공정한 경쟁 참여의 태도는 모든 e스포츠 선수가 지켜야 보편적인 윤리적 규칙이다. 상대를 존중하지 않는 태도는 자신과 동료 그리고 플레이를 보는 관객이나 팬들에게 부정적 인식을 준다. 이러한 행동들은 플레이어와 팬들에게 신뢰를 주지 못하고, 커뮤니티가 더 건강하게 성장하는 데 방해가 된다. 이는 e스포츠가 전 세계 다양한 국가와 문화를 아우르는 엔터테인먼트 산업으로 성장하지 못하게 될 것이다. 따라서 모든 플레이어에게 동일한 윤리적 규범은 e스포츠의 정체성을 공고히 하여 건강한 경쟁 문화 조성에 기여한다.

둘째, 공정한 규칙과 윤리적 기준 확립은 e스포츠 경기의 글로벌 표준화의 당위성을 요구한다. 윤리적 절대주의는 특정 문화나 개인의 가치관에 따라 규칙을 다르게 적용해서는 안 된다. 모든 e스포츠 선수에게 동일한 규범을 요구함으로써 공정한 경쟁을 보장해야 한다. 공정한 게임 플레이와 동일한 규칙 적용은 e스포츠의 핵심 가치이다. e스포츠에서 승부조작, 도핑, 속임수, e도핑 등은 엄격히 금지되는 이유가 여기에 있다. 또한 선수 간 비매너 발언이나 비신사적 행동을 제한하는 규칙은 모든 문화권에서 통용되는 윤리적 절대주의에 기반을 둔다. e스포츠는 다양한 문화적 배경을 가진 플레이어들이 참가하는 국제적인 무대이기 때문에 보편적으로 수용 가능한 규범이 마련되어야 한다.

그러나 e스포츠에 대한 윤리적 절대주의의 효용성의 정도는 공정성과 보편적인 윤리적 기준 제시나 가치의 일관성 유지에 달려있다. e스포츠는 각 종목에 따른 경기 진행에 있어 윤리적 기준이 있지만, 모두에게 적용되는 국제적이고 통일된 윤리 규정은 미비한 실정이다. 예를 들어 특정 종목에서 부정행위로 출전 금지를 받은 선수가 다른 종목에 참여하는 것을 어떻게 제재할지 명확하지 않다. 또한 모든 대회에서 일관된 윤리 규정과 규칙이 부재하며, 각 종목이 자체적인 기준을 제시하고 있다.

윤리적 절대주의는 특정 문화나 개인적 신념에 관계없이 보편적 기준 적용을 주장하지만, e스포츠는 복잡한 운영 절차와 종목 특성상 일관성 있는 통제 가능한 규칙과 공정성을 다룰 통일된 제도 마련이 어렵다. 하지만 이러한 난점을 이유로 관련 논의 자체를 외면해서는 안 된다. 물론 e스포츠 보편적 윤리 기준이 필요하다는 것과 보편적인 윤리적 기준의 제시는 다른 차원의 문제이다. 이렇게 절대주의와 상대주의의 윤리적 관점을 설명하는 이유는 e스포츠와 관련된 자신의 윤리적 행위의 기준을 어디에 두는지를 스스로 확인하는 데 있다. 자신의 윤리적 행동이 어떠한 기준에서 시작하는지를 파악하는 것은 자신의 윤리적 행동에 대한 반성과 실천의 행위에 영향을 주기 때문이다.

인간이 공동체를 유지하고 살아가는데 도덕적으로 옳은 것과 바람직한 것 그리고 인간이 추구하는 바람직한 이상적 행동을 한마디로 선(善)으로 설명한다. 하지만 그 선(善)도 상대주의나 절대주의의 관점에 따라 다르게 설명한다. 예컨대 칸트의 의무론에서 도덕적 법칙에 따르는 것이 선(善)으로 판단한다. 반면에 공리주의에서는 행위의 결과가 쾌락의 여부에 따라 좋음과 나쁨으로 인정된다. 많은 사람에게 이익을 주는 행위가 선(善)이라는 것이다. 덕 윤리는 개인의 품성과 태도를 갖추고, 실천적 행위가 뒷받침되어야 하는 것을 선(善)으로 생각한다. 그렇다면 프로 e스포츠 선수들의 최고의 선(善)은 무엇일까? 경기에 참여한 선수에게는 승리를 챙기고 최고의 선수로 인정받는 것일 수 있다.

하지만 최고의 선수가 된다는 것이 자신의 노력에 따른 보상과 명예가 뒤따르겠지만 그 자체가 선(善)이라고 말하기에는 부족하다. 처음에는 재미로 시작하여 잘하다 보니까 어느새 유명한 프로 e스포츠 선수가 되는 경우와 처음부터 프로 e스포츠 선수를 꿈꾸고 그것을 목적으로 달려가는 선수에게 최고의 선(善)은 다르게 설명할 가능성이 높다. 이와 같이 선(善)의 추구에도 윤리 이론의 지향점에 따라 다르게 설명된다. 다양한 윤리적 이론 접근과 관련된 내용은 다음 장에서 논의하고자 한다.

3. 현실과 가상의 도덕적 인식

비디오 게임은 많은 사람들이 참여해서 즐기는 가상세계이므로,

비디오 게임이 구현하는 가치를 무시할 수 없다. 이러한 상황에서 싱글 플레이어 비디오 게임에서 플레이어가 내리는 선택은 윤리적 의미를 갖는다(Neely, 2019). 그의 연구에 따르면 우리가 가상세계에서 도덕적 딜레마에 직면했을 때 플레이어의 윤리적 선택은 도덕적 훈련의 기회를 제공받는다고 하였다. 그는 게임 내 행동의 도덕적 상태가 플레이어 자신에게 미치는 영향에 따라 결정된다고 강조한다. 게임에서의 플레이어의 행동이 현실에서 덜 윤리적으로 만든다면, 그 행동은 부적절하다고 인식한다. 또한 우리는 디자이너가 규정한 상황에서 플레이어의 선택에 따라 비디오 게임 내에서 도덕적 해를 끼치거나 이익을 얻을 수 있기 때문에 도덕적 측정과 성찰의 도구로서 인정해야 한다. 이는 가상세계의 도덕적 행위가 실제 삶에서 유사한 윤리적 사고 훈련이 가능함을 보여준다. 가상공간에서 이루어지는 도덕적 선택은 현실에서의 부정적 결과에 대한 두려움 없이 도덕적 선택을 경험할 수 있는 기회를 제공해 준다. 이는 가상세계 경험의 장점이다.

비디오 게임이 도덕적 훈련과 성찰을 위한 중요한 도구가 된다. 즉 게임에서 행동이 충분한 윤리적 의미를 갖는 실험을 하였다. 유니버스티 칼리지 런던(University College London)의 몰입적 가상환경 연구실 팀은 가상의 인간에게 전기 충격 실험을 하였다. 화면 속에 가상의 인간은 실제 인간이 아니지만 누군가의 지시에 따라 450V의 전기충격을 가했다. 참여한 사람들은 연구 참여를 철회하거나 가상인물의 고문에 매우 강한 감정적 반응을 보였다(Klimmit, 2004). 이는 현실에서 행해진 스탠리 밀그램(Stanley Milgram)의 실험과 다르지 않다.[2] 물론 이 상황에서 도덕적 갈등을 관리하고 즐거움을 느낄 수 있기 위해서는 플레이어 자신이 그 상황이 현실이 아닌 게임일 뿐이라는 인식 전환의 태도가 필요하다. e스포츠 경기에서 적을 사살하는 것이 경기일 뿐이고 현실은 아니라는 플레이어의 태도 전환이 있어야 폭력성으로 연결되지 않는다. 중요한 사실은 가상에서 반사회적 행위의 참여 경험은 타인의 고통에 더 민감하게 반응한다는 사실이다(Grizzard, 2014).

인지 심리학자 베일렌슨(Bailenson)에 따르면 사실 인간의 뇌는 가상세계라고 하더라도 일정한 시간이 지나면 현실과 구분하지 못한다. 이러한 사실은 가상세계의 활동이 외상 후 스트레스 증후군을 치료하는 방법에 적용된다. 가상세계의 실전 경험은 최고의 훈련이며 트라우마의 치료와 원인 불명의 통증을 치료한다고 하였다(백우진 역, 2019). 이와 같이 현실세계와 가상세계는 서로 분리된 영역이기보다는 서로 영향을 주고받는 현실의 연장세계로 인식할 필요가 있다. 즉 가상세계에서의 윤리적 행동은 디지털 환경에서 공정성을 이해하는 것을 넘어, 현실에서 윤리적 행위에 영향을 준다. 따라서 가상세계의 행동이나 활동은 현실세계의 윤리적 기준을 벗어나지 말아야 하겠지만, 그렇지만 e스포츠의 폭력성이 현실에도 적용될 수 있는 가능성을 완전히 부정할 수는 없다.

e스포츠 윤리와 관련하여 가상세계와 현실세계에도 동일한 윤리적 기준을 어떻게 적용할 것이냐는 중요한 문제이다. 따라서 가상세계에는 현실과 다르게 플레이어 자신의 행동과 관련된 자유도의 높음에 따라

2) 예일 대학 심리학교수인 스탠리 밀그램(Stanley Milgram)은 사람들의 비도덕적인 복종에 굴복하는 이유가 성격보다 상황에 있다고 본다. 그는 굉장히 설득력 있는 상황이 생기면 아무리 이성적인 사람이라도 윤리적, 도덕적인 규칙을 무시하고 명령에 따라 잔혹한 행위에 참여할 수 있다고 생각했다(Milgram, 1963).

윤리적 책임이 더 크다고 말할 수는 없다. 가상세계에서 목표를 달성하기 위해 적을 파괴하는 것이 목적이라는 상황에서 윤리적 행동만을 플레이어에게 강조하기는 힘들기 때문이다. 다른 관점에서 아이들이 즐겁게 게임을 하고 있는데 식사 시간이 되었다고 부모가 일방적으로 게임을 중지시키는 것이 윤리적 정당성을 갖는지도 고려해야 한다. 가상세계에서 같이 경기를 참여하는 다른 아이들 또한 존중해야 하기 때문이다. 익명성에 기대어 욕설이나 비방은 상대의 존중이라는 측면에서 윤리적으로 인정받지는 못하겠지만, 스트레스의 해소라는 측면에서 일면 타당한 면이 보인다. 우리가 야구장에서 상대방의 야유도 경기의 참여의 일부분 일수도 있기 때문이다. 물론 디지털화되어 가는 세계에서 윤리적 가치의 확립이 필요하다는 것과 어떻게 그것을 구현할 수 있는가는 더 많은 고민이 필요하다. 정당한 행동을 해야 한다는 것과 그러한 행동이 가상세계와 현실에서 어떻게 영향을 미치는지와 관련된 더 많은 윤리적 논의가 필요하다. 가상세계 안에서 일어나는 윤리적 행동과 현실세계의 윤리적 태도라는 이중적 인식과 관련된 윤리적 문제 또한 e스포츠 윤리의 연구의 중요한 부분이다.

4. 인지 과학적 접근

사전적 의미로 인지과학이란 "인간이나 생물의 인식 과정을 대상으로 하여 지식의 표현, 추론 기구, 학습, 시각·청각의 메커니즘 따위를 연구하는 과학(이다)".[3] 인간의 의식에 주어진 감각 정보의 인식, 저장, 변형, 인출된 기억, 지각, 감정 등 정신 과정을 연구하는 학문인 인

3) https://stdict.korean.go.kr/search/searchResult.do

지과학은 윤리와 밀접한 관계를 갖는다. 인간의 행동 그 자체가 의식 작동의 결과물이기 때문이다. 특히 e스포츠에서 일어나는 윤리적 행동은 디지털 기술이 플레이어에게 주는 즉각적인 시각과 감각 정보에 많은 영향력을 받는다(이상호, 2024a). 예컨대 e스포츠의 재미와 부정적인 낙인 효과는 화면이 주는 자극 반응의 영향력이 상대적으로 크다. 청소년 뇌는 이성적인 판단을 하는 전두엽이 아직 형성되지 않는 상황에서 시각 정보에 민감한 후두엽의 작동에 민간하게 반응한다. 이러한 현상은 그들의 e스포츠 열광에 따른 행동을 일정 부분 이해가 가능하다. 따라서 e스포츠 플레이어의 윤리적 행동 원인을 파악하기 위해서는 뇌의 메커니즘, 생리적 작용, 신경체계 등 인지과학에 대한 이해는 필수적이다. 인지과학의 이해는 디지털 행동의 원인 파악과 해결책 제시에 중요한 과학적 근거를 제공한다. 이는 역으로 인지과학이 e스포츠의 윤리적 문제와 관련된 심리적, 행동적, 사회적 맥락의 이해와 해결책 제시에서 중요한 이론적 근거를 제공할 수 있다는 것과 연결된다.

윤리학은 전통적으로 이성적 판단, 도덕적 원칙, 규범 등을 중심으로 논의되어 왔지만, 도덕적 판단과 행동의 심리적, 신경과학적, 사회적 기초 연구를 통해 그들의 행동이나 태도와 관련된 연구는 상대적으로 부족하다. 자신의 의식에서 일어나는 과학적 과정의 이해는 행동 움직임에 대한 정확한 원인과 결과를 파악할 수 있다는 점에서 윤리학 연구에도 적용되어야 한다. 인지과학은 사람들이 도덕적 판단을 내릴 때 어떤 심리적, 생리적 과정이 개입되고 작동하는지를 설명한다. 또한 플레이어의 심리적 동기, 윤리적 판단, 행동 패턴을 분석하고, 공정성과 윤리적 환경 구축에 기여한다. 이를 통해 도덕적 직관, 감정, 추론 과정이 어떻게 작용하는지 이해할 수 있으며, 도덕적 선택이 이성뿐만 아니라 감정, 사회적 맥락, 환경적 요인에 의해 크게 영향을 받을 수 있음을 보여준다. 따라서 e스포츠 윤리의 인지 과학적 접근은 이성에 근거한 철학적인 윤리적 이론보다 현실적이고 경험적인 작동방식의 윤리적 근거를 제공한다는 점에서 더 많은 연구가 필요하다. 인지 과학적 윤리적 접근은 상대주의와 절대주의적 관점을 보완하거나 그것을 넘어선다고 말할 수 있다.

e스포츠 윤리의 인지 과학적 해석은 다음과 같은 학문적 이익을 가져다준다.

첫째, e스포츠 윤리에서 일어나는 공정성(fairness)과 규칙 준수의 이해이다. 인간의 비윤리적 판단과 행동은 인지적 편향성과 관련된다. 플레이어는 자신의 이익을 극대화하려는 과정에서 인지 편향 이론에 따라 왜곡된 판단으로 공정성을 왜곡한다. 예컨대 핵(hack) 사용과 같은 부정행위를 합리화하거나, 규칙 위반을 가벼운 행동으로 간주하는 심리적 구조를 분석할 수 있다. 인지과학의 연구는 플레이어가 윤리적 결정을 내릴 때 개입하는 죄책감, 윤리 규범의 강화, 사회적 인정과 같은 내적 동기 등의 원인을 파악할 수 있다. 덧붙여 디자이너가 설정한 e스포츠 경기에서 플레이어의 행동과 윤리적 선택간의 상호 연관성의 작동관계를 해명할 수 있다. 게임 시 세부적으로 주어진 시간 안에 컴퓨터 시스템이 처리해야 하는 워크로드(work load)의 인지적 상태와 스트레스 요인이 어떻게 규칙의 위반 행동으로 이어질 수 있는지도 분석이 가능하다.

둘째, 자신의 의사결정과 책임을 분석하는 데 도움이 된다. e스포츠에서 개인과 팀의 의사결정 과정은 복잡하게 작동한다. 플레이어는 승리를 위해 자신의 선택과 행동 방식이 이성적 판단보다 무의식적으로 한다. 그 속에서 윤리적 딜레마가 개입할 여지는 상대적으로 부족하다. 그럼에도 행동 이전에 움직임의 결정에 있어 윤리적 문제를 완전히 배제할 수 없다. 왜냐하면 즉각적인 판단이 이루어진다고 하더라도 그 행동의 결정에는 자신의 의도와 축적된 습관과 경험 등의 윤리적 태도가 미리 개입되어 있기 때문이다.

윤리적 태도는 이성적 판단이 개입된 후 행동도 중요하지만, 최고의 윤리적 태도는 즉각적으로 윤리적 행동을 하는 것이다. 인지적 과정의 파악은 이러한 즉각적인 윤리적 행동의 과정을 이해에도 도움이 된다. e스포츠에서 움직임은 즉각적인 판단을 하고 행동으로 이어진다. 그러한 행동에 도덕을 어떻게 판단하고 행동하는지 설명하기 위해서는 사회 심리학자인 조나단 하이트(Jonathan Haidt)의 사회 직관주의 모델(Social Intuitional Model)을 적용할 필요가 있다(왕수민 역, 2014). 그는 도덕적 판단을 가장 잘 말할 수 있는 것이 직관이라고 하였다. 도덕적 판단은 이성보다 직관에 의해 우선적으로 작동하기 때문이다. 이성적 판단은 직관을 뒷받침하기 위해 작동한다고 하였다. 도덕적 직관은 감정 수준까지는 올라가지 않겠지만, 감정도 인지 작동의 과정이며 정보 처리 방법으로 판단한다(왕수민 역, 2014: 102). 예컨대 e스포츠에서 치팅과 같은 불공정 행위를 관객들은 비도덕적이라고 직관으로 판단한다. 그 이후로 왜 그것이 잘못되었는지를 정당화한다. 그리고 사람들의 도덕적 판단에는 기본적인 그들 나름대로의 도덕적 기초에 근거하여 작동한다고 주장한다. 이러한 도덕 기초 이론(Moral Foundations Theory)은 다양한 e스포츠 이해관계자가 주어진 문화와 환경에 따라 다른 윤리적 행동이 가능함을 보여준다. 따라서 이 이론은 매우 복잡하게 얽힌 e스포츠에서 나타난 도덕적 판단을 설명하기 위한 적절한 이론이다.

화이트(Haidt)에 따르면 윤리적 판단은 직관이 먼저이고 전략적 추론은 그 다음이라고 앞에서 설명하였다. 추론은 판단이 내려진 후에 다른 사람에게 영향을 주기 위해 작동한다. 그렇다고 해서 그가 감정의 역할을 무시하는 것은 아니다. 하이트는 이성적 판단보다는 감정, 직관, 사회적 맥락을 강조하며, 도덕적 사고가 사회적 행위를 위한 것이라고 주장한다. 그는 도덕적 판단이 의식적으로 활성화된 자신의 도덕적 스키마(Schema)나 감정에 의해 영향을 받는다고 하였다. 물론 이러한 논의의 진행 과정에서 다른 사람이 제시한 윤리적 이유는 자신의 직관과 판단에 변화를 일으킨다. 이와 같이 인지과학은 직관이 윤리적 판단에 실제로 어떻게 작동되는지에 대한 깊은 통찰을 제공한다. 이는 직관적인 행동에 많은 영향을 받는 e스포츠 윤리에 적용이 가능하다.

셋째, e스포츠의 과몰입과 폭력성으로 드러난 인지적 처리 과정을 이해하는 데 도움이 된다. 인지 과학적 분석은 가상세계에서 일어나는 행동이 현실의 윤리와 어떻게 연결되는지를 파악하고 해명하는 데 중요하다. 이는 게임 내 폭력을 현실과 분리된 것을 인식하여 갈등을 느끼지 않는 것과 폭력적 행동이 스트레스 해소나 감정의 조절 수단으로 사용되는 이유가 무엇인지를 파악하는 데 도움이 된다. 예컨대 심리학자인 조슈아 그린(Joshua Greene)은 도덕적 판단을 이중과정으로 설명한다. 즉 무의식적 처리 과정과 의식적인 처리과정으로 설명한다. 전자는 즉각적인 감정적 시스템에 근거한 직관적으로 작동한다. 후자는 실용주의적 관점에서 이성적 판단이 개입되어 작동한다. 그는 이것을 '트롤리 딜레마'로 설명한다. '트롤리 딜레마'에서 5명을 살리기 위해 한 명을 죽이는 행위에 우리가 따르는 것은 통제된 합리적인 이성의 판단이 개입된다. 그러나 감정적 시스템은 대부분 무의식적인 자동 직관 과정이 작동한다. 그린의 연구팀들은 '인도교 딜레마'의 경우, 개인적으로 감정에 영향을 미치는 경우에는 의무론과 일치하는 반응을 유발한다. 반면에 인간이 아닌 '스위치 딜레마'에서 보여준 방관자 버전은 더 비인격적인 행동으로 나타난다. 이러한 평가는 결과주의 평가로 연결된다. 그의 연구에 따르면 도덕적 딜레마를 해결할 때 이성적 판단도 중요하지만, 인간의 감정적 반응이 훨씬 더 중요하다고 하였다. 이러한 연구는 도덕적 판단이 논리적 분석의 결과이기보다는 인간의 정서적 반응과 깊이 얽혀 있음을 보여준다(최호영 역, 2017). 이러한 이중과정의 윤리적 행동은 e스포츠에서 보여준 가상의 행동과 현실의 행동을 비교 설명할 수 있는 유용한 이론적 근거를 제시한다.

넷째, e스포츠 환경과 공동체 윤리 이해에 도움이 된다. e스포츠는 커뮤니티 기반으로 이루어지며, 집단 내 규범이 윤리적 행동을 형성하는 데 도움을 준다. 플레이어의 윤리적 행위는 주어진 디지털 환경, 프로 선수나 타인의 행동과 상호작용 속에서 형성된다. 인간의 행동은 환경, 인지, 그리고 행동 사이의 상호작용을 통해 학습되는 사회 학습이론(Social Learning Theory)[4]이 적용된다. 윤리적 행동은 모델이 되는 상대의 윤리적 행위를 보고 모방을 하고, 윤리적 행동이 강화나 처벌의 사회적 반응에 의해서 조절된다. 즉 윤리적 결과를 보며 윤리적 기준을 세운다. 예컨대 e스포츠의 익명성이 욕설, 차별적 발언 등 비윤리적 행동에 대한 사회적 비판의 합의가 이루어진다면, e스포츠 플레이어의 긍정적인 윤리적 태도를 형성하는 데 도움이 된다. 집단 동조의 관점에서

4) 사회학습이론은 앨버트 반두라(Albert Bandura)가 제안한 이론이다. 그에 따르면 인간은 직접적인 경험뿐 아니라, 타인의 행동을 관찰하고 그 결과를 모방함으로써 학습한다고 주장한다(이진호, 2024).

커뮤니티에서의 집단 압력이 개인의 윤리적 행동에 미칠 수 있음을 보여준다. 따라서 e스포츠 공동체 윤리 형성에 플레이어의 인지적 메커니즘 분석은 대단히 중요하다.

다섯째, e스포츠의 행동 주체에 대한 깊이 있는 이해가 가능하다. 윤리와 관련하여 행위자의 옳고 글음에 논의가 많이 있지만, 그 행위자 그 자체가 어떠한 조건에서 윤리적 행동을 하는지의 논의는 상대적으로 부족하다. e스포츠 윤리와 관련된 행동 주체의 움직임은 자신의 e스포츠 경험이나 주어진 환경을 배제할 수 없다는 점에서 e스포츠의 행동 주체는 자신의 몸에 배인 상태(embodiment)를 배제할 수 없다. 윤리적 행동 주체에 몸의 역할에 대한 인지 과학적 논의가 필요한 이유가 여기에 있다. 언어 인지 과학자인 마크 존슨(Mark Johnson)에 따르면 도덕 심리학과 윤리학에 관한 그의 연구는 주로 인지적 윤리와 몸의 역할에 중점을 둔다. 그는 전통적인 이성 중심의 도덕 철학과 달리, 감정, 경험, 그리고 신체적 체험이 도덕적 판단과 행동에 중요한 역할을 한다고 주장한다(노양진 역, 2017). 존슨은 기존 결과론적 윤리와 목적론적 윤리를 우리가 달성해야 할 도덕적 절대주의라고 비판한다. 그에 따르면 도덕성의 행위는 개인의 경험적 기반으로 설명한다. 그는 도덕적 판단이 순수한 이성적 추론에 의해서만 이루어지는 것이 아니며, 인간의 신체적 경험과 감정적 반응에 깊이 뿌리를 두고 도덕적 행위가 일어난다고 주장한다. 따라서 e스포츠의 윤리적 행위를 단지 오랜 시간 e스포츠를 한다는 것만으로 연관 지을 수 없다.

우리는 일상적인 삶에서 겪는 몸을 통한 경험과 감정을 통해 도덕적 기준이 형성되고, 도덕적 판단을 내리는 과정에 경험적 내용이 큰 영향을 미친다. 그에 따르면 인간이 경험하는 내용의 정도는 개념적 은

유의 방법을 적용한다. 개념적 은유란 사랑과 같은 추상적인 개념도 '따뜻한 온도'와 같은 감각운동 영역의 지각 경험이 뒷받침되는 상황에서 만들어진다는 것이다. 추상적 단어가 감각운동의 지각층위와 분리되어 형성되거나 독립되어 만들어지지 않음을 보여준다. 이는 자신이 e스포츠 경험을 통해 각자가 e스포츠에 대한 추상적인 인식체계를 갖는다. 예컨대 e스포츠의 아바타에 투영된 플레이어의 경험이 차갑거나 뜨겁다는 자신만의 추상적 경험을 형성한다. 이를 근거로 자신의 일상적인 판단과 행동에 영향을 미친다. 자신의 e스포츠 경험의 정도에 따라 축적된 도덕적 경험이 도덕적 사고에 영향을 미친다. 또한 여기에는 자신이 살아온 문화적 경험이 개인에게 축적된다. 이러한 인간에게 축적된 경험을 그는 몸에 배인 인지(embodied cognition)의 개념으로 설명한다. 그렇다면 주어진 상황에서 도덕적 결정은 어떻게 해야 하는가? 존슨에 따르면 도덕적 결정이 단순히 몸의 경험에만 의존하지 않는다고 주장한다. 경험은 뿌리부터 상상적 구조를 갖고 있다고 한다(노양진, 2013: 115).

존슨은 도덕적 문제를 해결하는 데 상상력의 중요성을 강조한다. 상상력은 우리가 다양한 도덕적 상황을 이해하고 공감할 수 있게 한다. 왜냐하면 타인의 입장을 상상하는 능력이 도덕적 판단의 중요한 도구이기 때문이다. 우리는 이러한 상상력을 통해 복잡한 도덕적 딜레마를 해결할 수 있는 유연한 사고를 형성한다. 따라서 존슨에 의하면 도덕적 판단은 고정된 절대적 기준에 의해 이루어지는 것이 아니라, 맥락적이고 상황적이라고 주장한다. 그는 도덕적 결정이 주어진 상황에서 경험적이고 감정적인 요소들에 의해 좌우된다고 보며, 이러한 판단은 사회적 규범이나 개인적 경험에 의해 크게 영향을 받는다고 하였다(노양진 역, 2008). 존슨의 도덕 심리학은 도덕성이 순수한 이성이나 논리적 사고의 결과물이라기보다는 인간의 몸과 마음, 그리고 사회적 경험에 깊이 연관된 과정임을 보여준다. 이는 e스포츠 윤리와 관련된 실천적 윤리학과 도덕적 직관에 대한 연구에 중요한 통찰을 제공한다. 그의 연구는 도덕성을 인간 경험의 구체적, 신체적, 정서적 요소를 서로 연결시키며, 도덕적 판단이 이성만이 아닌 감정과 몸의 경험을 통합해야 함을 강조한다. 존슨은 기존의 추상적인 도덕 이론을 주장하기보다는 도덕적 행위의 출발을 경험적이고 현실적인 주어진 문화나 환경과의 관계 파악이 중요하다는 것을 보여준다. 이러한 이론적 접근법은 e스포츠 윤리를 해명하는 데 적용시킬 필요가 있다. 이와 관련된 논의는 차후의 연구과제로 남겨놓는다.

또 다른 e스포츠의 인지 과학적 윤리적 논의는 신경윤리학(neuroethics)과의 관계 설명도 중요하다. 2000년 초에 대두한 신경과학 연구는 도덕적 판단이나 딜레마의 갈등 상황에서 활성화되는 특정 뇌 영역의 활성화를 파악해서 윤리와 신경과의 어떤 관계가 있는지를 이해하는 데 도움을 준다. 예컨대 전두엽이 손상된 사람들이 도덕적 판단에 어려움을 겪는다는 연구는 도덕적 추론이 뇌의 특정한 부위에 의존한다는 것을 보여준다. 이를 통해 우리는 도덕적 판단 능력이 신경학적, 생리학적 기초를 가지고 있다는 것을 알 수 있다(신경인문학 연구회 역, 2011). 도덕적 행위가 감정이 작동하는 변연계와 밀접한 관계를 가진다는 사실은 윤리적 문제를 이성적 판단으로만 결정할 수 없음을 보여준다. 예컨대 장 피아제(Jean Piaget)와 로렌스 콜버그(Lawrence Kohlberg)와 같은 심리학자는 연령에 따라 도덕적 발달이 어떻게 점점 더 복잡한 도덕적 판단을 하는지 단계별로 설명하였다. 인지 과학적 접근은 이러한 발달 과정을 더 세부적으로 분석하고, 각 단계에서 어떤 인지적, 감정적 요소가 중요한 역할을 하는지를 파악하는 데 필요한 이론적 근거를 제시한다.

우리가 윤리적 규범을 인식하는 것과 실제로 윤리적 행동을 실천하는 것은 다르다. 현실에서 비도덕적 행위를 자제하는 경우라도 가상세계에서는 비윤리적 행위가 허용되는 이유를 파악하기 위해서는 인지과학적 이해가 뒷받침되어야 한다. 인간의 자유의지가 현실세계를 넘어 가상세계에서 어떻게 발현되는지도 인지 과학적 이론으로 설명할 수 있어야 한다. e스포츠에 나타난 인종 차별과 성 차별의 도덕적 판단의 근거가 문화적 배경인지 아니면 사회적 흐름에서 달리 나타나는지도 인지 과학적 접근으로 해명해야 한다. 이는 도덕적 상대주의와 문화적 다양성에 대한 논의에 유의미한 해답을 제공한다. 또한 인지 과학적 연구는 도덕적 규범과 가치가 보편적인가, 아니면 특정 문화에 특화된 것인가에 대한 답을 탐구하는 데 도움을 준다.

결론적으로 인지과학은 e스포츠 윤리 연구에 중요한 기여가 가능하다. e스포츠 플레이어의 도덕적 판단과 행동의 심리적, 신경과학적 기초와 사람들이 도덕적 결정을 내리는 실제 과정을 인지과학의 연구로 뒷받침한다면 그들의 윤리적 행동을 더 잘 이해할 수 있을 것이다. 또한 현실세계에서 일어나는 상황에서 전통적인 윤리학의 관점을 가상세계의 인간 행동과 연결시킬 수 있으며, 가상세계 안에서 움직임과 관련된 윤리적 판단과 행동에 도움이 된다. 이러한 인지 과학에 근거한 e스포츠 윤리는 도덕적 교육, 정책 개발, 법률 제정 등에 실질적인 도움을 줄 수 있을 것이다.

CHAPTER 3

윤리 이론의 적용

윤리학은 인간이 살아가는 데 필요한 도덕적 원칙과 가치, 그리고 옳고 그름을 판단하는 기준을 연구하는 학문이다. 또한 자신의 판단에 따른 행동을 도덕적 의미로 정당화하는 과정을 다룬다. 인간은 자신이 옳다고 여기는 판단 근거에 따라 행동하며, 이러한 행동의 근거와 원리를 설명하는 것이 바로 윤리 이론이다. 하지만 e스포츠 윤리는 선수나 플레이어에게만 적용되지 않으며, 관련 이해관계자들의 윤리 이론도 함께 고려해야 한다. 다만 본 장에서는 플레이어와 선수의 행동과 관련된 윤리적 문제에 한정하여 설명하고자 한다. 외형적으로 볼 때 e스포츠 참여자들은 자신의 행동이 윤리적 의미를 지닌다고 인지하지 못하는 경향이 있다. 이는 프로 선수나 일반 플레이어 모두 윤리적 판단을 체계적으로 인식하지 못하고 있음을 시사한다. 이러한 현실은 e스포츠 윤리의 논의가 아직 미흡함을 분명히 보여준다. e스포츠에서의 움직임이나 특정 행위가 사회적 문제를 야기할 때 비로소 옳고 그름의 윤리적 쟁점이 제기된다. 실제로 대부분의 e스포츠 선수나 플레이어는 상대적으로 나이가 어리기 때문에 스스로 명확한 윤리적 견해를 갖기 어려운 경우가 많다. 바로 이러한 이유 때문에 그들에게는 체계적인 윤리 교육이 더욱 필요하다.

그럼에도 e스포츠 플레이어는 자신만의 윤리적 관점이나 인식의 틀에 따라 행동한다는 것은 부인할 수 없다. 자신의 관점 없는 해석은 없고 각자 나름대로 윤리 이론을 가지고 있다. 비록 개인이 객관적인 윤리적 태도를 갖추지 못한다고 하더라도 세계를 바라보는 각자의 내재적인 인식 틀의 존재는 무시할 수 없기 때문이다. 윤리적 태도가 없다는 사실도 하나의 윤리적 관점이다. 단지 자신에게 어떠한 윤리이론을 가지고 있는지 질문을 하지 않았고, 그것이 경기에서 어떻게 발휘되는지 스스로 경험적으로 확인하지 못했을 뿐이다. 따라서 프로 e스포츠 선수나 플레이어도 각자 자신의 윤리적 이해와 정도와 관계없이 자기 나름대로 윤리 이론을 갖는다고 보아야 한다.

윤리 이론은 인간의 행동에 대한 윤리적 판단과 관련된 체계적인 개념적 틀이나 원칙을 말한다. 문제는 자신의 윤리적 관점이나 틀에 따라 윤리를 각자 다르게 바라본다. 이러한 접근은 윤리적 문제 해결의 방법이 다를 수 있음을 보여준다. 즉 연구자의 이론적 접근에 따라 다양한 e스포츠의 윤리적 이해와 해결책을 만들어낸다. e스포츠 윤리학이 응용 학문이라는 점에서 기존 윤리학의 이론적 해석을 피할 수 없다. 따라서 e스포츠 윤리 이론으로 결과주의 이론, 의무론적 이론, 덕 이론, 동양사상, 현상학적 윤리이론 등으로 설명이 가능한 이유가 여기에 있다.

1. e스포츠와 결과론적 윤리

1) 결과론적 윤리의 이론 체계

결과론적 윤리체계(Consequentialism)란 행동의 도덕적 가치를 자신의 행위 그 자체보다는 행동의 결과를 예측하고 판단하는 윤리 이론이다. 이 이론은 행동의 동기나 과정보다 행위의 결과가 모든 사람에게 이익이 되면 그 결과를 얻기 위한 행동은 도덕적으로 타당한 것으로 인정한다. 또한 목적이 수단을 정당화할 수 있으며, 결과가 긍정적이면 그 행동은 도덕적으로 옳다고 평가한다. 결과론적 윤리체계의 이론적 근거는 공리주의(Utilitarianism)이다. 공리주의는 19세기 영국 벤담(Bentham)과 존 스튜어트 밀(John Stuart Mill)의 사상에 근거한다. 그들은 행복과 불행의 양을 비교하여 '최대 다수의 최대 행복'의 명제를 강조한다. 벤담은 즐거움과 행복을 양적으로 평가하였고, 존 스튜어트 밀은 질적인 즐거움과 행복을 강조하였다. 전자의 양에 따른 판단으로 어떤 행위가 좋은 것인지 아닌지 판단이 가능하다. 후자는 적은 양의 즐거움과 행복도 중요하기 때문에 고급스러운 즐거움이나 행복을 저급한 것과 구분할 필요성이 있다고 하였다. 결과론적 윤리 체계는 행동의 동기나 과정보다는 행동이 가져오는 결과가 도덕적 평가의 기준으로 판단하기 때문에 윤리적 판단을 할 때 '이 행동이 어떠한 결과를 가져오는가?' 그리고 '그 결과가 개인이나 공동체에 이득을 줄 수 있는가?'의 질문을 던져야 한다.

공리주의도 주장하는 내용에 따라 행위 공리주의(Act Utilitarianism), 규칙 공리주의(Rule Utilitarianism), 이기적 결과주의(Egoism)로 구분된다. 행위 공리주의는 행동이 개별적인 결과를 고려해서 도덕성을 판단한다. 극단적으로 특정 상황에서 비윤리적 행위가 더 큰 행복을 가져다준다면, 그 행위는 옳다고 판단한다. 규칙 공리주의는 개인적인 행동보다는 행동의 규칙의 기준을 결과로 판단한다. 극단적으로 규칙이 장기적으로 사회에 더 큰 행복을 가져다준다면 도덕적으로 옳다고 판단한다. 예컨대 반칙을 하는 것이 경기 진행에 방해가 되고 규칙을 따르는 것이 더 큰 행복을 가져다준다면 그 규칙은 따라야 한다. 이기적 결과주의는 윤리적 행위의 근본적인 근거는 개인의 이기심을 전제로 한다. 자신의 행동이 개인의 이익이나 행복을 가져다주는 것이라면, 이는 도덕적으로 올바른 것으로 판단한다.

결과론적 윤리 체계의 장점은 실용적이며 유연성과 사회적 이익을 추구한다(김정효, 2024: 87). 실용성은 행동 결과의 평가가 현실적인 윤리적 문제 해결에 도움이 된다. 최선의 결과를 예측하기 위해서는 여러 사람들의 이해와 관심을 비교함으로써 도덕적 추론이 가능하다. 공리주의에서 유용성은 바람직하거나 좋은 수단이기보다는 목적 자체로서 갖는 가치를 갖는다. 사회적 이익은 개인의 이익보다는 사회 전체의 행복을 중요시하는 공평성의 원리가 적용된다. 이러한 원칙은 사회적 이익을 위한 규칙이나 법을 만드는 데 유용하다.

물론 결과론적 윤리 체계의 단점도 존재한다. 결과론적 윤리는 행동의 결과로 도덕적 판단을 하기 때문에 미래의 결과에 대한 판단을 어렵게 한다. 이는 이론적으로 타당성을 확보하더라도 실천의 결과에 대한 타당성을 확보하기 어렵다. 여기에는 최대 다수의 최대 행복의 원칙이 소수의 권리를 침해할 가능성이 높다. 예컨대 승리를 위해 오랜 시간 연습하는 것이 타당하더라도 개인의 건강이나 인권과 상충할 가능성이 높다. 결과의 중시는 개인 동기의 중요성을 간과할 가능성이 존재한다. 선한 동기로 하였다고 하더라도 그 결과가 나쁘면 도덕적으로 잘못된 것을 간주된다. 결과론적 윤리 체계의 가장 큰 단점은 결과만 좋다면 도덕적으로 허용된다는 정당화의 문제이다. 또한 거짓말이나 반칙이 우리의 팀 승리에 행복을 가져다준다면, 그 행동이 도덕적으로 옳다고 평가하기에는 어렵다. 따라서 다른 윤리 체계와 충돌은 불가피하다.

2) e스포츠의 결과론적 윤리 적용

e스포츠에서 결과론적 윤리는 경기에 참여하는 플레이어에게만 적용되는 것이 아니다. e스포츠 팀, 각종 e스포츠 리그, e스포츠 대회 관계자들의 행위와 경기 결과 평가에 중요한 기준이 된다. e스포츠에 대한 결과론적 윤리의 적용은 다음과 같다.

첫째, e스포츠 경기에서 승리의 중요성에 대한 인정이다. e스포츠 경기 참여 시 승리는 가장 중요한 목적 중 하나이다. 결과론적 윤리 체계는 최선의 노력을 통해서 나타난 결과가 승리로 이어진다면, 그 과정에서의 행동은 타당한 것으로 인정받는다. 여기에는 개개인의 플레이어는 자신의 승리와 팀 승리를 위해 효율적인 의사 결정을 한다. 이는 e스포츠에서 승리를 쟁취하기 위해 감독과 코치의 전략과 전술에 따라야 하는 윤리적 근거로 설명이 가능하다. 즉 결과론적 윤리는 승리를 위한 선수들의 역할, 타이밍, 전술이 팀 이익이라는 윤리적 정당성으로 연결된다.

둘째, e스포츠 산업에 긍정적인 영향을 미친다. 선수들의 공정한 행위는 더 많은 대회 유치가 가능하다. 공정한 경기 진행과 승리에 대한 인정은 많은 사람들의 관심을 가지게 되고 경기의 스폰서십으로 이어지게 된다. 경기의 승부조작 사건은 경기 자체의 신뢰도를 떨어뜨리게 되어 궁극적으로 e스포츠에 대한 부정적인 인식을 확대로 이어지게 되기 때문이다. 이는 e스포츠와 관련된 커뮤니티에 전체적으로 부정적인 영향을 미치고, 결과론적 관점에서 비윤리적 행위로 인정된다. e스포츠에 대한 결과론적 윤리 체계는 e스포츠의 특징인 참여자인 동시에 관전자이기 때문에 플레이어의 공정한 행위의 결과가 직접적으로 팬과 관중에 영향력을 미친다. 우리가 e스포츠에 열광하는 이유의 하나가 디지털 특성상 다른 스포츠보다 공정하다는 믿음을 전제로 참여한다. 그 규칙을 받아들이는 것이 전체 e스포츠 발전에 도움이 된다.

그러나 결과론적 윤리는 플레이어가 개인이나 팀 경기에서 최적의 성과를 내기 위해 전략적 결정을 내리는 데 도움이 되지만, 부정적인 측면도 존재한다. 결과론적 윤리는 e스포츠에서 비윤리적 행동의 정당화로 작동이 가능하다. 승리를 위해 대리, 치팅, 상대의 모욕 등 비매너의 행동이 좋은 결과를 산출하기만 한다면, 그 행위가 정당화될 수 있다는 것이다. 더욱이 도핑이나 e도핑과 같이 부정적인 행위가 팀의 승리로 이어지고 팀의 경제적 이익과 명성을 갖게 됨으로써 결과론적으로 좋은 행동을 인식될 수 있지만, 이 과정에 대한 도덕적 문제가 타당한 것으로 인정되는 것은 다른 문제이다. 승리에 대한 결과에 집착할수록 e스포츠가 같은 공정성의 특성은 사라지고, 장기적으로는 e스포츠의 신뢰도와 공정성을 위협하게 된다. e스포츠에 대한 대중의 관심은 e스포츠의 대중성과 참여의 평등성에 기인한 경쟁이지 개인의 승리 그 자체가 아니기 때문이다.

요약하면 e스포츠와 결과론적 윤리체계의 관계는 행동의 결과 중심으로 도덕적 판단을 내린다. 결과론적 윤리체계는 경기에서 승리를 위한 전략과 전술, 공동의 경제적 이익, 관객이나 참여자의 만족 등 긍정적인 결과를 극대화에 기여하겠지만, 그 과정에서 비윤리적 행동을 야기 시킬 수 있는 부정적인 측면도 존재한다. 따라서 긍정적인 윤리적 결과를 도출하기 위해서는 모든 플레이어의 페어플레이와 스포츠맨십에 대한 확실한 태도와 의지가 뒷받침되어야 한다.

2. e스포츠와 의무론적 윤리

1) 의무론적 윤리의 이론 체계

의무론적 윤리(Deontological Ethics)는 행동의 도덕성 판단을 그 결과이기보다는 행동 그 자체의 도덕적 의무에 따라 평가하는 윤리 이론이다. 이는 행동으로 인해 발생하는 결과에 따른 판단이 아니라, 특정 행동의 타당성을 행동 그 자체에 내재한 도덕적 의무로 판단한다. 이 이론은 결과주의와 대비되는 것으로 결과가 아무리 좋다고 하더라도 그 행동이 도덕적 규칙이나 원칙을 위반한다면 잘못된 행위로 판단한다. 따라서 우리는 자신의 행위가 도덕적인 원칙에 따르고 있는지, 자신의 행동이 도덕적 원칙에 맞게 행동하고 있는지에 대해서 질문해야 한다.

의무론적 윤리에서 가장 중요한 이는 철학자 엠마뉴엘 칸트(Immanuel Kant)이다. 그의 윤리에 대한 입장은 정언명령(Categorical Imperative)으로 설명한다. 정언명령이란 조건 없이 모든 사람에게 보편적으로 적용되어야 할 도덕적 명령이다. 그는 주어진 상황과 관계없이 누구나 항상 지켜야 할 절대적인 도덕 규칙이나 법칙을 제시하였다. 누구에게나 보편적으로 적용되는 도덕적 명령, 즉 정언명령의 핵심은 다음과 같다. 첫째, 누구에게나 적용 가능한 보편성을 가져야 한다. 예컨대 속임수가 모든 사람에게 보편화된다면, 사회에서 진실은 존재하지 않기 때문에 모든 사람에게 보편적으로 적용 가능한 절대적이며 다른 동기도 포함하지 않는 실천 법칙이 되어야 한다. '속임수는 해서는 안 된다'는 정언 법칙이 성립되면, 자신의 행동은 거기에 따라야 한다. 물론 자신이 행하는 행동이 모든 사람이 따라야 할 법칙으로 인정받을 수 있는지 질문을 던지고 행동해야 한다.

둘째, 인간 존엄성에 대한 확신이다. 인간을 수단으로 대하지 말고 목적으로 해야 한다. 인간을 자신의 이익을 위한 수단은 대하는 것은 도덕적으로 받아들이지 않는다. 이를 위해서는 인간은 올바른 행위를 하겠다는 의지와 선의지(Good Will)가 필요하다. 정언명령을 따르기 위해서는 그러한 도덕적 명제를 따르겠다는 의지가 전제되어야 한다. 그리고 행동의 결과가 나쁘게 나타나더라도 옳은 의도는 지켜야겠다는 선의지도 필요하다. 칸트에 따르면 이러한 태도는 인간이 지켜야 할 도덕적 책임이며 인간의 이성적 판단을 통해 도출할 수 있다는 것이다. 칸트의 의무론적 윤리체계는 절대적 도덕원칙으로서 도덕적 동기와 의도를 중시하고 자신의 의무와 책임 있는 행동을 요구한다. 이러한 도덕 규범성의 원천은 자유 의지에 근거한 자발성주의(Voluntarism)이다. 자발적 이성의 노력은 자신의 행위 그 자체에 대한 반성적 능력을 인정하고 실천 이성에 의해 도덕적 행위가 이루어진다(강현정, 김양현 역, 2011).

이러한 의무론적 윤리의 장점은 다음과 같다. 첫째, 행동과 관련된 절대적 기준을 제공한다. 둘째, 도덕적 동기를 강조한다. 셋째, 인간의 존엄성에 대한 존중을 보여준다.

하지만 이러한 의무론적 윤리체계의 단점들도 존재한다. 의무론적 윤리는 결과보다는 행동 자체에 중점을 두기 때문에 그 행동이 가져올 현실적 영향력과 결과를 무시할 경우도 발생한다. 즉 결과에 대한 무시이다. 실제로는 매우 나쁜 결과를 초래할 수 있음에도 불구하고, 도덕적 원칙만을 강조함으로서 상황에 맞는 윤리적 행동인지에 대한 의문도 존재한다. 결과의 무시는 유연성의 부족으로 나타난다. 예컨대 생명을 구하기 위해 거짓말을 하는 경우에 절대적으로 거짓말의 금지는 현실적인 생명 경시의 문제로 나타날 수 있다. 또한 두 개의 절대적인 도덕적 원칙이 충돌할 때 도덕적 딜레마에 직면할 가능성이 존재한다. 의무론적 윤리 체계에서는 두 사람을 동시에 구할 수 없는 상황에서 누구를 먼저 구해야 할지 결정하기란 쉽지 않다. 해야 한다는 것은 옳은 것이지만, 실제로 하는 것은 다른 차원의 문제이다. 모든 사람이 다 따르면 윤리적 문제는 해결이 되겠지만, 그러한 일이 현실에서 일어나기란 힘들다. 따라서 개인적으로 구체적인 실천 방향이 적용되기 위해서는 자신에게 윤리적 규범 탐구와 개별 인격자의 실천 방법이 결합되어야 한다.

2) e스포츠의 의무론적 윤리 적용

의무론적 윤리 체계는 행동 자체의 도덕적 규칙 준수로 e스포츠 윤리와 관련된 행동 방식과 행동의 도덕성을 결정하는 기준이 된다. e스포츠에 참여한다는 것은 e스포츠의 규칙을 모두가 암묵적으로 받아들인다. e스포츠에서 플레이어, 팀, 관계자들이 도덕적 의무 준수가 경기에 참여와 진행의 중요한 요소이기 때문이다. 그들이 e스포츠의 규칙에 따르지 않는다는 것은 e스포츠의 경기 조건이 성립되지 않는 것과 연결된다.

e스포츠에서 의무론적 윤리 적용은 다음과 같다.

첫째, e스포츠에서 의무론적 윤리는 e스포츠의 공정한 경쟁과 규칙 준수에서 가장 중요한 윤리적 태도이다. 이는 5장에서 언급할 페어플레이와 스포츠맨십과도 연결된다. 비록 e스포츠에 참여하는 플레이어가 승리를 위한 행동을 하지만, 그 게임 규칙에 따른 의무를 생각하지 않고서는 지속 가능한 e스포츠를 기대할 수 없다. 게임 규칙 준수의 의무는 게임에 참여한 플레이어가 지켜야 할 도덕적 의무이다. 승리를 위해 대리, 치팅, 도핑, e도핑 등 그 자체로 규칙을 어기는 부정한 행동이기 때문에 금지되어야 한다. 많은 사람들에게 e스포츠가 인기 있는 이유가 공정성, 나이 성별을 차별하지 않는 평등성에 기인한다. 따라서 모든 플레이어는 동등한 조건에서 경기에 참여하여 자신의 기량을 발휘해야 한다. 의무론적 윤리는 팀 경기에서 각자 주어진 자신의 역할 플레이어에 최선을 다해야 한다는 의무가 적용된다. 팀 구성원으로 팀 승리를 획득하기 위해서 서로의 협력은 의무이다. 팀의 전략과 전술에 따라 상호 협력하지 않는 태도는 의무론적 관점에서 본다면 비도덕적 행동이다. 왜냐하면 팀원으로서 자신의 책임과 의무를 저버리는 행위이기 때문이다. 또한 경기 결과와 관계없이 의무론적 윤리는 자신에게 주어진 도덕적 책임을 다하는 것이 중요하다.

여기에 디지털 도핑인 치팅이나 버그의 활용 등은 의도적 상대를 방해하는 행위이기 때문에 의무론적 윤리에서 본다면, 전부다 비도덕적 행위이다. 이는 비매너의 페어플레이와 연결되기 때문이다. e스포츠에 대한 젊은 세대의 열광은 상대를 존중하고 예의를 지키며 경기 결과를 받아들이는 태도에 기인한다. 관객들은 동등하게 주어진 조건에서 최선을 다하고 그 속에서 동료와 함께 자신의 능력을 발휘하는 것에 관객이나 팬들은 찬사를 보낸다. 또한 경기 후에 상대방에 하는 굿 게임의 행동은 도덕적 의무로 받아들어져야 한다. 이 행동은 결과에 상관없이 상대를 존중하는 스포츠맨십의 일면이며 플레이어가 지켜야 할 예의이다.

둘째, e스포츠에서 의무론적 윤리는 공정한 경쟁 환경을 조성한다. e스포츠는 디지털 기술의 발달에 따라 e스포츠의 경기 환경이 나라마다 차이를 보여준다. 인종 차별, 성 차별, 장애 차별, e스포츠 경기 참여의 불평등을 해소해야 한다. 이 모든 것은 e스포츠의 공정한 경쟁 환경 조성의 의무론적 윤리이다. 인간을 수단으로 대하지 말고 목적으로 대해야 한다는 것은 e스포츠 플레이어의 인권과 법의 적용과 관련된다. 예컨대 프로 선수와 e스포츠 회사 간의 계약은 인간 기본권에 바탕으로 표준계약서에 따른 계약이 진행되어야 한다. 여기에 e스포츠 개발회사, 운영사, 게임 개발자, 지도자, 심판이 지켜야 할 윤리도 모두 e스포츠의 공정한 경쟁 환경 조성에 의무론적 윤리가 적용될 수 있다.

물론 e스포츠에 대한 의무론적 윤리의 적용에 한계도 존재한다. 첫째, e스포츠에서 실천하기 힘들다는 것이다. 행위의 결과와 무관하게 오직 의무에 따른다면, e스포츠 윤리의 문제는 발생하지 않을 것이다. 그러나 현실에서 e스포츠 윤리의 발생과 극복은 개인의 의지만으로 해결되지 않는 문제이다. 더욱이 윤리적 행위로 해야 하는 것과 실제로 하는 것은 다른 차원에서 다루어져야 한다. 둘째, 결과 중요성의 입장 차이가 있을 때 그 기준도 애매하다. e스포츠에서 정해진 전략에 따라야 하는 것과 더 나은 결과를 위해 부인해야 할 때 서로 두 가지 도덕 법칙이 대립될 경우 그 기준을 설명하기 힘들다는 것이다.

셋째, 상황에 대한 유연한 움직임에 방해가 된다. 예컨대 팀이나 회사의 이익을 위해 개인을 희생하고자 할 때 의무론적 태도가 항상 옳은 방향을 제시하는 것은 아니다. 의무론은 지나치게 개인에 집중하고 타인의 필요와 이익에는 상대적으로 관심이 적다. e스포츠 윤리의 주체가 디지털 매개체 그 자체가 등장하는 상황에서 인간의 도덕 법칙만으로 적용하기는 힘들다는 것이다.

결론적으로 e스포츠와 의무론적 윤리체계는 결과와 상관없이 게임 규칙의 준수, 공정한 경쟁, 스포츠맨십 등을 중심으로 도덕적 행동을 규정한다고 하더라도, 의무론적 윤리는 상황적 유연성이 부족하고, 결과의 중요성을 간과하는 경우도 발생한다. 여기에 디지털 매개체가 윤리적 행위에 중요한 주체로 등장하는 이상, 의무론적 윤리를 적용하는 데는 한계를 보인다.

3. e스포츠와 덕 윤리

덕 윤리학은 인간과 공동체가 윤리적 행동할 때 플레이어의 행위에 초점을 맞춘다. 덕 윤리의 관점에서 본다면 플레이어는 수동적인 행위자가 아닌 능동적인 도덕적 행위자로 인정한다. 덕 윤리와 관련해서는 먼저 아리스토텔레스(Aristotle)의 덕 이론을 이해해야 한다. 그는 『니코마스 윤리학』 6장에서 실천적 지혜(Phronesis)를 갖춘 사람을 덕이 있는 사람이라고 하였다. 실천적 지혜는 인간이 어떻게 살아야 할지를 판단하고, 상황에 맞게 올바르게 행동하는 능력을 의미한다. 덕이 있는 플레이어는 규칙을 아는 것이 아니라, 구체적인 상황에서 무엇이 최선인지를 분별하고 실천할 수 있는 능력을 말한다. 이러한 주어진 인간 자신이 가지고 있는 능력을 가장 잘 발휘하는 것으로 아리스토텔레스가 주장한 아레테(Arete, excellence), 즉 오늘날 덕으로 설명한다.

1) 덕 윤리의 이론적 근거

덕 윤리(Virtue Ethics)는 윤리적 판단을 행동이나 행동의 결과이기보다는 그러한 행동을 하는 행위자의 성품에 초점을 맞추는 윤리 체계이다. 옳은 행동은 무엇인지 질문하고 답을 찾기보다는 자신이 옳은 행동을 어떻게 하는지에 관심을 갖는다. 덕 윤리는 행위자 자신의 성격과 품성에 관심을 가지며, 좋은 덕을 가진 사람이 도덕적으로 옳은 행동을 하게 된다는 것이다. 덕 윤리의 기본 개념은 우리가 어떻게 행동해야 하는 것보다 일인칭의 관점에서 자신이 어떤 사람이 되어야 하는가에 초점을 맞춘다. 즉 선험적인 규칙이나 결과보다는 개인의 성품과 덕성이 도덕적 삶을 형성하는 데 중요한 것으로 판단한다. 주어진 상황에서 자신이 어떻게 해야 하는지 질문을 던지고, 그 상황에 품성이 있는 사람으로서 할 만한 행동을 해야 하는 것이다. 이를 위해 우리는 어떤 덕목을 배우고 키워야 하는지 좋은 성품 도덕적으로 중요한 이유는 무엇인지에 관심을 갖는다.

덕 윤리의 사상적 뿌리는 고대 그리스 철학에 기원한다. 특히 아리스토텔레스(Aristotle)는 덕 윤리의 대표적인 철학자이며, 그의 『니코마코스 윤리학』의 저서는 덕 윤리의 주요한 이론적 기반을 제공한다. 오늘날 덕(Virtue)은 그리스 시대에는 아레테(탁월성, Excellence)로 설명하였다. 자신이 가지고 있는 능력을 최대한으로 발휘하는 것이 아레테이며, 그것이 행복을 가져다주는 것으로 생각하였다. 그는 인간의 최종목적이 행복이라는 에우다이모니아(Eudaimonia)에 있다고 하였다. 이는 단순히 쾌락이나 즐거움을 말하는 것이 아니라, 인간이 추구하는 충만한 삶을 표현하였다. 이를 위해서는 인간은 탁월성을 기르는 것이 중요하다고 하였다. 여기에서 이성적 역할을 기반으로 학습과 교육을 통해 지혜와 실천적 지혜가 이루어질 수 있다고 하였다. 반복된 습관과 훈련을 통해 형성되는 탁월성은 용기, 절제, 정의의 덕목을 형성한다. 그는 인간에게 가장 중요한 윤리적 행동을 중용으로 판단하였다. 예컨대 용기의 과함과 모자람 사이의 균형을 유지하여 행동이 습관화되어 행동하는 것이 중요하다고 생각하였다. 특정한 상황에서 덕을 이해하기보다 상황에 맞는 덕 적용의 실천적 능력이 더 중요하다고 하였다. 이러한 덕 윤리는 인간 개인의 성품 발달을 중요시하고 인간 본연의 가치 실현에 도움이 된다. 또한 안다는 것은 실천적으로 할 수 있음을 보여주어야 한다는 점에서 실용적으로 인식될 수 있다. 자신의 품성에 대한 노력은 도덕적 결과를 결정하고, 올바른 행동은 좋은 품성에서 자연스럽게 나오는 것으로 여긴다.

그렇다고 덕 윤리는 개인적인 관점만을 강조하지 않는다. 덕 윤리는 바람직한 공동체를 만들어가기 위해 인간관계도 중시한다. 각각 개인의 덕의 추구가 전체적인 사회적 맥락에서 본다면, 공동체를 이루는 중요한 요소로 작동한다. 개인의 삶은 공동체에서 영향력을 받기 때문에 서로 구분될 수 없기 때문이다. 현대에 와서 아리스토텔레스의 덕 윤리를 재해석하면서 현대 사회의 도덕적 삶을 위해 매킨타이어(MacIntyre)는 새로운 이론적 방향을 제시하였다. 그는 『덕의 상실(After Virtue)』이라는 저서에서 윤리적 방향성을 잃어버린 사회를 비판하여 덕을 기반으로 하는 도덕적 공동체 복원을 주장하였다. 그는 품성을 키우는 데 실천이 도덕적으로 중요하며, 실천을 통해서만 도덕적으로 의미 있는 것으로 보았다. 더 나아가 덕은 개인이 속한 사회적 공동체와 연결되어 있기 때문에 그 사회가 추구하는 목적이나 목표를 고려해야 한다고 하였다. 그는 사회적 맥락의 과정에서 자신의 도덕적 실천이 내재적 가치와 일치할 것을 주장한다. 단순히 도덕적 가치는 명예, 돈, 권력과 같은 외재적 가치가 아니라. 자신의 바람직한 행동 가치가 무엇인지를 확인하고 실천하는 것이 진정한 덕 윤리라고 하였다(이진우 역, 2021).

그럼에도 불구하고 덕 윤리는 다음과 같은 단점도 지닌다. 첫째,

무엇이 정확하게 옳은 행위인지를 구체적으로 제시하지 못한다는 사실이다. 예컨대 넓은 의미로 중용이나 실천적 지혜를 주장하였지만, 특정 상황에서 어떤 덕목이 더 우선되어야 하는지의 기준이 모호할 수 있다. 둘째, 덕 윤리가 개인의 품성을 강조함으로써 상황에 따라 다른 결과를 도출할 가능성이 존재한다. 덕을 갖추는 것은 나의 노력도 중요하지만, 적절한 환경과 문화적 배경이 뒷받침되어야 하기 때문이다. 이는 도덕적 기준이 상황에 따라 다를 수 있음을 보여준다. 셋째, 윤리적 상대주의로 흐를 가능성이 존재한다. 덕 윤리는 모든 이에게 적용되는 도덕적 원칙보다는 절제, 용기, 정의 등 덕목을 강조함으로써 그들이 서로 충돌할 가능성이 존재한다.

2) e스포츠의 덕 윤리 적용

e스포츠 플레이어들은 경쟁을 통해 자신의 능력을 발휘하는 과정에서 다양한 윤리적 도전에 직면한다. e스포츠 환경에서 윤리적 갈등이 존재할 때 플레이어의 행위에 초점을 맞춘다는 점에서 윤리적으로 의미가 있다. 하지만 덕 윤리의 관점에서 본 e스포츠의 윤리적 문제는 e스포츠의 플레이어를 통해 성품과 덕목을 키울 수 있느냐의 근본적인 의문은 남아 있기 때문이다.

그럼에도 e스포츠의 행위자인 플레이어는 덕이 있는 존재자로 역할은 한다. 덕이 있는 플레이어는 공정성, 겸손, 반성의 주체로 행동하는 것을 전제로 한다. e스포츠의 덕목 중 하나는 자신이 행동에 대한 당당함이다. e스포츠 경기에 당당하게 참가해서 규칙 준수는 페어플레이로 연결된다. 상대를 이기는 것에 초점을 맞추기보다는 정정당당하게 경쟁에 참여해서 페어플레이를 통해 승부를 내는 것이 e스포츠 경기의 전제 조건이라는 사실은 부인할 수 없기 때문이다. e스포츠에서도 승리와 실패가 반복됨으로 영원한 승자나 패자는 없다. 덕이 있는 플레이어는 패배에도 상대를 존중하고, 자신의 발전을 위한 자양분으로 생각해야 한다. 덕이 있는 플레이어는 승리를 하더라도 그것이 자신의 뛰어난 능력보다는 팀원과 코치와 감독의 역할이라는 겸손을 유지해야 한다(이상호 역, 2025). 이러한 e스포츠에서 덕의 윤리적 태도는 다른 플레이어들에게 더 나은 성품과 태도를 기르도록 장려할 수 있으며, 이를 근거로 e스포츠의 긍정적 문화 형성에 기여한다. 즉 덕 있는 행동은 단순한 개별적 행동이 아니라, e스포츠 환경 전반에 긍정적 영향을 미친다.

따라서 e스포츠 플레이어의 행동이나 언어는 대단히 중요하다. e스포츠 명예의 전당에 입성한 페이커(Faker)는 "돈이나 명예 같은 것은 한 시적이고, 이를 추구하다 보면 더 큰돈과 명예를 좇을 수밖에 없다고 본다"며 "그보다는 어떻게 하면 제가 그런 좋은 영향력을 미칠 수 있을까 고민하면서 실천하고 싶다." 가장 중요한 목표는 계속해서 배우고 성장하는 것이라고 하였다(김주환, 2024.07.09). 이러한 자세는 e스포츠의 덕 윤리의 관점으로 설명이 가능하다. 이러한 페이커의 태도는 건강한 경쟁 문화를 만들어 가는데 일조한다.

우리가 e스포츠에 열광하는 것은 상대 존중과 팀워크와 협력 하에서 승리가 결정되는 그 자체이다. e스포츠 플레이어는 단순히 기술적 능력만이 중요하지 않다. 기술적 능력이 그 사람의 인격을 보장하지 않기 때문이다. 하지만 플레이어의 도덕적 성장이 뒷받침되어야 최고의 선수가 된다. 덕 윤리를 갖춘 플레이어는 동료와의 대화, 경기에서 훈련과 반성의 과정에서 자신의 인격을 만들어 가야 한다. 이렇게 덕이 있는 플레이어는 다른 사람들로부터 롤 모델의 역할을 한다. 따라서 다른 사람들의 존중을 이끌어내기 위해 정직성, 책임성, 겸손을 가져야 한다. 이는 역으로 e스포츠 윤리적 기준을 만드는 데 일조한다. e스포츠의 덕 윤리는 팀 기반의 경기에서 협력, 상호존중, 책임감이라는 중요한 덕목이 작동한다. 이는 경기의 결과에 중요한 역할을 한다는 점에서 덕 윤리적 태도가 승리로 연결된다. 왜냐하면 이타심과 배려에 근거한 팀원 간의 조화와 상호협력은 개인의 이익을 넘어서기 때문이다. 따라서 덕 윤리는 개인 행위의 정직과 공정성을 실천함으로써 전체 공동체의 선에도 부합한다고 할 수 있다.

비디오 게임과 관련하여 덕 윤리학의 논의는 게임학자인 시카트(Sicart)의 『컴퓨터 게임의 윤리』에서 보인다. 그는 덕 윤리학의 이론적 전개를 게임하는 플레이어 행위에 초점을 맞추어 설명한다. 그는 덕 윤리학의 관점에서 플레이어는 윤리적 추론 능력이 있는 경험하는 존재로 이해한다. 그에 따르면 비디오 게임 속에서의 경험은 주어진 게임 시스템과 게임 상황에 따라 행동하는 플레이어 주체에 대한 해석의 과정으로 설명한다. 이러한 해석은 과거와 현재의 게임 플레이 경험을 바탕으로 컴퓨터 게임에 대한 윤리적 가치를 형성한다고 본다(김겸섭 역, 2014: 162). 그는 컴퓨터 게임이 그냥 시간을 보내고 즐기는 수단이기보다는 그 경험의 과정에서 자신의 윤리적 행동을 할 수 있는 주체로서 성장이 가능하다고 하였다. 이 책에서 플레이어는 우리가 전통적으로 게임과 관련하여 승리하기 위한 전략적이고 목표 지향적 의미를 추구할 뿐만 아니라, 그 상황에서 도덕적 의미에서 자신을 반성하는 주체로 생각한다고 하였다. 덕이 있는 플레이어는 게임 경험을 통해 자신의 행동에 대해 반성하는 존재이면서 덕을 갖춘 플레이어는 커뮤니티에 참여하고 추구하는 자아라고 하였다. 따라서 덕을 갖춘 플레이어는 자신의 행위뿐만 아니라, 디지털 시스템의 비판적이고 윤리적으로 반성이 가능해야 한다(김겸섭 역, 2014: 171).

덕 윤리는 e스포츠 플레이어의 도덕적 성품과 성장을 강조하며, 공정한 경쟁과 협력, 정직성과 겸손, 그리고 올바른 스포츠맨십을 통해 e스포츠 문화 전반에 긍정적인 영향을 미칠 수 있다. 또한 덕 있는 성품을 발전시키는 것은 경기의 승패를 넘어서, 도덕적으로 우수한 인격을 형성하고 건강한 e스포츠 커뮤니티를 만드는 데 중요한 이론적 근거가 될 수 있다.

물론 덕 윤리의 적용에도 한계는 존재한다. 덕 윤리는 인간의 주도적인 태도가 아닌 디지털 매체가 윤리적 행위로 등장하는 것과 관련된 윤리적 논의는 부족하다. 그리고 e스포츠 경기 참여 시 누구나 최상의 컴퓨터를 기반으로 빠른 인터넷의 접속이 가능하지도 않다. 나라마다 e스포츠 참여의 환경이 다를 수밖에 없다. 또한 e스포츠를 할 수 있는 시간의 투자도 다르다. 어떻게 보면 덕 윤리는 뛰어난 e스포츠 선수들의 집단 가치를 강조할 가능성이 높다. 그냥 재미나 스트레스 완화를 위해 e스포츠에 참여한 플레이어에게 덕 윤리의 적용을 강요할 수는 없다. 따라서 일반적으로 e스포츠를 즐기는 플레이어들로 하여금 모두가 지켜야 할 가치로 발전할 수 있느냐의 한계는 존재한다.

4. e스포츠와 동양 윤리

e스포츠의 종주국이 한국이라는 특성은 e스포츠 윤리와 관련된 윤리적 행위는 동양적 사상과 밀접한 관계를 갖는다. 우리가 살아왔던 동양사상의 윤리 체계는 명시적이든 암묵적이든지 간에 우리의 도덕적

행동에 영향을 미친다. 동양 출신의 플레이어들은 개인과 공동체의 조화, 상호 간의 예의, 도덕적 의무 등은 동양 사상의 윤리적 체계에서 활동하였기 때문에 e스포츠에서 뛰어난 경기력을 보여주었다고 생각한다.

동양 사상의 윤리 체계도 유교, 불교, 도교에 따라 다르게 전개된다.

먼저 유교 사상이다. 유교 사상의 인간 행위와 관련된 중요한 개념은 인(仁)이다. 인(仁)이란 상대를 측은하게 마음을 갖고 타인을 돕고자 하는 자발적인 마음이다. 이 마음이 상대에게 발현되는 드러나는 인간다움으로 나타나는 것을 말한다. 인의 실천적인 방법으로 공자가 언급한 자기를 이기고 예로 돌아가는 것이 인을 실천하는 것으로 설명한다.[1] 이를 e스포츠에 적용하면 e스포츠는 상대를 이기는 것이 아니라, 자신의 승리에 대한 욕망을 자제하고 정정당당하게 경기에 참여해서 최선을 다하고 그 결과에 순응하는 것이다. 그 결과에 관계없이 상대 존중의 태도를 갖는다. 이는 앞에서 언급한 덕 윤리와 비슷하다.

맹자는 인간의 품성과 관련하여 인의예지(仁義禮智)를 주장한다. 측은지심의 인(仁), 수오지심의 의(義), 사양지심의 예(禮), 시비지심의 지(智)로 설명한다. 인간이 가져야 할 공통적인 마음의 태도이다. 인간은 원래 타고 날 때부터 선한 성품을 타고 났기 때문에 자신의 본래 마음을 찾으려고 노력해야 한다. e스포츠에서 팀원 간의 상호 존중은 인(仁)의 태도에서 얻을 수 있다. 의(義) 개념은 의롭지 못함을 부끄러워하고, 착하지 못함을 미워하는 윤리 의식이다. 이는 e스포츠의 공정한 경쟁에 참여하는 태도의 마음과 유사하다. 예(禮)는 겸손의 태도이다. 이는 승부와 관계없이 상대에 대한 그 자체가 존중의 태도를 견지해야 한다. e스포츠에서는 굿 게임의 행동이 여기에 속한다. 지(智)는 옳은 것과 그른

1) 『논어(論語)』 안연편(顔淵篇), 克己復禮爲仁.

것을 구별하고, 옳은 것을 귀하게 여기는 마음을 의미한다. 이는 e스포츠 경기에 최선을 다하고 그 경기 결과에 대한 반성적 태도를 견지하는 것이다. 물론 이러한 인의예지신이 자신에게 어떻게 적용되고 자신의 도덕적 행위를 변화시킬 수 있는지 확인하는 과정이 필요하다.

다음으로 도교 사상이다. 도교는 노자와 장자의 사상에 근거하기 때문에 노장 사상이라고 한다. 도교의 가장 중요한 개념은 무위(無爲)이다. 무위란 인위적으로 무언가를 하지 않는다는 것이다. 의도가 개입되지 않는 자연스럽게 행동하는 것이다.[2] e스포츠 경기에서 의식적인 생각은 자연스러운 행동에 방해 요소로 작동한다. 항상 우리의 마음은 상대를 의식하고 생각하기 때문에 무위의 태도를 견지하기는 힘들다. 예컨대 경기에서 상금과 우승을 생각한다면, 자신이 원하는 플레이어가 나오지 못하는 것은 당연하다. 경기에서 상대를 생각하지 않고 자연스러운 무위의 태도로 경기에서 승리를 하였다면, 이러한 행위 경험은 일상생활에서의 윤리적 태도에도 영향을 주어야 한다.

노자는 최고의 선은 물과 같다[3]고 하였다. 최고의 윤리적 덕은 물의 속성과 같이 자연스럽게 흘러가는 것에 있으며, 홍수처럼 모든 것을 쓸어버릴 수 있는 강인한 힘을 보여준다. 노자는 자연스러운 행동이 최고의 덕목이라고 생각한다. e스포츠에 참여하여 승리를 획득하는 것도 중요하지만, e스포츠를 즐기는 마음의 태도가 더 중요하다. 개인적이 경험이지만 저자는 게임을 하지 못하는 아내와 게임에 익숙한 아들들과 함께 피코 파크(Pico Park) 게임을 하였다. 단체의 협력이 필요한 경

2) 슬링거랜드(Slingerland)는 무위를 자신이 의식하지 않고 행동하는 것을 경험적으로 아는 것으로 설명한다. 무위의 행동과 마음의 상태에 대해서는 김동환 역(2018) 참조. e스포츠 선수의 무위 행위와 관련해서는 이상호 역(2025)를 참조.

3) 『노자(老子)』 8장, 上善若水.

기에서 저자와 아내는 자신의 사회적 지위와 관계없이 게임의 실력에 따라 다른 사람들이 쉽게 이동이 가능하기 위해 자신의 역할을 하였다. 낮추고 겸양과 배려의 태도로 e스포츠 경기에 참여하여 즐기는 태도를 견지할 때 사회적 직위와 관계없이 e스포츠 윤리를 자연스럽게 배울 수 있는 기회를 가졌다.

마지막으로 불교 사상이다. 불교의 윤리적 태도는 연기법과 8정도이다. 연기법은 e스포츠에서 승리는 자신의 노력도 중요하지만, 그 승리를 획득하는 데 중요한 요인은 팀 구성원, 감독, 코치의 역할에 감사하는 태도를 갖는다. 또한 팬 지지도 중요한 역할을 인정하는 태도이다. 팬들이 선수들에게 지지를 보내고, 선수들이 팬들의 기대에 부응하려고 노력하는 것이 상호의존의 연기를 보여준다. 또한 경기에 참여한 상대가 존재하기 때문에 경기가 이루어진다는 점에서 상대에 대한 존중을 태도를 견지해야 한다. 불교적 관점에서 스포츠맨십의 강조는 상대 팀에 대한 자비로운 태도 유지가 중요한 윤리적 행동이다. 불교에서 8정도, 즉 정견(正見), 정사(正思), 정업(正業), 정명(正命), 정정진(正精進), 정념(正念), 정정(正定)은 깨달음을 얻기 위한 실천적 방법으로 제시한다. 이는 윤리적 실천 방법에도 적용이 가능하다.

이 팔정도를 e스포츠 윤리에 적용하면, 공정하고 건강한 e스포츠 문화를 조성하는 데 중요한 원칙으로 활용이 가능하다. 예컨대 올바른 견해인 정견(正見)은 e스포츠를 바라보는 올바른 시각과 이해에 도움을 준다. e스포츠가 단순히 시간낭비나 오락이 아니라, 공정한 경쟁에 따른 자기 계발과 팀과 조화의 기회를 제공하는 기회라는 인식이 필요하다. 올바른 생각인 정사유(正思惟)는 플레이어와 관중들은 e스포츠는 승부조작이 아니라, 정정당당하게 이루어지고 자신이 갖는 능력을 최대한으로 발휘하는 것이 생각하는 태도이다. 바른 말은 선수와 팬과의 의사소통뿐만 아니라, 경기 내에서 상대에 욕설, 모욕, 비하를 피하는 상대의 존중과 배려가 담긴 언어 사용을 생각해야 한다. 올바른 행동인 정업(正業)은 스포츠맨십으로 경기를 시작하거나 끝날 때 예의를 지키는 것이며, 경기내외의 활동에 바른 태도로 행동하는 것이 포함된다. 올바른 생활인 정명(正命)은 e스포츠 플레이어에게 필요하다. 게임 과몰입은 일상의 균형 잡힌 생활에 방해가 된다. 특히 청소년 선수들에게 학업과 선수 간에 어떻게 균형을 맞출 수 있는지는 중요한 윤리적 문제이다. 올바른 노력인 정정진(正精進)은 목표를 세우고 이를 달성하기 위한 노력 과정에 대한 태도를 말한다. 누군가는 경기에서 우승을 위해 자신의 기술을 연마하고 노력하고자 한다. 그 과정에서 경기를 대하는 자세가[4] 중요하다. 올바른 마음챙김(mindfulness)[5]인 정념(正念)은 특히 프로 e스포츠 선수에게 필요하다. 경기에서 긴장을 유지하기 위해 감정에 휘둘리지 않고 냉정하고 차분한 마음의 자세는 중요하다. 경기의 결과에 따른 감정 기복은 승부에 방해된다. e스포츠와 관련된 올바른 집중인 정정(正定)은 앞에서 언급한 윤리의식을 견지하는 태도를 말한다. 안정된 마음의 상태로 심신의 균형을 유지하는 것이다. 자신의 윤리의식이 다른 것에 영향을 받지 않겠다는 마음자세를 말한다. 이와 같이 e스포

4) 2023년 롤 월드컵에서 우승한 페이커(Faker)의 이야기도 정정진의 하나이다. 그는 "내 가장 중요한 목표는 계속 배우고 성장하는 것이다. 계속해서 성장하는 모습을 팬들에게 보여주고 싶다"며 "그 모습을 보고 팬들이 행복하면 좋을 것 같다. 그리고 롤드컵 우승 스킨은 생각 안 했다. 많은 팬들이 원하는 스킨으로 할 것"이라고 말했다(https://v.daum.net/v/20231120180110913).

5) 마음챙김은 명상의 한 형태로 지금 자신에게 나타는 몸과 마음의 상태가 지금 무엇을 경험하고 있는지에 초점을 맞춘다. 자신의 느낌이나 판단이 아니라, 지금 일어나는 것에 초점을 맞추어 생각한다.

츠에 8정도의 적용은 공정성과 상대존중, 정신적 집중, 마음챙김을 통해 승패에 집착하지 않는 태도를 견지하게 한다. 이는 e스포츠 플레이어와 관객들 모두 건강한 e스포츠 문화를 만들어 가는 요소로 작동한다.

동양 사상이 e스포츠 윤리에 미치는 긍정적인 영향력은 건강한 경쟁 문화를 만드는 것에 일조하며, 자신의 행동과 말이 e스포츠의 긍정적인 이미지 확산에 기여할 것이다. 물론 디지털 기술의 격차에 따른 e스포츠의 참여에 대한 불균형의 부정적인 요소도 존재한다. e스포츠의 글로벌화에 따른 경제적 관점의 중시는 사회적 윤리 책임을 다하고 있는지에도 반성할 필요가 있다. 이에 대한 대안으로 동양 사상의 윤리를 현대적 상황에 맞게 재해석하고 적용하려는 노력이 필요하다.

5. e스포츠와 현상학적 윤리학

현상학은 우리 자신의 의식에 주어진 '사태 그 자체로(to the things themselves)'에 대해 탐구하고자 한다. 대상에 대해 왜곡 없이 주어진 현상 그 자체를 파악할 것을 주장한다. 그러나 우리의 의식 작용은 명확하게 존재하는 대상을 우리의 의식이 명확하게 파악하지 못한다는 것이다. 현상학은 대상이 무엇인가를 파악하기보다는 우리의 의식에 대상이 어떻게 주어지는 가에 초점을 맞추어 설명한다. 즉 우리의 의식 작용에 대한 이해를 우선적으로 파악해야 함을 주장한다. 이와 관련하여 현상학적 이론은 의식에 주어진 경험의 본질을 파악하는 일인칭의 경험 본질을 파악하기 위해 기술적 방법(Descriptive Method)을 적용한다. 이는 일인칭의 경험 본질을 파악하는 방법이다. 이를 통해 과학적인 방법으로 알 수 없는 일인칭의 관점에서 근원적인 경험의 작동 과정과 내용을 파악할 수 있다.

현상학은 대상을 파악하고 경험하는 주체는 원래 순수 의식이라 주장한다. 현상학에서 순수 의식은 여러 가지 자아의 역할을 한다고 하였다. 예컨대 순수 의식은 타자와 근본적으로 연결된 상호주관적 자아라고 주장한다. 여기에 현상학에서 언급하는 순수 자아는 특정 시대와 문화권에 속에 있는 개별적 자아이자 공동체적 자아라는 복합적 특성을 갖는다. 자아는 실천주체로서 초월론적 반성에 따라 순수 자아의 형태를 갖지만, 동시에 반성적 자기의식을 넘어서 선-반성을 가능하게 하는 의식의 원천인 선-자아의 면모를 갖는다(최우석, 2019: 54). 이와 같이 현상학에서는 우리가 일반적으로 생각하는 주체인 자아와 다르게 자아의 성격을 복잡하게 설명한다. 이러한 주장은 순수 자아의 역할을 이해하는 데 어려움으로 작동한다. 그러나 현상학적 자아의 공통적인 이해의 출발은 어린 아이에게 보이는 순수 자아로 생각하면 이해가 쉽다. 어린이 같은 순수 자아는 자신이 성장하는 과정에서 이기적인 자아로 변화한다는 사실이다. 이는 순수 자아가 자신의 주어진 환경과 문화의 영향력을 받아 변화하는 것을 보여준다.

그럼에도 순수 자아 그 자체는 스스로 자신의 행동을 반성할 수 있는 실천적 역할이 가능함을 주장한다. 따라서 우리는 자신의 순수 자아가 그러한 능력을 있음을 알아차려야 한다. 윤리적 행동은 순수 자아의 역할과 작동 과정에 이해 정도에 따라 윤리적 태도가 다르게 나타난다. 자신이 순수 자아와 이기적인 자아에 따라 인식 내용은 달라질 수 밖에 없다. 이처럼 복합적인 자아의 성격은 두 가지의 현상학적 분석, 즉 시간 흐름의 개입이 없는 정적 현상학과 시간의 흐름 속에서 나타난 경험의 내용을 설명한 발생적 현상학의 관점에 따라 윤리적 내용은 달라진다(최우석, 2019: 54).

1) 현상학적 윤리학이란?

현상학적 윤리학은 인간 경험의 본질을 탐구하는 철학적 접근법이다. 우리가 e스포츠에 열광하고 재미를 느끼는 이유는 과학적으로 설명하기 힘든 개인적인 경험에 근거한다. 열광과 재미의 경험 이유를 파악하면, e스포츠의 본질 이해에 도움이 된다. 여기에서 우리는 부정적인 요소를 극복할 수 있는 해법을 찾을 수 있을 것이다. 따라서 e스포츠에서 일인칭의 도덕적 판단과 행동을 이해하기 위해서는 주관적인 경험이 무엇인지 그것이 어떻게 작동하는지 파악할 필요가 있다. 현상학의 창시자인 에드문트 후설(Edmund Husserl)은 의식에 주어진 경험의 본질을 파악할 것을 주장하였다. 특히 현상학적 윤리학은 구체적인 상황에서 사람들이 어떻게 도덕적 경험을 구성하고 해석하는지를 중점적으로 다룬다. 예컨대 행동의 주체가 어떻게 행동해야 하는지의 관점보다는 인간에게 주어진 주관적인 인식 태도나 작동과정이 도덕적 판단에 미치는 영향을 탐구하였다. 이러한 의식 과정의 이해는 실천 윤리를 해명하는 데 도움이 된다. 각자의 시대에 안고 있는 참된 인간성 상실의 시대에 도대체 어떻게 윤리적으로 살아가야 하는가의 질문에 답하고자 하였다(최우석, 2019: 33). 그의 현상학적 윤리학은 이론과 실천의 보편적인 객관성과 구체성을 통합하는 하나의 학문적 접근법이다.

현상학적 윤리 탐구는 두 가지로 나누어진다. 첫째, 우리가 추구해야 할 윤리적 규범성은 초시간적 보편적 타당성을 제시해야 한다. 이는 의식의 본질을 파악하는 정적인 방법으로 가능하다. 둘째, 윤리 실천의 구체성은 의식과 인격체의 시간적 발생 과정 속에서 논의를 해야 한다. 전자는 순수 윤리학의 가능성을 보여준다면, 후자는 실천 윤리학의 가능성을 보여준다. 이를 통해 현상학적 윤리학은 정적 현상학과 발생적 현상학적 탐구 방법에 근거해서 순수 윤리학과 실천 윤리학을 결합하는 완전한 윤리학의 수립을 목표로 한다(최우석, 2019: 37).

현상학에서 주관과 객관이라는 이분법적 사고를 넘어서야 함을 주장한다. 우리가 보는 것이 틀릴 수 있음을 인정해야 한다. 이를 위해서는 자신의 대상을 생각하는 방식들인 태도변경, 환원, 판단중지가 필요하다. 자신의 의식에 주어진 사태에 집중해서 기술하여 그 의미를 명확하게 밝히는 노력이 필요하다. 그중에서 가장 중요한 개념은 다음과 같다.

첫째, 지향성(intentionality)이다. 지향성이란 인간의 의식은 항상 무언가에 대하거나 향하고 있으며, 이를 통해서 우리는 세계를 이해한다. 지향성은 단순히 무엇에 대한 관한 의식만이 아니다. 지향성은 개인적 경험의 영역으로 자신만의 축적된 다양한 경험의 내용을 포함한다. 즉 의식의 지향성란 주어진 대상은 나의 앞에 그대로 있지만, 우리의 의식은 그 대상을 있는 그대로 보기보다는 거기에 의미를 덧붙인다. 의식을 하고 상대 움직임이나 의도를 정확하게 파악하기 위해서는 주어진 환경, 자신의 상황과 의도, 감정, 몸의 조건 등을 고려해서 판단한다는 것이다. 이러한 판단은 자신의 행동과 연결된다. 즉 무언가를 알고 판단한다는 것은 이미 자신이 어떻게 움직여야 하는지, 다른 의미로 실천해야 하는지를 포함한다. 보이지 않는 상대를 의식한다는 것은 몸과 주어진 환경에서 자신이 어떻게 행동해야 하는지와 연결된다. 이렇게 행동하는 것은 경기에서 이기기 위한 방법의 하나이다. 더 많이 생각함은 상대를 이기고자 하는 의지의 반영과 다르지 않다. 따라서 현상학적 윤리학의 도덕적 판단은 평가 작용, 의지 작용, 정서 작용의 지향성을 기반으로 형성된다(최우석, 2019: 30).

둘째, 자연적 태도의 극복과 판단중지이다. 우리는 일반적으로 화면에 보이는 대상과 보는 사람을 구분한다. 이러한 태도는 현상학에서는 소박한 자연주의적 태도로 설명한다. e스포츠에 대해 우리가 갖는 일반적 태도, 즉 과몰입과 폭력성 등이 있다고 생각하는 것이 현상학에서 말하는 자연주의적 태도이다. 하지만 현상학은 현상을 이분법적으로 보기보다는 서로 연관된 것으로 해석한다. 예컨대 객관적으로 눈에 보이는 그림은 그것을 보고 경험하는 자신의 태도가 서로 결합하여 대상의 의미를 파악한다는 것이다. 현상학에서는 소박한 자연주의적 태도를 극복하기 위한 방법으로 현상학적 환원을 주장한다. 현상학적 환원은 판단중지를 통한 태도변경을 말한다. 보여주는 것이 전부가 아니라, 판단중지의 실천적 행위로 다시금 생각하는 기회를 갖고 행동하기를 주장한다. 판단중지는 외형적으로 보인 e스포츠의 부정적 인식을 있는 그대로 받아들이기보다는 한발 떨어져 파악하는 태도이다. 어떻게 보면 훨씬 이러한 자세가 훨씬 중독, 과몰입, 폭력성, 시간낭비의 극복 방안을 찾을 수 있을 것이다. 이분법적인 인식은 좋고 나쁨으로 구분할 수 없겠지만, 그곳에서 부정적 해결 방안을 찾기란 쉽지 않다. 이러한 첫째와 둘째의 관점은 정적 윤리학의 내용이다.

셋째, 주관적 경험의 본질이다. 이는 구체적인 경험의 중요성을 강조한다. 즉 모든 경험은 특정한 맥락에서 발생하며, 우리는 그 맥락을 통해 사물의 의미를 이해한다. 자신의 경험 내용은 개인의 이성, 감정, 몸의 상태에 근거하여 작동한다. 이는 도덕적 경험에서도 마찬가지다. 예컨대 내가 e스포츠의 관심 정도에 따라 e스포츠의 이해와 깊이는 다를 수밖에 없다. 도덕적 판단 또한 단순한 규칙이나 이론에 의존하는 것이 아니라, 개인의 구체적인 경험에 의해 형성된다. 여기에서 중요한 윤리적 요소는 개인의 경험과 감정에 기반하여 작동한다는 점이다.

예컨대 누군가를 돕는 것이 도덕적으로 옳다고 판단할 때 그 판단은 그 사람의 개인적인 경험과 감정에 근거하여 작동한다. 현상학적 윤리학에서는 타인의 경험과 감정의 공감 이해를 도덕적 판단의 중요한 요소로 간주한다. 타인의 입장을 이해하고 공감하는 것이 도덕적 행동으로 이어질 수 있기 때문이다. 이러한 세 번째 관점은 발생적 윤리의 내용이다.

현상학적 윤리는 다음과 같이 긍정적인 영향을 미친다. 첫째, 개인 중심의 윤리이다. 개인의 경험과 주관성을 중시함으로써, 윤리가 더 개인적이고 실질적으로 느껴질 수 있도록 한다. 이는 각 개인이 자신만의 도덕적 판단을 형성할 수 있는 기반을 제공한다. 둘째, 타인에 대한 이해이다. 공감의 중요성을 강조함으로써 인간 간의 관계를 개선하고 사회적 연대를 촉진하는 데 기여한다. 예컨대 다른 사람의 고통을 이해하고, 그에 따라 행동하는 것은 도덕적으로 옳은 행동으로 인정받는다. 이를 통해 서로의 경험을 이해하고 존중하는 태도가 확산된다. 셋째, 상황에 따른 유연한 판단에 도움이 된다. 상황적 맥락을 중시함으로써 고정된 규칙보다는 상황에 따라 유연하게 도덕적 판단을 내릴 수 있도록 한다. 이는 도덕적 판단이 보다 현실적이고 적용 가능한 방식으로 이루어질 수 있도록 도움이 된다.

물론 현상학적 윤리의 한계도 존재한다. 첫째, 상대주의적 경향을 보여준다. 주관적 경험을 중시하다 보면 도덕적 판단이 상대주의적으로 흐를 가능성이 높기 때문이다. 개인마다 다르게 해석할 수 있는 여지가 많기 때문에 보편적 도덕 기준을 정립하기 어려운 한계를 보여준다. 둘째, 일관성의 부족을 보여준다. 구체적인 상황에 따라 판단이 달라질 수 있기 때문에 일관된 도덕적 기준을 유지하기 어렵다. 이는 도덕적 혼란을 초래할 가능성이 높다. 셋째, 공감 능력의 부족에서 야기된 문제이다. 공감 능력이 부족한 사람이나 상황에서는 도덕적 판단의 왜곡이 나타날 가능성이 높다. 개인의 경험에 기반한 판단이 항상 옳다고 보장할 수는 없다.

요약하면 현상학적 윤리학은 개인의 주관적 경험과 감정, 공감의 중요성, 그리고 상황적 맥락을 중시하는 윤리적 접근이다. 이는 개인 중심의 윤리를 통해 도덕적 판단이 보다 현실적이고 적용 가능하게 이루어질 수 있는 이론적 근거를 제공한다. 그러나 상대주의적 경향과 일관성 부족 등 한계도 존재하므로, 이러한 요소들을 고려하여 윤리적 판단을 내리는 것이 중요하다.

2) e스포츠의 현상학적 윤리 적용

앞서 언급했듯이 현상학적 윤리 체계는 주로 선수의 주관적 경험, 공감, 그리고 상황적 맥락을 바탕으로 형성된다. 이러한 관점은 e스포츠 윤리의 다양한 측면에 적용될 수 있다. 첫째, e스포츠에 대한 현상학적 윤리의 적용은 e스포츠에 대한 주관적 경험의 내용과 본질파악이 가능하다. 각자의 e스포츠 경험의 내용은 다르지만, 그 속에는 자신 만의 경험적 내용이 형성된다. 예컨대 e스포츠 선수들은 경기 중 다양한 경험 과정에서 감정 조절이 승리에 중요한 요소로 작동한다면, 어떻게 감정 조절하는 것이 승리로 연결되는지 경험적으로 축적하게 된다. 이러한 선수들에게 나타난 감정 조절의 경험은 경기를 넘어 일상생활에서 자신의 경험을 바탕으로 도덕적 판단에 영향력을 미친다. e스포츠의 경험이 축적되어 감으로써 자신만의 e스포츠에 대한 철학을 형성한다. 이는 자신의 삶에 대한 도덕적 행동을 만들어 가게 된다.

둘째, e스포츠에 대한 현상학적 윤리의 적용은 인격자로서 자기 이해이다. 인격자는 자기 자신의 말과 행동에 책임을 질 줄 아는 자유로운 이성적 주체임을 확인하는 것이다. 여기에는 '내가 할 수 있다'는 인격적 주체로서의 쇄신이 필요하다. 인격자는 프로 e스포츠 선수뿐만 아니라, 일반 플레이어에게도 필요하다. 예컨대 페이커의 명예의 전당 헌액 기념행사에서 이야기한 내용도 인격자로서의 태도이다. 그는 처음에는 돈과 명예를 위해서 경기에 참여하였지만, 명예보다 팬을 위한 태도가 중요하다고 하였다. 또한 자신의 자아실현이 더 중요하다고 하였다(김민우, 2024.06.07). 자신의 자아실현은 자신이 인격자로서 준비가 되어 있어야 가능하다. e스포츠 선수의 자아실현은 가상경쟁에서 참여하지만, 그 경기에 참여하는 태도가 어떠해야 하는지를 명확하게 보여준다. 그러한 태도가 가능한 것은 반성을 통한 인격자로서의 태도가 형성되어 있어야 가능하다.

셋째, e스포츠에 대한 현상학적 윤리의 적용은 상호주관성에 따른 감정이입(empathy)의 경험이 필요하다. 상호주관성은 기본적으로 주관과 타자, 그 양자가 맺는 관계의 성격을 말한다. 예컨대 경기는 나 혼자만으로 진행하지 못한다. 상대와 함께 진행한다. 비록 자신이 혼자 하는 것이라고 하더라도 디자인된 상대 NPC가 경기에 참여한다. 상대 움직임을 파악한다고 해 보자. 상대도 마찬가지로 나의 움직임을 파악하고자 한다. 각각 상대 움직임의 파악은 서로의 생각이 연관되어 있음을 보여준다. 우리가 상대의 의도 파악을 할 때 상대가 어떻게 생각하는지 근거로 상대 움직임을 파악한다. 상호주관성의 태도는 롤의 챔피언과 같은 아바타의 감정이입이 개입되는 상황에서 나온다. NPC의 인정은 자신과 같은 존재로서 감정이입에서 탄생한 존재이다. 우리는 경기에서 만난 상대 플레이어도 나와 같은 감정을 가진 존재로서 인정해야 한다.

감정이입은 상대도 근본적으로 더불어 같이 삶아 가는 존재자로서 타자를 포용하고 인정하는 윤리적 태도이다. 타인의 경험과 감정을 이해하는 것이 도덕적 판단의 기초가 된다. 예컨대 한 선수가 경기 중 상대 팀의 실수를 보고 안타까워하며 공감하는 경우, 그 경험은 스포츠맨십의 판단에 영향을 미친다. 이 선수는 상대 팀에게 존중을 보이거나, 그들의 상황에 대해 이해하고 배려하는 태도를 가질 때 가능하다. e스포츠 환경에서도 공감은 선수 간, 팬 간, 그리고 팀과 커뮤니티 간의 관계를 강화하는 데도 중요한 역할을 한다.

현상학적 윤리학은 윤리를 실현하는 개별 주체로서 인격자를 목적으로 하고, 이를 실천하기 위한 방법을 제시한다. 한마디로 현상학적 윤리학은 윤리 실천의 보편적 규범과 인격적 실천주체의 구체적인 삶에서 윤리가 무엇인지를 드러내는 것이다(최우석, 2019: 6). 이를 위해서는 시간의 흐름과 관계없이 자신이 순수 의식을 가지고 있음을 확인해야 한다. e스포츠 경기에 참여해서 적의 움직임을 명확하게 보기 위해서는 순수 의식을 가지고 있는 그대로 볼 때 상대 움직임을 파악할 수 있다. 순수 의식의 태도는 경기에서만 적용되지 않는다. 일상생활의 윤리적 행동에서도 대단히 중요하다. 윤리 규범의 초시간적 타당성의 정립은 가치의 객관적이고 보편적인 본질을 해명함으로써 학문으로서 '순수 윤리학'의 가능성을 만들어 준다.

반면에 윤리 실천의 구체성의 현상학적 규명은 시간, 역사, 문화 등을 배제하지 않는 실질적인 실천 윤리학의 가능성을 열어 보인다(최우석, 2019: 37). 현상학에서 실천 윤리학의 가능성은 인격자로서의 자기 쇄신이 필요하다. 우리는 e스포츠를 통해 경쟁하고, 즐기는 상황에서 상대의 존재를 인정해야 한다. 경기에서 승리만의 모든 것을 생각해서는 안 된다. 상대가 없으면, e스포츠 경기는 진행되지 않는다. 따라서 e스포츠 참여 그 자체가 상대를 인정하는 공동체에 참여하는 것으로 파악해야 한다. 공동체는 그 자체로 윤리적 가치를 가진다면, 플레이어는 e스포츠를 통해 하나의 공동체가 지향하는 윤리적 실천을 구현해야 한다.

e스포츠의 현상학적 윤리 체계는 주관적 경험, 공감, 상황적 맥락을 중심으로 서로 긴밀하게 연결되어 있음을 보여준다. 이는 경기에서 패배자를 포용하는 자세로 연결된다. 선수들이 자신의 경험을 바탕으로 도덕적 판단을 내리고, 공감과 이해를 통해 긍정적인 관계의 형성이 가능하다. 이러한 상황에 따라 유연한 판단을 내리는 과정은 e스포츠의 발전과 문화 형성에 기여한다. 이러한 접근은 e스포츠 커뮤니티의 건강한 발전을 위한 중요한 요소로 작용한다. 이 모든 것이 e스포츠의 현상학적 윤리의 태도이다.

CHAPTER 4

디지털 혁명과 e스포츠 윤리

닐 게센펠드(Neil Gershenfeld, et al, 2017) 등에 따르면 디지털 기술의 잠재력과 그 사회적, 경제적, 기술적 관계를 근거로 세 가지 디지털 혁명으로 설명한다. 첫째는 컴퓨터의 발명에 따른 디지털 정보이다. 둘째는 인터넷과 클라우드 기술에 의한 디지털 연결성이다. 마지막으로 물리적 현실의 디지털화 및 재현인 디지털 제조의 관점으로 설명한다. 디지털 측면에서 세 가지 디지털 혁명은 e스포츠 윤리에 영향을 미친다.

1. 디지털 혁명과 e스포츠

e스포츠의 등장은 디지털 기술의 발달과 분리할 수 없다. 디지털 기술은 모니터, PC, 인터넷, 디지털 플랫폼의 등장을 가능하게 되었다. 이 모든 디지털 기술 발전의 토대가 e스포츠 등장의 전제 조건이다. 테니스 포 투(Tennis for Two)와 같은 최초의 e스포츠는 컴퓨터 활용의 관점에서 무료한 시간을 즐기는 놀이의 수단에서 등장하였다. 이 이후로 컴퓨터 시스템과 프로그래밍의 작동원리를 적용해서 모니터 상에서 경

쟁이 가능한 스페이스 워(Spacewar)와 퐁(Pong)과 같은 아케이드 게임을 만들었다. 직접적인 e스포츠 등장은 개인용 PC의 등장에서 출발한다. 1970년 중반 개인용 PC의 등장에 이어 1981년에 IBM PC의 등장과 1990년 초반에 그래픽 사용자 인터페이스(GUI)가 등장함으로써 마우스나 아이콘을 통한 직관적인 조작이 가능한 PC가 등장하였다. 여기에 인터넷의 등장은 아케이드 게임에서 인터넷 기반의 e스포츠가 등장하였다. 오늘날 디지털 기술 혁신은 PC기반의 e스포츠를 넘어, VR/AR/MR/XR e스포츠 장르 등 다양한 종목의 탄생으로 이어지게 되었다.

인터넷은 1960대에 미군이 적의 공격 시 그들 간의 소통을 위해 미국 국방부 산하의 고등 연구국(Advanced Research Projects Agency, ARPA)의 연구용 네트워크가 시초이다. 동서 냉전이 한창이던 때 미국 국방부는 핵전쟁 등의 상황에서도 살아남을 수 있는 그들만의 네트워크를 구축하고자 하였다. 1969년 UCLA 대학과 스탠포드 연구소 간 통신망이 만들어졌고, 이 통신망을 ARPAnet이라고 하였다. 이것이 현재 인터넷망의 시초이다. 컴퓨터 인터넷망의 활용은 프로그래머인 윌리엄 클라우더가 아내와 이별한 상황에서 그의 어린 딸과 연결하기 위해 판타지 소설을 이용한 게임을 만들었다. 그 이후 돈 우즈(Don Woods)가 더 많은 퍼즐, 텍스트 설명, 점수 시스템을 추가하여 그 게임을 확장하여 대중적인 컴퓨터 게임으로 출시하였다. 텍스트 기반의 컴퓨터 게임은 MUD(Multi-User Dungeon) 유형의 게임으로 진화하였다. 인터넷 기반으로 1988년 최초의 온라인 스포츠는 Netrek이었다(이상호, 2024a: 67-68).

이와 같이 디지털 기술의 발전 없는 e스포츠의 등장과 발전은 상상할 수 없다. 디지털 기술의 발달은 PC 가격을 낮추게 되어 누구나 쉽게 e스포츠 경기에 참여가 가능하게 되었다. 특히 한국에서 e스포츠의 등장은 국가의 외환위기 극복을 위한 디지털 플랫폼의 확대 정책에 힘입어 인터넷 방을 전국적으로 연결하였다. PC방은 누구나 저렴한 가격으로 게임을 즐길 수 있는 환경이 조성되었고, 여기에 스타크래프트라는 새로운 게임의 등장과 게임 세대의 만남으로 e스포츠가 등장하였다. 그리고 뛰어난 선수와 방송 및 산업적 관심은 오늘날 우리가 e스포츠의 종주국으로 불리는 계기가 되었다. 많은 사람들이 e스포츠에 대한 열광은 방송국과 기업들의 관심으로 이어지게 되었고, 프로게이머라는 직업을 탄생하게 되었다(이상호, 2024b).

1998년 블리자드는 스타크래프트의 성공과 비슷한 장르인 워크래프트3가 국내 뿐 아니라, 중국에서도 선풍적인 인기를 끌게 되었다. 그 시기에 북미와 유럽은 카운터 스트라이크(CS:GO)[1)]라는 게임에 열광하였다. 이 게임의 공통적인 특징들은 플랫폼이라는 네트워크의 지원이다. 디지털 기술과 디지털 플랫폼의 뒷받침이 e스포츠를 탄생의 근거가 된다. 디지털 기술의 발달과 디지털 네이티브 세대의 만남은 새로운 디지털 문화를 만들게 되었고, 이는 1999년에 독일 뒤스부르크에서 열린 게이머즈 게더링(Gamers' Gathering)의 현상으로 나타나게 되었다. 여기에서는 다음의 그림에서 보여주듯이 유럽 전역에서 1,600명의 게이머들이 모여 1500대의 PC로 다양한 게임을 하였다.

게이머즈 영향인지 모르지만, 한국에서도 2000년 세계 사이버 게임 챌린지(World Cyber Games Challenge, WCGC)라는 이름으로 출범했고

1) 카운터 스트라이크: 글로벌 오펜시브(Counter Strike: Global Offensive). 밸브 코퍼레이션에서 2012년 개발한 1인칭 슈팅게임. 클래식 버전(카운터 스트라이크: 소스)의 모드와 맵, 캐릭터를 개조하여 만든 것이 특징적이다(출처: 위키피디아).

출처: https://x.com/JensHilgers/status/1150425707992035328/photo/3

2001년 정식 발족하면서 세계 사이버 게임(World Cyber Games, 이하 WCG)이 서울에서 열렸다. WCG는 'Beyond the Game'이라는 슬로건을 내건 세계 대회로, 'e스포츠계의 올림픽'이라는 별칭대로 국가대항전 형태로 진행되었다. 이 대회는 2010년까지 e스포츠 대회 중 가장 큰 규모 중 하나였다. 2000년대 초반은 e스포츠의 등장을 알린 시기였다. 이 시기에 경기 종목은 FIFA 2000, 스타크래프트, 카운트 스트라이크, 워크래프트 등이 있다. 이들 게임은 인터넷의 발달에 근거한 PC 기반의 게임이었기 때문에 그 당시 온라인 게임이라고 불렸다. 인터넷이란 컴퓨터와 컴퓨터를 연결하는 것으로 근거리통신망(Local Area Network)이 전 세계적인 확장에서 나왔다. 소통의 장치인 인터넷의 등장은 더 이상 DVD로 된 디스크를 구매할 필요가 없게 되었고, 인터넷만 연결되고 작동된다면 어느 곳이든 게임을 받을 수 있게 되었다.

2000년대 초기 e스포츠는 케이블 TV의[2] 방송 서비스의 등장에 따라 성장하였다. 과거에 방송에서 할 수 없었던 게임 채널의 등장은 e스포츠의 발전을 촉진시켰다. 한국에서 e스포츠의 폭발적인 성장은 케이블 TV의 등장으로 많은 시청자가 e스포츠를 TV 접하게 되었다. 하지만 현대 소비자는 자신의 관점에서 자신이 원하는 시간에 콘텐츠를 보고 소비하고자 한다. 이에 맞춘 인터넷을 활용한 방송기술은 온 디맨드(On Demand)의 개념이 등장하게 되었다. 온 디맨드 서비스에 비디오가 결합하면, VOD형태로 우리가 언제든지 보고 즐길 수 있게 된다. 디지털 기술의 발달은 이제 인터넷 스트리밍의 등장과 그것을 뒷받침하는 플랫폼의 등장으로 연결된다.

인터넷 스트리밍은 인터넷을 통해 음악, 동영상, 게임, 라이브 이벤트 등 다양한 디지털 콘텐츠를 실시간으로 전송하여 사용자가 다운로드 없이 바로 재생할 수 있도록 하는 기술이다. 이 방식은 콘텐츠를 사용자의 디바이스에 저장하지 않고, 서버에서 디바이스로 데이터를 지속적으로 전송하며 재생을 유지한다. 고객의 입장에서 본다면 게임의 콘텐츠를 저장하지 않기 때문에 사용자의 경험이 즉각적으로 이루어진다. 디지털 기술의 발전에 근거한 인터넷, VOD, 스트리밍 서비스의 등장은 e스포츠뿐만 아니라 우리의 일상적인 삶을 바꾸게 되었다. 특히 디지털 플랫폼과 라이브 스트리밍 서비스의 만남은 방송국만이 아니라, 자신의 콘텐츠를 올리고 이를 통해 수익을 창출할 수 있게 되었다. 컴퓨터만 있으면 경기를 중계가 가능하고 이를 통해 관객들은 편안하게 e스

2) 케이블 텔레비전(Cable Television)은 텔레비전 안테나가 요구되는 전통적인 TV 수신 방식과는 다르게 광섬유를 통해서 동축 케이블에 전달된 무선 주파수 신호를 통해 텔레비전에 신호를 보내 전파를 수신하는 체계이다. 케이블 텔레비전은 CATV나 유선 방송으로도 불린다(출처: 위키피디아).

포츠 중계를 시청한다. e스포츠 해설가, 옵저버 등과 같은 e스포츠에 새로운 직업의 장르가 등장하였다. 라이브 콘텐츠를 전달하는 데 방송국과 같은 고가의 송출 장비는 필요없다. 음향 장비를 제외한다면 사실상 컴퓨터만 있으면 된다. 이러한 기술적 이점 덕분에 e스포츠는 가장 큰 혜택을 본 분야 중 하나가 되었다. 컴퓨터만 있으면 경기 준비에 어려움이 없고, 이렇게 전달된 영상을 우리가 본다(구마태, 2024).

e스포츠의 현재와 미래를 결정짓는 핵심 요소의 하나가 플랫폼의 등장과 발전이다. e스포츠에서 플랫폼의 등장은 트위치(Twitch), 유튜브 게이밍, 페이스북 게이밍 등의 스트리밍 플랫폼이 새로운 e스포츠의 관람 문화를 만들었다. 실시간 스트리밍은 팬들과 선수 간의 직접적인 상호작용이 가능하게 되었다. 또한 선수들을 포함한 팬들 간의 라이브 채팅, 구독, 기부 등으로 커뮤니티 형성과 팬들의 참여 경험을 확대시켰다. 이러한 관계 확대를 통해 e스포츠의 대중적 영향력 확대가 가능하게 되고, 이는 팬 중심의 생태계로 전환이라는 e스포츠 생태계 조성에 일조하였다. 이는 차후 팬들이 콘텐츠 제작, 팀 운영, 경기 전략 등에 더 직접적으로 참여할 수 있는 플랫폼의 등장으로 이어질 것이다. 예컨대 팬 참여의 투표를 통해 리그 규칙이 결정될 수 있다. 더 나아가 주문제작, 즉 커스텀 경기 맵의 제작을 촉진시키는 계기가 될 것이다.

디지털 기술은 클라우드의 등장으로 이어지게 되었다. 서브에 저장된 게임, 즉 클라우드 게이밍(cloud gaming)의 장르가 등장하였다. 이는 게임을 위해 다운로드를 할 필요가 없다. 기업에서 직접 구축한 클라우드 컴퓨팅 서버에서 플레이어는 자신이 즐기고자 하는 게임을 스마트폰, PC, 콘솔 등 다양한 개인 소유의 기기에서 스트리밍으로 화면을 전달받아 플레이한다. 경기 진행의 관점에서 본다면, 개인의 높은 사양 PC 없이도 클라우드를 통해 게임 실행이 가능하게 되었다. 예컨대 구글 스타디아, 엔비디아 지포스 나우, 마이크로소프트 xCloud 같은 플랫폼 등이 있다. 이를 통해 더 많은 사람들이 e스포츠의 접근 가능성을 높여 경쟁과 참여 인구의 확대에 기여할 것이다. e스포츠 전용 플랫폼의 등장은 그 자체로 성장하여 e스포츠의 생태계를 변화시킨다. 예컨대 ESL, FACEIT, ESEA와 같은 전문 e스포츠 플랫폼은 경기 운영, 매치 메이킹, 데이터 분석, 리그 관리 등 다양한 서비스를 제공한다. 여기에서는 아마추어에서 프로로 이어지는 단계적 참여 경로를 제공하고, 글로벌 리그 시스템을 통합하여 더 큰 경쟁 생태계를 형성할 것이다. e스포츠 전용 플랫폼을 기반으로 글로벌화와 로컬화의 동시 진행되어 글로벌 리그의 발전과 함께, 지역 기반 e스포츠 리그가 활성화될 가능성이 높게 된다.

또 다른 디지털 기술의 발전으로 나타난 VR, AR, MR, XR, IoT의 기술은 스포츠의 경기 양상과 산업의 변화, e스포츠의 관람 경험, 게임 플레이 형태와 새로운 올림픽 종목의 신설로 이어질 것이다.[3)]

첫째, VR의 기술발달이 e스포츠에서 나타난 현상은 다음과 같다. VR의 기술발달은 물리적 세계와 가상세계를 구분할 수 없음을 보여준다. 가상현실은 기기에 내장된 자이로스코프와 센서로 자신의 행동과 보고 있는 디지털 자료 간의 연결을 경험한다(김기환, 이승애, 장원석 역, 2024: 439). e스포츠에서 나타난 가상현실의 기술발전은 몰입형 관람 환경을 조성한다. VR 기기를 통해 관람객은 실제 경기장에 있는 것처럼 몰입감을 느낄 수 있다. 관객은 경기 중 선수들의 시점으로 플레이를

3) IOC는 사우디와 12년 계약으로 e스포츠 올림픽을 2027년 사우디에서 개최하기로 하였다.

경험하거나, 가상 경기장에서 원하는 위치에서 경기 관람이 가능하다. 관객이 경기 장면을 자유롭게 탐색하여 자신만의 관람 포인트를 찾을 수 있다. 여기에 VR 내에서 관람객들이 아바타로 서로 만나 소통하거나, 함께 경기를 즐길 수 있는 가상 커뮤니티를 만든다. 또한 완전히 새로운 게임 디자인을 하는데 기여한다. VR은 기존의 화면 기반 게임에서 벗어나, 플레이어가 물리적 움직임과 더불어 VR 공간을 활용하는 새로운 유형의 게임을 탄생시킨다.

둘째, AR의 기술 발달이 e스포츠에서 나타난 현상은 다음과 같다. AR기술은 현실세계에 가상의 객체나 정보를 결합하는 기술이다. AR은 스마트 폰 카메라 기능을 통해 디지털 콘텐츠가 특정 물리적 공간에 위치한 것처럼 보인다. 예컨대 이는 포켓몬 고(Pokemon Go)가 잘 보여준다(김기환, 이승애, 장원석 역, 2024: 440). 이 게임은 현실의 환경에서 스마트 폰을 통해서 게임 캐릭터 나타나고 플레이어는 그것을 터치해서 잡는다. 이는 e스포츠 오프라인 경기장에서 활용이 가능하다. 아래 그림

출처: https://www.reuters.com/article/technology/pokemon-go-maker-niantic-plans-to-build-ar-maps-with-users-help-idUSKBN1IA296/

은 구글어스 개발자인 존 행크(John Hanke)가 포켓몬 고 모바일 게임을 설명하는 장면이다.

현장에서 e스포츠 경기 관람의 양상은 경기를 진행하는 경기장 중앙을 주시하거나, 한쪽 벽면의 대형 스크린을 보며 게임에 참가해 즐긴다. 실제 e스포츠 경기장에 AR을 적용하면, 관객들이 자신의 스마트 기기나 AR 안경을 통해 게임 속 캐릭터와 환경을 3D로 시각화하며 관람 경험이 가능하다. 더 나아가 경기 관람 때 실시간 데이터, 즉 점수, 선수 통계, 전략적 정보 등을 확인 가능하기 때문에 직접 참여로 관객의 몰입도를 증대시킨다. AR의 기술은 관객에게만 한정되는 것이 아니다. 선수들은 VR 환경에서 실감 나는 시뮬레이션을 통해 특정 상대 선수나 팀을 대상으로 연습이 가능하다. 이는 실제 경기에서 필요한 협력과 전략적 의사결정을 용이하게 하고, 경기에서 긴장감과 상황 대처 능력을 극대화시킨다. 왜냐하면 인간의 뇌는 시각장(the field of visual sensation)에 나타난 가상세계에 참여하는 경우에는 일정 시간이 지나면 현실을 구분하지 못하기 때문이다. 선수들은 물리적 능력과 전략적 사고가 결합된 새로운 방식으로 플레이하며, VR과 AR 환경을 활용한 선수의 트레이닝과 전략 개발이 일반화될 것이다.

e스포츠에 VR과 AR의 기술 결합은 오프라인과 온라인 관람의 경계를 허물게 될 것이다. 또한 가상 e스포츠 경기장에서 전 세계의 플레이어가 동일한 가상공간에서 관람하거나 참여가 가능하다. 여기에 참여한 관람객은 더욱 능동적으로 경기에 개입하며, 게임 세계와의 상호작용을 통해 재미를 배가시킨다. 이는 VR과 AR을 중심으로 한 새로운 e스포츠 장르가 탄생할 가능성이 크다. 예컨대 AR 기반의 실시간 전략 게임 e스포츠인 AR e스포츠와 VR 기반의 e스포츠 VR e스포츠의 장르가

등장할 것이다. AR과 VR 기술은 관객과 선수 간의 상호작용을 실시간으로 연결을 강화하여, 팬들이 자신이 좋아하는 선수들과 더 가깝게 느낄 수 있도록 한다. 이러한 기술 발전은 e스포츠를 더욱 대중적이고 혁신적인 문화 콘텐츠로 자리 잡게 될 것이다.

셋째, MR의 기술 발달이 e스포츠에서 나타난 현상은 다음과 같다. 혼합현실은 물리적 객체와 가상 객체가 실시간으로 병합하는 하는 기술이다. 이는 가상현실과 증강현실의 기술이 모두 포함되어 가상과 현실이 융합된 관람 환경을 제공한다. 관객은 MR 디바이스를 통해 가상의 대상과 현실 공간이 결합된 경기 환경을 경험한다. 예컨대 경기장의 빈 공간에 게임 캐릭터나 전투 장면이 실시간으로 투사되어 관람객의 몰입감을 증대시킨다. 또한 실시간 정보를 오버레이(overlay)로부터 얻게 된다. 경기 중 선수의 상태, 전략적 통계, 또는 실시간 해설이 관람자의 AR/MR 디스플레이에 표시된다. 여기에 관객은 필요한 정보를 선택적으로 선택하여 참여가 가능하다. 관람객은 MR을 통해 원하는 시점, 예컨대 특정 선수의 시점이나 모든 맵 전체의 관점에서 경기를 실시간으로 경기 탐색이 가능하다.

MR 활용은 경기 e스포츠의 경기 양상까지도 변화시킬 것이다. MR 기반 게임은 선수들이 현실 공간에서 실제 움직임과 가상 요소를 결합하여 플레이하도록 한다. 예를 들어 물리적 공간에서 가상 적과 경기가 가능하거나, 현실적인 움직임으로 경기 조작을 수행하는 방식으로 참여가 가능하게 된다. MR 기술은 물리적 환경과 가상 오브젝트를 결합한 새로운 e스포츠 게임 장르를 탄생할 수 있을 것이다. e스포츠에서 MR 활용은 스포츠 경기 양상 이외에도 경기 전략까지 변화시킬 것이다. 예컨대 MR을 통해 팀 전략을 3D로 시각화하여 팀원 간의 협업을 강화하고, 실시간 의사결정의 판단에 도움을 줄 수 있을 것이다.

넷째, XR 기술 발달이 e스포츠에서 나타난 현상은 다음과 같다. XR은 원래는 스튜디오에서 크로마키[4]를 통해서 스튜디오를 재구성하는 형태에서 처음 나왔다. XR은 e스포츠가 제일 많이 활용한다(구마태, 2024). 방송을 통해 e스포츠 경기를 보고 있는 관객은 마치 경기장에 있는 것처럼 경기 시청이 가능하게 된다. XR의 기술이 적용된 e스포츠 경기는 플레이어가 완전히 가상세계로 들어가 실감 나는 환경에서 경기 진행을 한다. 이는 기존 게임과는 전혀 다른 수준의 완전한 몰입감을 제공한다. XR은 현실공간, 가상공간, 그리고 두 공간의 경계를 넘나드는 경기 방식을 가능하게 한다. 예컨대 일부 선수는 가상공간에서 플레이하고, 다른 선수는 물리적 환경에서 상호작용하며 같은 경기를 진행할 수 있다. 이는 멀티 플랫폼을 기반으로 하는 새로운 e스포츠 장르의 등장이 가능하게 된다. XR 기술과 관련하여 관객은 입장은 경기장을 360도로 탐색하고 원하는 장소에서 경기의 시청이 가능하다. 여기에 모든 관전자는 글로벌 관람자의와 연결이 가능하게 된다. XR은 전 세계의 팬들이 가상 경기장에서 모여 경기를 관람하고, 가상 아바타로 소통하며, 실제 현장에 있는 느낌을 제공한다.

MR과 XR의 기술적 융합은 미래 e스포츠의 양상을 지금과 전혀 다른 양상으로 전개될 것이다. 관객은 현실 속에서 가상 요소가 개입되어 현실감의 증대로 몰입감을 극대화할 것이다. 이는 경기를 직접 참여하

4) 크로마키(Chroma Key)는 두 개의 영상을 합성하는 기술이다. 이 기술은 컬러키, 색 분리 오버레이, 그린스크린으로도 일컬을 수 있다. 보통 기상 예보 방송에서 쓰이는데, 일기 예보자가 큰 지도 앞에서 서 있는 것처럼 보여 주지만 실제로는 파란색 배경이나 초록색 배경의 스튜디오 안에 있는 것이다(출처: 위키피디아).

는 것 외에도 집에서 VR 헤드셋이나 AR 안경을 통해 e스포츠 경기를 체험할 수 있는 접근성을 제공할 것이다. 그리고 MR/XR 기술로 팬들은 선수와 실시간으로 상호작용하거나 가상훈련 세션에 참여할 수 있다. 가상 아이템, 독점 콘텐츠, 맞춤형 경험 등을 구매할 수 있으며, 이는 e스포츠 산업의 새로운 수익원을 창출할 수 있다. 결과적으로 이러한 변화는 팬덤을 강화하고 e스포츠 산업의 확장 가능성으로 이어진다. 물론, MR과 XR 기기 및 플랫폼은 초기 기술 비용이 높아 대중적 접근성을 확보하는 데 시간이 걸릴 수 있다. 또한, 기술적인 문제로 다양한 기기와 플랫폼 간의 호환성을 확보해야 하며, 전 세계적인 네트워크 인프라 구축 방안에 대한 심도 있는 고민이 필요하다.

다섯째, 사물인터넷(Internet of Things, 이하 IoT)[5]의 기술 발달이 e스포츠에서 나타난 현상은 다음과 같다. IOT의 활용은 e스포츠의 참여에 더욱 상호 작용적이고 몰입감 있는 형태로 발전시킬 것이다. IoT 기술은 디지털과 물리적 세계를 연결하여 e스포츠의 운영 방식, 관람 경험, 훈련 및 데이터 분석 등 여러 측면에서 혁신을 가져올 것이다. 먼저 e스포츠 선수의 운영방식의 변화이다. IoT 디바이스는 실시간 데이터 분석과 피드백으로 플레이어의 심박수, 스트레스 수준, 반응 시간 등과 같은 생체 데이터를 실시간으로 측정이 가능하다. 이 데이터를 분석하여 선수들이 경기 중 더 나은 전략을 세우거나 경기 후 훈련을 최적화할 수 있다. 또한 코치와 분석가는 IoT 기기를 통해 경기 중 선수 상태를 모니터링하며 실시간으로 피드백하여 정보를 제공한다. IoT 데이터와

5) 사물인터넷(Internet of Things, IoT)은 각종 사물에 센서와 통신 기능을 내장하여 인터넷에 연결하는 기술. 즉, 무선 통신을 통해 각종 사물을 연결하는 기술을 의미한다. 여기서 사물이란 가전제품, 모바일 장비, 웨어러블 디바이스 등 다양한 임베디드 시스템이 된다(출처: 위키피디아).

AI 기반 분석을 결합해 경기 전략을 실시간으로 전송이 가능하다. IoT 웨어러블 기기를 통해 선수의 체력, 집중력, 반응 시간을 분석하여 맞춤형 훈련 프로그램이 가능할 것이다. 마우스 클릭 속도, 키보드 입력 정확도 등을 분석하여 성능 최적화를 제공한다. 팀 동기화와 협업 강화 팀 전원이 IoT 장치를 착용하고 데이터를 공유함으로써, 팀 간 협업과 전략 조율이 더욱 효율적으로 이루어질 수 있다. 스트레스 관리, 수면 개선 등 정신적 신체적 건강 지원, 장시간 게임으로 인한 부상, 즉 손목 터널증후군과 눈 피로 등의 예방을 위한 스마트 모니터링의 제공이 가능하다.

IoT 기술은 새로운 몰입감의 경험을 가능하게 한다. 관객은 자신만의 공간에서 가상 경기장에 접속하여 IoT 센서를 통해 경기의 실제 환경을 느낄 수 있다. 팬들은 스마트폰 앱이나 IoT 기기를 통해 선수의 상태와 경기 데이터를 실시간으로 확인하며, 더 깊은 몰입감을 경험하게 된다. IoT 센서는 선수의 생체 신호, 즉 심박수, 반응 속도, 스트레스 수준 등이나 컨트롤러 입력, 네트워크 상태의 장비 상태를 실시간으로 측정하여 관람객에게 전달한다. 관객은 화면에서 경기 상황뿐만 아니라, 선수의 생리적 반응과 심리 상태를 함께 확인함으로써 경기의 몰입감을 높일 수 있다. 경기 중 IoT 기기를 통해 관전자는 조명을 변화시키거나 소리 효과를 조절하여 자신의 몰입감을 조절할 수 있다. IoT 기술은 e스포츠를 더욱 개인화되고 몰입감 있는 경험으로 변화시키며, 훈련 및 전략의 효율성을 극대화할 것이다. 동시에 팬 경험과 산업 생태계를 혁신하여 e스포츠를 전 세계적인 스마트 스포츠로 자리매김하게 될 것이다.

AI와 생성형 AI의 등장은 e스포츠의 현재와 미래를 혁신적으로 변화시킬 잠재력을 갖는다. 생성형 AI는 기계학습을 기반으로 텍스트, 이미지, 비디오 등을 생성하거나 기존 데이터를 바탕으로 새로운 콘텐츠를 창출하는 기술이다. 이는 e스포츠의 콘텐츠 제작, 경기 전략, 관람 경험, 교육 및 훈련, 커뮤니티 운영 등 다양한 영역에서 큰 영향을 미칠 것이다. 이제 게임 내 NPC(Non-Player Character)가 경기를 진행하는 부가적인 역할에서 미래에는 비교할 수 없을 정도로 생명력을 갖게 될 것이다. 그들은 인간의 말이나 지시를 능동적으로 알아듣고 적절한 피드백의 주도적인 역할이 가능하다. 인간까지는 아니지만 인간과 유사한 다른 무언가와 소통을 하고 있다고 느낄 가능성이 있다. 미래에 분명 우리는 이제 우리말과 명령을 알아듣는 AI 유닛에게 전투 명령을 내릴 수 있을 것이다(구마태, 2024). AI는 자신이 명확한 명령에 한정되지 않고, 스스로 판단해서 움직임이 가능하다는 사실이다. 인공 지능의 새로운 역할은 오픈 AI와의 대결에서 그 단초를 엿볼 수 있다. 오픈 AI의 육성형 전략시뮬레이션 도타2 '오픈AI Five'는 도타 챔피언과의 대결에서 2:0으로 승리했다. '오픈AI Five'와 대결한 챔피언 OG는 도타2 주요 대회 4회 우승 경력을 가진 도타2 e스포츠 챔피언이었으나 AI에게 패배하였다.[6]

생성형 AI와 e스포츠의 융합이 가져올 변화 내용은 다음과 같다.

첫째, 콘텐츠 제작 및 확장의 측면이다. 생성형 AI는 경기 데이터를 분석하여 자동으로 하이라이트 생성, 경기 요약, 리플레이의 생성을 가능하게 한다. 예컨대 특정 선수가 포함된 하이라이트만 모아 제공이 가능하고, 여기에 더해 AI가 경기의 흥미로운 순간을 자동으로 편집하

6) https://openai.com/index/openai-five-defeats-dota-2-world-champions/ (April 15, 2019).

출처: https://openai.com/index/openai-five-defeats-dota-2-world-champions/

여 소셜 미디어에 공유할 수 있다. AI는 경기 데이터를 실시간으로 분석하여 시청자에게 이해하기 쉬운 그래픽으로 시각화해 제공한다. 여기에는 선수의 반응 속도, 정확도, 그리고 주요 이벤트와 같은 시각적 자료를 포함한다. 특히 생성형 AI는 이러한 데이터를 기반으로 전문적이고 풍부한 해설을 자동 생성하며, 팀과 선수의 경기 전략을 분석하여 새로운 전술을 제안하는 역할도 수행한다.

둘째, 경기력의 변화이다. 생성형 AI는 상대 팀의 약점과 강점을 자동으로 분석하고, 팀과 선수의 경기 데이터를 분석해 새로운 전략을 제안하고 이에 맞는 플레이 스타일을 추천한다. 상대 팀의 약점과 강점을 자동으로 분석하고 AI 팀과의 대결이 가능하다. e스포츠 선수들이 생성형 AI로 만들어진 가상 팀과 훈련하거나 연습 경기를 진행하여 훈련의 질을 높일 수 있다. 또한 생성형 AI는 개별 선수의 플레이 스타일과 약점을 분석하고, 개인 맞춤형 피드백도 제공이 가능하다. AI는 경기 데이터를 분석해 최적의 전략을 자동으로 생성하거나, 팀원 간의 역할 분배를 최적화할 수 있다. 이는 코치의 역할에도 적용된다. 생성형 AI는 플레이어의 실시간 플레이를 분석하고, 개선 방안을 음성이나 텍스트로 제시하는 가상 코치 역할을 제공한다. 더 나아가 생성형 AI는 특정 상대방 팀의 플레이 스타일을 학습해서 실제 경기와 유사한 시뮬레이션 환경을 제공하며, 이는 선수들이 특정 전략에 대비할 수 있도록 한다.

셋째, 관람 경험의 혁신과 게임 개발 및 설계의 변화이다. AI가 과거 경기 데이터를 학습해 경기 결과를 시뮬레이션하고, 다양한 전술과 시나리오를 보여줌으로써 몰입형의 경험을 가능하게 한다. 이를 기반으로 관객과 선수 간의 커뮤니티를 강화시킬 수 있을 것이다. 생성형 AI는 게임의 맵, 캐릭터 스킨, 스토리라인 등을 자동으로 생성하여 새로운 콘텐츠를 빠르게 추가할 수 있다. 생성형 AI는 플레이어의 피드백과 데이터를 분석해서 새로운 플레이어 중심의 게임 디자인이 가능하게 된다.

넷째, AI는 e스포츠 산업 생태계의 큰 변화를 가져올 것이다. AI는 대회 운영의 상당 부분을 자동화하여 저비용 고효율 운영을 가능하게 한다. 특히 생성형 AI는 리그 운영, 마케팅 콘텐츠 제작, 경기 일정 최적화 등 산업 전반의 운영 효율성을 크게 높인다. 또한 팬 데이터를 분석하여 개인 맞춤형 광고와 스폰서 콘텐츠를 생성한다.

그러나 이러한 변화 속에서 데이터 수집 시 개인 정보 보호 및 데이터 사용에 대한 윤리적 문제가 해결되지 않는다는 점이 가장 우려된다. 윤리적 측면에서는 생성형 AI가 자동 플레이나 전략 유출 등 경기 내 부정행위에 개입하여 악용될 가능성도 존재한다. 따라서 AI가 행동의 주체로 등장하는 상황인 만큼, 이에 대한 윤리적 검토는 필수적이다.

2. 디지털 기술과 e스포츠의 윤리적 문제

VR/AR/MR/XR의 디지털 기술과 IoT의 등장은 e스포츠의 경기 운영, 관람 경험, 데이터 관리 방식에 혁신적인 변화를 가져올 것이다. 그러나 이러한 기술 발전은 디지털 사용에 있어 윤리적 문제를 야기한다. 이들과 관련된 e스포츠의 윤리적 문제는 다음과 같다.

첫째, 데이터 프라이버시와 보안이다. e스포츠에서 디지털 플랫폼과 IoT 기기는 선수와 관중의 행동 데이터를 대량으로 수집한다. 예컨대 롤과 발로란트의 데이터는 e스포츠의 데이터 기업인 그리드(GRID)가 제공한다. 이외에도 op.gg는 e스포츠 관련 데이터를 제공하여 선수의 전략, 전술에 이용된다. 문제는 선수의 게임 플레이 데이터를 넘어, 반응 속도와 심박수와 같은 플레이어의 생체 정보와 관중의 관람 기록 등이 무단으로 수집되어 유출된 가능성이 높다는 것이다. 이는 개인의 프라이버시의 문제로 이어진다.

둘째, 공정성(Fair Play)이다. 디지털 기기의 성능과 구입 여부에 따라 디지털 플랫폼 기반의 데이터 분석이 특정 팀이나 선수에게 지원될 경우 경기의 공정성이 훼손될 가능성이 높다. 시간 데이터를 활용해 선수의 약점과 강점을 분석해서 경쟁에 개입된다면, IoT 기기를 통해 실시간으로 외부 도움을 받거나, 디지털 플랫폼을 이용해 상대 팀의 비공개 전략을 해킹하여 이용하는 경우도 발생한다. 이는 e스포츠 경쟁의 공정성을 왜곡한 부정한 행위이다.

셋째, 디지털 독점과 사회적 격차이다. e스포츠 생태계가 특정 기업의 플랫폼 의존적으로 변하면서 새로운 팀이나 리그의 성장 기회가 제한된다. 소수의 대형 플랫폼 기업이 e스포츠 생태계를 독점적으로 운영할 경우, 중소팀과 지역적 소규모 리그는 자원 부족으로 도태될 위험이 상존한다. 디지털 플랫폼과 IoT 기술의 발전으로 인해 기술 인프라가 부족한 지역은 e스포츠 산업에 참여하기 어려운 상황으로 연결되며, 이는 글로벌 e스포츠 산업에서 불균형이 심화되고 e스포츠 산업이 축

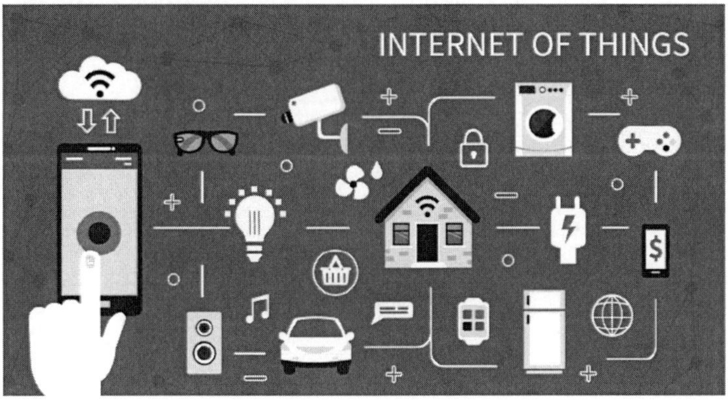

출처: https://www.mmkorea.net/news/articleView.html?idxno=7455

소될 것이다.

넷째, 선수와 관중의 데이터 윤리이다. 디지털 플랫폼과 IoT는 선수와 관중의 데이터를 분석해 맞춤형 서비스를 제공하지만, 이는 윤리적 경계를 넘어설 가능성이 높다. 선수의 게임 패턴, 심리 상태, 건강 데이터의 무단 활용은 프라이버시를 침해할 수 있다. 또한 관중의 시청 습관과 선호도를 상업적으로 이용되어 과도한 맞춤형 광고를 제공할 가능성이 높다.

이러한 VR/AR/MR/XR의 디지털 기술과 IoT의 등장에 따른 e스포츠 윤리적 문제 해결은 쉽지 않다. 넓은 의미에서 기술윤리에 대한 이론적 근거와 연결되고, 어떠한 윤리적 문제가 발생할지도 정확하게 예측하기 힘들다. 개별적인 윤리적 상황을 파악하고 해결하기도 기술발전을 따라갈 만큼 제도적 규칙이나 법이 마련되지 못하고 있는 실정이다. 선언적으로 글로벌한 법적인 규칙이 제정되어 공정성 위반 사례를 감독할 수 있는 국제기구가 만들어져야 한다. 또한 국제 협력 기구가 e스포츠 윤리 헌장을 통해 IoT 및 데이터 활용 표준을 제시해야 한다. 이를 위해서는 데이터 보호와 투명성 강화 글로벌 e스포츠 연맹이 IoT 및 데이터 분석 표준을 수립하고, e스포츠 데이터 수집과 활용 방식에 대해 선수와 관중에게 투명하게 공개하고, 데이터 사용 동의 절차를 강화해야 한다고 말할 수 있다. 디지털 기술의 발전과 관련된 e스포츠 윤리의 논의는 이제 출발점에 있다는 것이 솔직한 표현이다.

3. 인터넷 윤리와 e스포츠 윤리

인터넷 윤리란 인터넷을 사용함에 있어 개인과 사회가 지켜야 할 도덕적 원칙과 규범을 의미한다. 이는 인터넷 환경에서 참여하는 사람들에게 올바른 행동과 책임 있는 사용에 있어 지켜야 할 태도이다. 인터넷 윤리는 정보 공유, 커뮤니케이션, 온라인 활동 등에서 발생할 수 있는 다양한 문제들을 예방하고 해결하는 데 중요한 역할을 한다.

인터넷 윤리의 주요 요소는 다음과 같다. 첫째, 먼저 개인 정보 보호이다. 다른 사람의 사생활과 병원 이력 등 개인정보를 존중하고 보호하는 것이 중요하다. 불법적인 개인정보 수집이나 악용의 방지는 인터넷 윤리에서 중요한 행동 강령이다. 둘째, 사이버 폭력 금지이다. 예컨대 온라인상에서 고의적으로 상대를 화나게 하거나 관심을 끌게 하는 트롤링과 같은 행동이다. 따라서 온라인에서의 비방, 괴롭힘, 협박 등의 행동을 삼가고, 타인에게 해를 끼치지 않아야 한다. 셋째, 정확한 정보 제공이다. 허위 정보나 가짜 뉴스를 퍼뜨리지 않고, 신뢰할 수 있는 정보를 공유하는 것이 중요한다. 온라인에서의 의사소통 시 예의 바르고 존중하는 태도를 유지해야 한다. 넷째, 저작권 존중이다. 다른 사람의 창작물이나 지적 재산권을 존중하고, 저작권을 침해하지 않도록 주의해야 한다. 이러한 윤리적 원칙을 지키는 것은 인터넷 공간에서의 안전하고 신뢰성 있는 환경을 조성하는 데 기여한다.

인터넷과 e스포츠는 모두 디지털 환경에서 그에 따른 윤리적 문제도 비슷하게 발생하지만, 이 둘은 사용되는 맥락과 특성에 따라 윤리적 쟁점이 다르게 나타난다. 인터넷은 정보의 자유로운 흐름과 커뮤니케이션을 기반으로 하는 반면에 e스포츠는 경쟁적인 게임 플레이와 그 환경과의 관계 중심으로 이루어진다는 사실이다. 이로 인해 서로 윤리적 문제와 관련해서는 차이점과 공통점이 나타난다. 인터넷 윤리의 초점은 정보의 진실성이다. 인터넷은 정보가 유통되는 바다이기 때문에 오염되지 않는 인터넷 윤리는 정확한 정보 제공과 가짜뉴스나 허위 정보의 확산 방지, 프라이버시 보호에 초점을 맞춘다. 특히 인터넷 환경에서는 사용자의 개인 정보 보호가 핵심 윤리적 문제이다. 데이터를 수집하고 사용하는 방식에 대한 투명성, 보안, 표현의 자유와 책임, 불법 콘텐츠 유통 등이 인터넷 윤리에서 중요한 문제이다. 인터넷 상에서 표현의 자유가 강조되지만, 그와 동시에 타인의 권리 침해나 악성 댓글 등 사이버 폭력 문제도 발생한다. 따라서 인터넷 윤리는 이러한 표현의 자유와 그에 따른 책임 사이에서 균형을 맞추는 것이 중요하다.

반면에 e스포츠 윤리의 초점은 다음 장에서 설명할 공정한 경쟁에 초점을 맞춘다. e스포츠는 경쟁을 기반으로 하며, 윤리적 문제는 주로 페어플레이와 스포츠맨십에 관련된다. 도핑, e도핑, 승부조작, 인종 차별 등이 e스포츠 윤리에 중요한 문제로 등장한다. 여기에 e스포츠 선수나 관객들의 행동도 중요한 윤리적 문제이며, 팀 동료와의 관계, 스포츠맨십, 폭언이나 비매너 행동 등은 e스포츠 커뮤니티와 선수들이 직면하는 윤리적 과제이다. e스포츠는 많은 청소년이 참여하는 활동이므로,

게임 중독 문제나 청소년의 도덕적 발달에 대한 책임도 e스포츠 윤리에서 중요한 쟁점이 된다.

물론 이 둘에는 몇 가지 공통점이 존재한다. 첫째, 디지털 환경에서의 책임감이다. 인터넷과 e스포츠 모두 익명성이 보장된다는 점에서 도덕적 책임감이 희석될 수 있다. 익명성 아래서 사람들이 자신의 행동에 대한 책임을 느끼지 못하는 경우가 많다. 인터넷에서는 악성 댓글이나 온라인 괴롭힘이 문제가 되며, e스포츠에서도 비매너 플레이어나 채팅을 통한 악성 발언이 윤리적 문제를 일으킬 수 있다. 둘째, 사이버 폭력과 괴롭힘은 인터넷과 e스포츠 모두에서 중요한 윤리적 문제이다. 인터넷에서는 주로 소셜 미디어에서 발생하며, e스포츠에서는 경쟁 중 상대방을 향한 폭언이나 팀 내 괴롭힘으로 나타나는 것에 차이를 보인다. 그러나 두 환경 모두 이러한 폭력적 행위는 개인의 정신적 건강에 심각한 영향을 미친다는 것에는 차이가 없다. 셋째, 중독 및 과몰입 문제이다. 이는 인터넷과 e스포츠 모두에서 공통적으로 나타난다. 인터넷 사용 중독은 소셜 미디어나 웹 서핑에 과도하게 몰입하는 것이며, e스포츠에서는 게임 과몰입과 중독의 문제로 이어진다. 물론 중독이라는 관점에서 본다면, e스포츠는 다른 관점에서 이해해야 한다. 프로 e스포츠가 하루에 10시간 넘게 한다고 해서 중독이라고 하지 않는다. 넷째, 청소년 보호의 문제이다. 청소년 보호는 인터넷과 e스포츠 모두에서 중요한 윤리적 과제이다. 인터넷에서는 청소년이 적절하지 않은 콘텐츠에 노출될 위험이 있다. 반면에 e스포츠는 지나친 경쟁에서 승리 쟁취에 많은 시간을 낭비한다는 점에서 이 둘 모두 청소년의 정신적, 사회적 발달에 영향을 미칠 수 있는 윤리적 쟁점을 내포하고 있다. 다섯째, 세계적인 연결성과 그에 따른 윤리 문제이다. 인터넷과 e스포츠는 모두 국제적인 연결을 가능하게 하며, 이는 문화적 차이와 윤리적 기준의 차이를 불러일으킨다. 예컨대 다른 문화에서 용인되거나 표준이 되는 윤리적 규범이 각기 다른 디지털 커뮤니티에서는 충돌이 발생한다. 이러한 국제적 연결성은 지구적인 관점에서의 성 차별과 인종 차별과 같은 윤리적 문제를 야기한다.

Part **02**

e스포츠 플레이어와 윤리 구성

e스포츠의 참여자는 크게 경쟁적인 플레이어와 경기에서 즐거움을 찾는 플레이어로 구분된다. 그들이 추구하는 윤리적 태도는 서로 유사한 점도 있지만, 각기 다른 양상을 보인다. 2부에서는 e스포츠 플레이어에게 적용되어야 할 윤리적 내용이 무엇인지, 플레이어와 디지털 환경에서 어떠한 윤리적 문제를 고려해야 하는지에 대해 설명하고자 한다. 이를 위해 저자는 다음과 같은 내용을 설명한다. 5장에서는 선수가 지향해야 할 윤리적 내용을 페어플레이와 스포츠맨십의 관점에서 논의한다. 6장에서는 경쟁이 아닌 즐거움을 찾는 놀이의 관점에서 e스포츠 윤리를 탐구한다. 7장에서는 e스포츠의 특징인 디지털 화면과 플레이어와의 관계를 행위성의 관점에서 논의하고자 한다. 8장에서는 가상세계에 진행되는 인간의 윤리적 행위의 많은 부분은 디자이너가 설계한 영역에서 일어난다는 점에서 디자이너의 윤리, 디자인된 윤리, 미적 경험의 윤리를 논한다.

CHAPTER 5

선수 윤리

1. 페어플레이의 유래와 의미

페어플레이(fair play)의 사전적 정의는 정당하다의 'fair'와 경기를 한다는 'play'의 복합명사이다. fair의 어원은 고대 게르만어인 '도덕적으로 아름답다'의 의미를 갖는 fagraz에서 유래하였다. 놀이로 번역되는 play는 '장난을 친다'는 의미인 고대 영어 plegan에서 유래하였다.[1) 우리가 스포츠에서 일상적으로 사용하고 있는 페어플레이는 윌리엄 셰익스피어(1564–1616)의 여러 문학 작품에서 페어플레이라는 말을 비유적으로 사용했다. 그는 페어플레이를 진리를 믿는 사람들이라면, 지켜야 할 행동의 가치로 사용하였다. 이는 공정한 것이 아름답다는 것을 보여준다.

이러한 1800년대 페어플레이의 의미는 영국 귀족들의 교육을 위한 덕목으로 생각하였다. 페어플레이 단어는 귀족들의 기사도(chivalry) 정신과 산업혁명 이후 영국 신사도(gentlemanship)를 근거로 스포츠에서는

1) https://www.etymonline.com/

규칙준수와 상대방 존중 태도의 의미로 전환되었다. 이렇게 설정된 페어플레이는 스포츠 교육에 뿌리내리게 되었고, 이 개념은 특히 19세기 영국의 스포츠 교육에서 중요한 역할을 하였다. 영국의 공립학교들은 스포츠를 통해 건강과 체력뿐만 아니라, 윤리적 훈련의 일환으로 공정한 게임가치를 강조하였다. 이후 영국을 중심으로 확립된 페어플레이 정신은 국제 스포츠로 확산되었고, 오늘날 국제 스포츠 조직과 경기에서 중요한 규범으로 자리 잡고 있다. 예를 들어 올림픽 창시자인 쿠베르탱(Coubertin)은 삶에서 중요한 것은 승리가 아니라, 경쟁하는 것이고 경기의 본질은 승리이기보다는 어떻게 잘 싸웠는지가 중요하다고 하였다.[2] 이를 계기로 페어플레이는 올림픽에서 중요한 핵심 가치로 받아들이게 되었고, 스포츠에서 보편적인 윤리적 가치로 인정받게 되었다.

국제 페어플레이 위원회(International Fair Play Committee)에 따르면 페어플레이는 스포츠를 통합시키는 근본적인 가치를 구현할 수 있으며, 일상생활에서도 적용 가능한 용어로 설명하고 있다. 스포츠에서 지켜야 공정 경쟁, 존경, 우정, 팀 정신, 평등성 도핑반대, 연대감 등 필드의 안팎으로 배우고 경험해야 하는 가치로 설명한다.[3] 즉 올림픽 운동은 페어플레이 정신을 핵심 가치로 채택하고 있으며, 많은 스포츠 이벤트에서도 이 원칙을 강조한다. 국제스포츠체육협의회(International Council of

2) The important thing in life is not the triumph, but the fight; the essential thing is not to have won, but to have fought well.

3) Fair play is a complex concept that comprises and embodies a number of fundamental values that are not only integral to sport but relevant in everyday life. Fair competition, respect, friendship, team spirit, equality, sport without doping, respect for written and unwritten rules such as integrity, solidarity, tolerance, care, excellence and joy, are the building blocks of fair play that can be experienced and learnt both on and off the field. (https://www.fairplayinternational.org/what-is-fair-play-).

Sport and Physical Education, ICSPE)에서 발표한 페어플레이에 관한 선언에는 "페어플레이가 없는 스포츠는 더 이상 스포츠가 아니다"고 하였다.

게임의 경쟁에서 최고의 목적은 경기에서 승리를 하는 것이다. 승리의 정당성을 얻기 위한 조건은 경기에 참여한 플레이어의 공정한 행동과 태도가 전제되어야 한다. 스포츠 철학자인 로버트 사이먼(Robert Simon)에 따르면, 페어플레이(Fair Play)는 스포츠 철학의 주요 개념 중 하나로, 스포츠에서의 공정성과 윤리적 행위의 근거로 강조한다. 그는 페어플레이를 단순히 규칙을 준수하는 것 이상의 개념으로 설명한다. 경쟁은 일종의 협력으로 이해하고, 단지 경쟁에서 승리를 최고의 목적으로 인식하지 않는다. 그는 승리란 누군가 자신의 실력을 적절히 향상시키고 있다는 신호일 뿐이다. 또한 페어플레이는 상대가 최대한의 기량을 발휘하기 위해 전제조건으로 설명한다(Simon, 2014: 36). 이는 선수들이 공정하게 경쟁하고 상호존중을 기반으로 하는 스포츠맨십의 발휘와 연결된다.

공정한 경쟁은 스포츠에서 모든 선수가 동일한 조건에서 경쟁해야 하며, 공정한 기회를 가져야 한다. 이는 규칙의 엄격한 준수뿐만 아니라, 상대방을 존중하고 부당한 이득을 취하지 않는 태도까지 포함한다. 즉 스포츠가 공정성과 존중을 기반으로 하는 도덕적 행위로 작용해야 한다는 당위의 철학을 보여준다. 상호 존중의 태도는 경쟁자가 단순히 이기기 위한 도구로 취급되지 않고, 서로를 존중하는 관계가 중요하다는 점을 강조한다. 스포츠는 상대방을 이기기 위해 존재하는 것이 아니라, 상호 간의 능력을 존중하며 경쟁하는 장이 되어야 한다. 이 모든 원칙은 e스포츠 경기에서도 적용이 가능하다.

출처: 대한체육회(2024년 항저우 아시안 게임 롤(LOL) 결승전)

e스포츠 윤리의 페어플레이는 두 가지 관점에서 설명이 가능하다. 페어플레이와 관련하여 형식적 페어플레이와 비형식적 페어플레이로 구분이 된다. 전자는 경기에 참여하는 플레이어의 정정 당당한 경기 참여와 제도화된 규칙의 준수를 말한다. e스포츠는 디지털 특성상 명확한 규칙이 전제되고 거기에 참여한 플레이어들은 그 규칙을 받아들이는 것을 전제로 한다. 무승부가 존재하지 않으며 명확하게 그 결과가 드러난다. 후자는 규칙에는 명시되어 있지 않지만, 서로 지켜야 할 공유된 관습에 따라야 한다. 비록 프로 e스포츠 경기가 아니라, 서로 모르는 플레이어와 경기를 진행할 때 상대에 욕설을 하거나 알리지 않고 경기를 포기하는 비윤리적 행위가 발생한다. 이 모든 것은 비형식적 페어플레이다.

e스포츠 윤리는 스포츠 윤리와 달리 독자적인 e스포츠 윤리 상황을 만들어 낸다. 예컨대 e스포츠의 페어플레이는 상대 행동과 무관하

게, 페어플레이를 중요하게 생각하지 않는 태도를 보인다. 이는 e스포츠 그 자체에 참여하는 플레이어의 태도와 관련된다. 플레이어는 페어플레이와 관계없이 게임 경쟁에 참여하며, 경기가 주어진 디자인의 설계에 맞춰 진행되기 때문에 상대에 대한 페어플레이를 생각할 필요가 없다는 것이다. 디지털 시스템이 공정하게 그 과정을 잘 통제할 수 있다는 믿음에서 시작하기 때문이다.

또한 페어플레이가 개인적 특성이기보다는 디자인된 게임 그 자체에서 나온다는 측면에서, e스포츠 경기가 과연 페어플레이를 추구할 수 있는지에 대한 근본적인 질문이 가능하다. e스포츠에서 자신의 적극적인 행위는 공격적인 폭력성으로 나타나겠지만, 디자인된 내용에 따라 도덕적 행위도 다르게 나타날 가능성을 완전히 배제하지 못한다. 이는 6장에서 살펴볼 디자인의 윤리에 대한 이해가 필요함을 보여준다.

페즈덱(Pezdek)에 따르면 페어플레이의 관점에서 본다면, e스포츠는 문제가 존재한다고 주장한다. 그는 페어플레이의 구성 요소를 책임과 정의로 설명한다. 공식적인 책임과 정의, 즉 스포츠의 완전성을 돌보는 공정한 경기의 조건인 규칙 준수는 스포츠와 e스포츠 모두에 해당된다고 보았다. 예컨대 속임수, 도핑, e도핑의 금지, 그리고 갑자기 인터넷의 미작동으로 다른 플레이어와의 연결이 중단되었을 때 e스포츠 경기 중단이 가능한 것이 그 예이다. 그러나 책임 있는 행동, 즉 어떠한 대가를 치르더라도 승리를 존중하고 패배를 기꺼이 받아들이는 관점에서 본다면, 페즈덱은 e스포츠에서는 이를 실현하기 어렵다고 주장한다. e스포츠에서는 제스처와 언어적 의사 소통을 제외하고는 게임 중에 플레이어에 대한 존경심을 표현하는 것은 경기 진행에 방해된다. 또한 여전히 플레이어가 상처를 입었을 때 자발적인 반응을 표현하기도 어렵다.

e스포츠에서는 승리를 목표로 하는 활동이 경기 내용에 내장되어 있기 때문에 디지털 특성상 기술적, 전술적 측면에서 보유한 기술 규정에 따라 경기를 수행해야 한다. 따라서 페어플레이보다 어떤 대가를 치르더라도 승리라는 조건을 회피할 수 없다는 것이다. 그는 e스포츠에 사용되는 일부 게임의 내용, 즉 상대를 죽이고 파괴하는 것이 도덕적 규칙에 도전하는 것을 가정한다고 주장한다. 결국 사회에서 e스포츠가 통합적, 교육적, 형성적 기능의 실현과 반대되는 것으로 설명한다(Pezdek, 2024). 이와 같이 그는 스포츠의 관점에서 e스포츠는 궁극적으로 페어플레이를 실현할 수 없다고 주장한다.

하지만 저자는 그의 주장은 어떠한 대가를 치르더라도 승리를 존중하고 패배를 회피하지 않으려는 스포츠의 가치 존중을 너무 확대 해석한 측면이 있다고 생각한다. 가상세계에서 진행되는 e스포츠 경기 그 자체가 이미 승리 존중과 패배 인정의 페어플레이를 전제로 한다는 사실에 주목해야 한다. e스포츠에서는 페어플레이가 너무 당연하기 때문에 페어플레이를 해야 한다는 주장이 언급되지 않을 뿐이다. e스포츠 경기 참여는 상대에 대한 행동만이 전부는 아니다. 페어플레이의 조건은 경기의 참여 전제 조건으로서 이미 속임수, 도핑, e도핑 등 모든 행위에 적용되어 있다. 따라서 페어플레이의 책임 있는 행동과 관련된 가치 부재라는 그의 지적은 너무 지나치다고 생각한다. PC 기반의 경기 종목에는 그의 주장이 일부 타당성을 갖겠지만, VR/AR/MR e스포츠 종목에서도 스포츠와 같이 상대 존중의 페어플레이의 가치를 실현할 수도 있다.

2. 스포츠맨십

스포츠맨십(Sportsmanship)은 중세 기사도 정신에서 기원해서 시민사회에 등장한 신흥계급이 지켜야 할 매너 혹은 에티켓, 즉 젠틀맨십으로 흡수되었다. 이는 대중적으로 보편적인 가치로 자리를 잡게 되었으며, 스포츠에서 지켜야 할 바람직한 정신 자세에 근거한 인간상으로 전환하게 되었다. 즉 스포츠 활동에서 스포츠맨십이란 상대를 존중하고 규칙을 지키며 정정당당하게 플레이하고, 경기 외적인 상태에서는 상대를 존중하는 태도를 의미한다. 반면에 학교 교육에서 스포츠맨십은 단지 경기 기술의 성과를 넘어, 스포츠를 통해 격식과 품위를 지키는 행동을 배우는 효과적인 과정으로 받아들여졌다.

스포츠맨십의 단어는 19세기에 등장하였지만, 그 내용은 고대 그리스까지 올라간다. 고대 그리스의 올림픽 경기는 신에 대한 종교적 의식과 함께 그리스인의 단합을 위한 행사였다. 올림픽 참가자들이 자신이 가지고 있는 능력을 최대한으로 발휘하고자 하는 것은 초기 스포츠맨십의 형태로 볼 수 있다. 이는 자신의 정신적 신체적 능력의 발휘는 탁월성, 즉 아레테(Arete)로 설명한 플라톤이나 아리스토텔레스의 주장에서도 잘 알 수 있다. 비록 로마 시대의 전차 경주와 검투사의 경기에서 공정한 경쟁보다는 콜로세움에서 보여준 오락성이 강했지만, 경쟁이 참여한 전사들의 용기와 자기희생의 태도는 거기에 참여한 관객의 태도를 변화시켰다. 이러한 태도는 관중들에게 영향을 미친 스포츠맨십의 일면이다.

중세 시대의 스포츠맨십은 페어플레이에서 언급한 기사도와도 연결된다. 그 당시 귀족 스포츠에서 1:1의 토너먼트 경기와 사냥은 상대 존중과 공정성을 강조하였다. 근대에 들어와 학교 교육에서 스포츠는 학생들의 리더십, 팀워크, 책임감을 강조하는 수단으로 인식되었다. 즉 정정당당하게 게임에 임하는 것이 젠틀맨의 정신이라고 생각하였다. 특히 이 시기에는 등장한 아마추어리즘(Amateurism)은 스포츠가 금전적 목적과 관계없이 스포츠 그 자체의 가치를 주장하기 위한 수단으로 스포츠맨십의 정신을 강조하였다. 이러한 관점들이 올림픽 운동에 적용됨으로써 오늘날 스포츠맨십이 스포츠에서 보편적인 윤리적 덕목으로 자리 잡게 되었다. 오늘날 프로 스포츠가 대중화됨으로서 개인적인 승리와 이익이 강조됨에도 불구하고 여전히 스포츠맨십은 핵심적인 가치로 인정받고 있다. 스포츠맨십은 경기장의 영역에서 규칙을 넘어, 일상의 삶에서 상호존중, 공정성, 책임감 등을 지키는 윤리적 덕목으로 확대되고 있다.

그렇다면 오늘날 제도화된 규칙의 경쟁에서 구체적인 스포츠맨십을 구성하는 요소는 무엇인가? 아배드(Abad, 2010)에 따르면 그는 공정성(fairness), 공평성(equity), 좋은 태도(good form), 승리를 위한 의지(the will to win)로 설명한다. 각자는 그 자체로 가치를 가진다. 그러나 공정성, 공평성, 좋은 태도와 승리를 위한 의지는 서로 배치된다. 따라서 그는 스포츠맨십이라는 것은 네 가지 요소를 잘 조화롭게 균형을 맞추어야 할 것을 주장한다. 문제는 우승을 위한 강한 의지가 근본적인 공정성과 공평성에 방해가 될 수 있기 때문에 이것을 잘 조절해야 한다. 그러나 스포츠맨십이 경기 규칙 준수를 넘어 타인을 배려하고 존중해야 하는 도덕적 행동 양식임에도 불구하고, 우리가 스포츠맨십을 지켜야 한다는 것과 우리 자신이 스포츠맨십을 실천하는 것은 다를 수밖에 없다.

3. 굿 게임(Good Game)

게임이나 e스포츠에서는 페어플레이와 스포츠맨십과 같은 유사한 단어가 존재한다. 게임 종료 후 플레이어가 서로 인사를 나누는 인사말에서 유래한 굿 게임(Good Game, 이하 GG)이다. e스포츠에서 GG라는 표현은 스포츠와 마찬가지로 경기 후 악수를 할 때 상대에게 표현함으로써 좋은 경기를 했다는 상대방을 인정하는 스포츠맨십의 행위이다. GG는 실시간 전략 게임인 스타크래프트에서 경기를 시작하기 전에 인사말 문화에서 시작하였다. 스타크래프트에서 GG는 일종의 '매너 플레이(Manner Play)'로 인식되었기 때문에 게임이 종료될 때 반드시 남기는 예의로 정착되였다. 그 이후 유사한 전략 게임, AOS 게임 등으로도 전파되었다. 게임 과정에서 패배한 플레이어가 먼저 GG를 언급하는 경우는 게임을 포기한다는 의미로 사용하였다. 패배한 플레이어가 대화창에 '굿겜, ㅈㅈ, gg'라고 입력하면 상대도 같이 답을 하는 것이 에티켓이다. 또한 e스포츠와 같은 경쟁적인 게임에서 자주 사용되어 경기가 끝난 후 상대방에게 경의를 표하거나 감사의 의미로 사용한다. 따라서 GG의 행위는 경기 후 승패와 관계없이 정정당당한 플레이에 대한 상대의 존중과 스포츠맨십을 나타내는 상징적인 표현이다(게임사전, 2016: 594－596). 이처럼 e스포츠에서 페어플레이와 스포츠맨십을 결합한 언어적 몸짓이 GG인 것이며, 이는 디지털 시대 언어로 표현되는 상대 존중의 행위이다. 물론 경기의 불공정, 기술적 문제, 팀원 간의 불협화음이 있을 때 배드 게임(Bad Game)도 존재한다.

출처: e스포츠 무대의 감동적인 순간을 회화적으로 재현한 창작 이미지
(AI로 제작된 일러스트)

전통적인 스포츠에서 경기 후 악수를 나누는 것처럼, e스포츠에서는 경기가 끝난 후 채팅으로 GG를 주고받음으로써 상대방에게 인사를 대신한다. 이는 비록 신체적으로 접촉할 수 없는 온라인 환경에서 행해지는 윤리적 행위이다. 굿 게임과 관련하여 'gl, glhf, ggwp, gg'의 유사한 단어도 존재한다. gl(good luck), glhf(good luck have fun)는 경기 시작 전에 채팅으로 자신과 당신이 서로 재미있게 게임을 하자는 인사말이다. 한국어로는 "행운을 빌고, 재미있게 해 보자"라는 상호 간 게임 내 에티켓을 지키고 매너 있는 게임을 하자는 언어로 된 몸동작(gesture)이다. 경기가 끝난 후 ggwp(good game well played)와 gg(good game)는 상대와 재미있게 경기를 즐겼다는 것으로 표현한다. 여기에는 자신의 동료에 대한 인사의 의미도 포함된다. 반면에 카운트 스트라이커에서는 전반전이 끝날 때 gh(good half)로 함으로써 경기 결과에 관계없이 전반전의 끝을 인정하고 선수들 간의 스포츠맨십이나 동료애를 보여준다.

e스포츠 굿 게임의 가장 중요한 윤리적 의미는 치열한 경쟁에 참

여한 상대방의 인정과 감사의 표현을 갖는다. 경기 후 승리나 패배와 상관없이 경쟁의 본질적인 즐거움을 가졌다는 다른 표현이다. 이는 상대 존중의 의미를 넘어, 팀원들 간에도 적용이 가능하다. 경기를 진행에 협력한 팀원들에게도 감사와 격려는 당연하다. 이는 스포츠맨십의 형태와 다르지 않다. 이러한 표현은 승리자에게는 겸손의 태도이며, 패배자에게는 승리에 대한 존중의 의미를 갖는다. e스포츠 경기에서 상대방의 전략과 전술 등 뛰어난 경기력에는 잘 싸웠다는 다양한 언어적 표현은 상대 존중의 최소한의 표현이다. GG는 프로 e스포츠 경기만의 영역은 아니다. 온라인 환경에서 보이지 않는 상대방에게 GG라는 행위 그 자체는 상대방 비매너의 행동과 감정을 억제하는 윤리적 행동을 촉발시킨다. 따라서 GG는 스포츠맨십의 중요한 요소로, 온라인 환경에서도 상호 존중과 공정한 경쟁을 촉진하는 긍정적인 문화적 관습으로 인정하고 발전시켜야 한다.

게임 디자이너인 버나드 드 코벤(Bernard De Koven, 2013)은 디지털 게임의 상호작용에서 게임에서 잘 놀게 됨으로서 배울 것이 많다고 지적하였다. 왜냐하면 인간은 함께 놀이를 함으로써 그래픽 기술을 넘어 함께 사회적 행동을 배울 수 있는 기회를 가질 수 있기 때문이다. 그는 게임 작동에 대한 플레이어의 윤리적 태도에 대한 의견을 '잘 노는 게임(well-played game)'으로 설명한다. 그는 잘 노는 게임이 일상에서 잘 사는 삶도 밀접한 관계를 갖는다고 하였다. 이를 위해 플레이어는 경기에서 서로 축하할 때 선수들의 탁월성이 발휘할 수 있고, 그것을 통해 자신의 경험이 서로 공유가 가능하다고 지적한다. 그는 '잘 노는 게임'이란 놀이와 경쟁이 결합된 심오한 통찰을 제공한다고 하였다. 따라서 게임의 참여자들이 승리보다는 재미있는 즐거움에 더 가치를 두어야 한다. 또한 참여자의 경험과 상호작용이 중요하기 때문에 지켜야 할 게임 규칙은 참여자의 필요에 따라 변경 가능해야 한다. 즐거움을 위해서라도 게임 방식과 새로운 규칙은 추가 수정 가능해야 한다. 이를 통해 개인의 경쟁 경험보다는 모두가 재미를 느껴야 하고, 경기 참여자는 자유롭게 창의성을 발휘하고, 자발적인 몰입의 경험을 확대해야 한다. 잘 노는 게임은 게임을 하나의 고정된 틀로 한정하지 않고, 게임 참여자들이 함께 조율해 나가며 즐거움을 만들어 가는 놀이이다. 이러한 관점은 윤리 태도 이전에 게임을 접근하는 플레이어의 철학이 필요함을 주장한다. 놀이에는 옳고 그름의 윤리적 개입은 상대적으로 약하기 때문에 놀이 윤리는 자신의 상상력 발휘와 연결될 수 있음을 보여준다. 이와 관련해서는 다음 장에서 구체적으로 설명하고자 한다.

CHAPTER 6

디지털 놀이 윤리

1. 놀이와 마법의 원(magic circle)

놀이에서 윤리적 의미를 부여한다면, 어떤 내용으로 설명할 수 있는가? 주어진 규칙이나 경쟁 하에서 일어나는 행위에 대해서는 쉽게 옳고 틀림의 윤리적 문제를 제기할 수 있다. 그러나 자발적인 참여라는 특징을 갖는 놀이에 윤리적 잣대로 설명하기는 힘들다. 우리는 암묵적으로 윤리와 관련하여 생각할 때 추상적인 가치나 이상적인 규칙을 생각한다. 하지만 옳고 틀림이라는 이분적인 관점이 결여된 놀이 그 자체를 생각해 본다면, 옳고 그름과 좋고 나쁨의 윤리적 관점이 개입되기 힘들다. 그럼에도 불구하고 놀이가 특정한 공간과 시간에 일어나는 행위라는 점에서 윤리적 문제와는 근본적으로 분리할 수 없다.

놀이와 관련된 윤리적 인식의 어려움은 호이징가(Huizinga)의 지적에도 보인다. 그는 저서 『호모 루덴스(Home Ludens)』에서 놀이가 무언가를 의미한다고 할 때 놀이를 본능에서 나온다고 한다면, 그것은 아무것도 설명하지 못한다고 하였다. 반면에 놀이를 의지나 의도로 말한다면 너무 많이 말하는 것으로 설명하였다(이종인 역, 2010: 30). 즉 놀이가 본능이나 이성이 서로 개입된 행위라는 점에서 특정한 활동이라고 말하기 힘들다는 것이다. 놀이의 본질을 이분법적인 관점에서 본능이나 의지로 설명할 수 없다는 것은 놀이가 벌어지는 현상을 합리성의 근거로 판단하기에 어렵다는 사실을 잘 보여준다. 따라서 놀이 그 자체에는 여기에 옳고 틀리는 윤리적 문제가 개입될 여지가 부족하다. 많은 사람들이 놀이를 생명 에너지의 발산, 긴장의 해소, 성인이 되었을 때 진지한 작업을 준비하고 경험하는 것, 남을 지배하고 경쟁하려는 욕망, 충동의 발산, 소모된 에너지의 회복 및 소망 충족 등으로 해석한다. 호이징가에 따르면 이러한 해석은 놀이가 무언가를 위한 수단이거나 생물학적 목적을 갖고 있음을 보여준다(이종인 역, 2011: 30-31).

이러한 놀이의 특징은 놀이 그 자체의 관심보다는 놀이가 어떤 것을 위한 수단이나 목적을 갖는 것으로 설명한다. 중요한 사실은 놀이는 놀이 그 자체에 참여함으로서 얻게 되는 것이지, 특정한 목적을 위한 수단으로서의 놀이는 진정한 의미의 놀이라 할 수 없다는 호이징가의 주장이다. 따라서 놀이가 작동하는 현실은 인간 생활의 영역을 넘어서기 때문에 합리성에서 그 기반을 찾는 것은 원래부터 무리가 따른다(이종인 역, 2011: 33). 윤리가 이성적 판단에 근거한 현실에서 지켜야 할 도덕적 삶이나 태도라면, 놀이의 윤리적 의미 파악은 원래부터 관계를 맺기 힘들다.

저자는 놀이와 관련된 윤리 문제가 어떤 수단이나 목적에 이용되는 것이 아니라고 할지라도 호이징가가 언급한 놀아지는(played out) 상황에서 일어나는 윤리적 의미는 검토가 가능하다고 생각한다. 예컨대 1999년 미국에서 일어난 총기 사건을 보자. 에릭 해리스(Eric Harris)와

딜런 클리볼드(Dylan Klebold)는 총기로 학생 12명과 교사 1명을 살인하였고, 총 21명의 상해를 입혔다. 전문가들은 그들이 FPS 게임인 둠(Doom)을 즐겼고, 둠의 캐릭터를 흉내 내는 비디오를 찍음으로서 비윤리적 행위가 총격의 원인이라고 하였다. 이러한 관점은 이성적 판단으로 본다면, 총 게임이 윤리적으로 옳지 않다는 것을 전제로 한다. 사실이 사건의 원인은 집단 따돌림에서 출발하였고, 그 게임은 그 분노를 해소하는 일종의 분출구로 역할을 하였다는 사실이다. 그 게임이 직접적인 원인이 아니라는 것이다. 일반적으로 윤리가 이상적인 삶이나 합리적인 행위 제시와 인간이 지켜야 할 규범이나 규칙으로 생각한다면, 그들의 행위는 비윤리적 행위로 도덕적으로 비난받을 수 있다.

하지만 게임에 몰입하여 놀아지는 상황이 게임중독으로 이어지게 되었고, 그것이 총기 사건으로 발생하였다고 직접적으로 연결 지을 수 없다. 윤리적 행위의 판단은 결과물에 대한 행동 가치에 한정하여 설명할 수 없기 때문이다. 윤리적 행위는 주위 환경과의 관계 속에서 축적된 경험과 밀접한 관계를 갖기 때문에 윤리적 문제는 그 행위와 관련된 환경과 문화의 경험적 배경을 이해해야 한다. 물론 자신의 게임 경험도 일정 부분 영향력을 미칠 수 있지만, 그것이 결정적인 요소는 아니라는 사실이다. 그들의 총기 사건은 윤리적 태도나 삶에 대한 인식 부족에서 발생한 것으로 파악해야 한다.

김겸섭(2018)에 따르면 윤리적 삶은 다양한 인간의 경험 차이를 인정하고, 상상력에 만들어진 세계를 창조하는 힘으로 이해한다. 그는 윤리를 인간이 지켜야 할 규범이나 규칙 제시에 따라야 하는 것보다 인간이 살아가는 데 상상력이 개입되어 더 나은 사회를 만드는 원동력으로 생각하였다. 진정한 놀이의 윤리는 '행동을 해야 한다'와 '하지 말아야 한다' 하기보다는 놀이 그 자체의 경험에서 나오는 힘으로 파악하였다. 형식적 활동인 놀이가 어떻게 인간의 욕망과 열정을 이끌어내는지 확인하고 이로써 놀이가 인간의 윤리적 성장에 기여할 수 있는 장치임을 확인하는 과정으로 파악해야 한다. 놀이를 통한 즐거움과 재미를 느끼는 주체의 탄생이 곧 인간의 자발적인 윤리적 주체로의 이행을 예감케 하는 지점이다(오승현, 2018: 132).

위니캇(D. W. Winnicott)은 『놀이와 현실』에서 아이들의 놀이 움직임에 따라 인식하여 아는 상황과 인지하지 못하는 사이에 있는 중간 영역의 놀이 경험을 서술하였다. 이를 위해 그는 중간 대상과 중간 현상이라는 개념을 제시한다(이재훈 역, 1997, 14-15). 인간의 경험 부분은 인간의 내부 세계와 외부 세계의 사이 중간 지대에서 일어난다. 내부 세계란 세계에서 살아가는 주체로 주관적인 것이며, 외부 세계란 경험적 현실로서의 세계이다. 인간의 실존은 내부 세계와 외부 세계의 성공적인 연결을 통해 가능하다. 그런데 위니캇에 따르면 유아들은 내부 세계와 외부 세계에 놓인 이 긴장의 간극을 성공적으로 연결하기 위해 일종의 놀이를 선택한다. 놀이는 순간적인 목적을 통해 현실에서 불안전한 감정에서 벗어나서 무언가를 만들어 가는 실존 행위의 양식이다(곽영근, 2015: 43). 유아들은 놀이를 통해 창조적 활동과 자기 탐색의 특징으로 내부 세계와 내부 세계를 연결하고자 노력한다(이재훈 역, 1997). 자발적이고 창조적 자기 탐색인 놀이 활동은 동서고금 어디에서나 삶의 열정과 공동체적 가치를 확인하여, 더 나아가 더 나은 사회와 문화를 만드는 상상의 기반이 된다(오승현, 2018: 149). 따라서 놀이라는 중간 영역에서 옳고 그름의 윤리적 문제와 관련된 논의는 상대적으로 찾기 힘들다.

놀이의 창조적 활동과 자기 탐색은 현실에서 자신의 자유로움에서 기초한다. 하지만 그 자유로움이 규범의 부재를 의미하는 것은 아니다. 우리는 놀이 공간에 참여하는 순간에 규정된 규칙과 질서 지워진 세계에 참여한다. 물론 그 규칙은 특정 권위에서 나오는 것이기보다는 놀이 그 자체에서 나온다. 어떤 권위에 종속된 것이 아니라, 자기 구속의 욕구에 따른 자신의 자유를 통한 자유를 향유하고자 한다. 이는 볼츠(Bolz)가 언급한 놀이하는 인간이 놀이에 집중할 때 그는 그 자신에게 적용된 시간의 의미조차 망각한다. 그러나 바로 이를 통해 그는 자신의 행위에만 지배를 받는 자유를 경험하게 된다(윤종석, 나유진, 이진 역, 2017).

디지털 시대에 태어난 세대는 컴퓨터나 모바일인 디지털 도구로 놀이와 게임에 자발적으로 참여한다. 이 상황에서 인간들은 경쟁에서 이기고 싶은 강력한 욕망에도 불구하고 게임의 규칙을 준수하고자 한다(오승현, 2018: 152). e스포츠에 참여하는 플레이어도 자신의 자발적인 참여라는 사실 안에 주어진 규칙을 준수한다는 것이 포함된다. 호이징가의 표현을 빌리면, “놀이 그 자체는 선과 악을 초월하지만, 놀이에 내재된 긴장의 요소는 놀이하는 사람의 심성 즉 용기, 지구력, 총명함, 정신력, 공정함 등을 시험하는 수단이 되므로 특정한 윤리적 가치를 부여”한다(이종인 역, 2011: 47).

호이징가는 놀이의 특징을 5가지로 설명한다. 첫째, 놀이는 자발적으로 참여한다. 둘째, 놀이는 일상생활과 다른 것이다. 셋째, 놀이는 고정된 시간과 한정된 공간에서 시작한다. 넷째, 질서를 포함한 잘 만들어진 놀이 형태는 미학을 만들어낸다. 다섯째, 놀이의 내재된 긴장의 요소는 그들의 용기, 지구력, 정신력을 시험하게 되므로 게임의 규칙을 만들어내고 거기에 윤리적 가치를 갖게 된다. 외형적으로 윤리의 관점은 다섯째와 연관된다. 호이징가는 고등 형태의 놀이를 경쟁 혹은 재현의 두 가지 기본적 양상으로 설명한다. 첫째, 무언가를 얻기 위한 경쟁이고, 둘째 어떤 것의 재현이다. 놀이가 게임이 되기 위해서는 경쟁이 재현되고 어떤 것을 잘 재현하기 위해서는 경쟁이 개입된다(이종인 역, 2011: 52). 놀이가 경쟁의 속성을 갖고 있다는 사실에서 경쟁의 재현이 이루어지는 것이 자연스러운 현상이다. 그렇게 하는 것이 일상적 세상에 안정, 질서, 공동체의 결속을 강화한다고 하였다(이종인 역, 2011, 54). 여기에서 공정하고 올바른 행동을 위한 윤리적 태도가 개입된다. 놀이를 넘어 경쟁하는 이유는 남들보다 뛰어나고 싶은 욕망과 그로 인해 얻어지는 명예나 승리의 대가에 있다. 승리는 놀이의 목표이며 그로부터 얻게 되는 뛰어남의 증거로서의 명예는 남들로부터 인정을 받는 고대 그리스 시대의 미덕과 같은 의미를 갖는다(곽영근, 2015: 37).

놀이에는 즐기고 노는 의미 이외에도 경쟁이라는 요소를 강조할 때는 스포츠에서 보여준 탁월성이 개입된다. 하지만 호이징가의 놀이 정의에서 보여주듯이 일상생활과 다른 놀이는 현실에서의 억눌림, 불안, 욕망을 가상세계에서 분출할 수 있는 기회를 제공한다. 한정된 공간과 시간 안에서 타인의 세계를 경험한다. 그 속에서 우리는 윤리적 태도를 배울 수 있다는 것이다. 따라서 윤리는 놀이의 관계에서 나오는 것이 아니라, 자유롭게 놀고 상상력이 발휘되는 상황 속에서 만들어지는 것으로 인식해야 한다. 놀이에서 출발한 경쟁의 본질이 인간의 생리적 심리적 조건에서 시작하였기 때문에 자신이 갖고 있는 상상력의 능력 발휘는 윤리적 문제 해결의 중요한 요소이다.

놀이가 하나의 질서를 창조하고, 그 다음에 질서가 스스로 만들어 간다. 놀이 그 자체가 절대적 질서의 요구는 아름다움, 즉 미학으로 이해가 가능하다. 왜냐하면 질서 지어진 관계의 놀이에는 안정된 자세,

균형, 대비, 변화, 해결, 해소의 과정에서 그 과정을 보는 사람으로 하여금 황홀하고 매혹을 느끼기 때문이다(이종인 역, 2010: 46-47). 고대에서 아름다움은 일정한 품격을 가지는 윤리적 의미와 유사하다. 왜냐하면 아름다운 것은 보기가 좋은 것이고, 보기가 좋은 것은 그 사람의 품격이나 태도를 인정하는 것으로 사용되기 때문이다. 놀이에서 보이는 자유로운 참가와 규칙의 준수는 윤리적 문제와 연결된다. 하지만 놀이의 가치중립적 개념과 옳음 및 다름의 윤리적 타당성과의 관계를 어떻게 설정해야 하는가는 또 다른 놀이의 윤리적 쟁점을 만들어낸다.

우리가 만든 디지털 놀이 그 자체는 우리로 하여금 놀이에 참여하기를 요구하고, 젊은 세대를 포함하여 우리는 그것에 맞추어 그 놀이에 참여한다. 이러한 관계는 디지털 기기가 주는 어포던스(affordance)의 윤리적 행동의 의미를 파악하기를 요구한다. 디지털 기기의 작동에 대응하여 인간의 행동이 이루어진다는 측면에서 예컨대 디지털 공간에서 인간으로 하여금 특정한 행동을 유도하는 그래픽, 영상, 사운드와 그것에 반응하여 일어나는 인간의 행동가능성 사이에 일어나는 윤리적 행동 양상에 대한 이해가 필요하다.

놀이가 이루어지는 장소는 한정된 현실 공간이다. 예컨대 권투장, 테니스장, 야구장 등도 한정된 공간이다. 그러나 이 모든 공간은 우리가 놀기 위해 인간의 상상력에 의해 만들어진 공간이라는 것이다. 특히 오늘날 e스포츠는 한정된 공간이지만 가상세계의 공간이라는 점에서 다르다. 하지만 가상의 공간은 인간의 잠재능력인 상상력에 의해 만들어진 공간이라는 점에서 현실의 공간과 크게 다르지 않다. 이러한 공간을 설명하기 위해 많은 사람들은 호이징가가 언급한 '마법의 원(magic circle)'의 단어를 차용한다. 게임학자인 케이티 세일런(Katie Salen)과 에

릭 짐머먼(Eric Zimmerman)은 마법의 원을 게임이 일어나는 물리적 공간으로 일상생활과 형식적으로 구분되고, 시간과 공간으로 정확히 규정된다고 하였다. 그리고 마법의 원 경계를 참여하는 것은 새로운 세계에 진입하고 이 세계의 게임 규칙은 권위를 가지고 그 속에서 일어나는 행위와 대상이 새로운 의미를 획득한다(윤형섭, 권용만 역, 2010: 206–207). 문제는 우리가 가상의 공간에서 참여한 놀이하는 플레이어의 도덕적 행동은 어떻게 인식해야 하는가이다. 예컨대 가상세계에서 잔혹한 폭력성의 행위가 마법의 원에서만 작동되어야 하지만, 그 경계를 넘어 일상에서도 도덕적 문제를 야기한다는 점이다. 반대로 그 폭력성은 마법의 원에서 인정되고 지켜야 할 도덕이지 일상생활에까지 적용한다는 것은 무리가 있다는 견해도 존재한다. 따라서 놀이를 위해 구획된 공간은 일상생활의 영역과 구분되기 때문에 다른 윤리적 관점이 적용되어야 한다.

반면에 마법의 원이 일상과 연결된 확장된 공간으로 생각한다면, 마법의 공간에서 일어나는 윤리적 행위는 일상생활에서도 영향을 미친다는 것은 당연하다. 그렇다면 일상생활에서 올바른 윤리적 행위는 어떻게 가능한가? 이렇게 질문을 던지는 것은 마법의 원에서 행해진 비윤리적 행위가 현실에 그대로 반영되지 말아야 하는 의도가 깔려 있다. 이를 위해 플레이어는 가상세계의 움직임이 현실세계와 다름을 의도적으로 인식해야 한다고 주장한다. 윤리적 행위와 관련하여 자신의 의지적 행위는 중요한 요소임에도 불구하고 이와 관련된 놀이 윤리의 논의는 부족하다.

2. e스포츠 놀이의 윤리

e스포츠를 하나의 놀이로 보는 관점은 초기 e스포츠 등장에서 잘 보여준다. e스포츠 태동기에서 윌리엄 히긴보텀(William Higinbotham, 1910–1994)이 만든 최초의 전자 게임인 테니스 포 투(Tennis for Tow)도 자신이 일하고 있는 연구소 개방 행사에 참여한 방문객을 위해 만들었다. 그는 연구소를 방문한 사람들에게 첨단 기술이 즐거움을 주기 위한 놀이 도구가 될 수 있음을 보여주고 하였다. 그리고 경쟁과 규칙이 개입되어 상품을 놓고 경쟁한 형태는 1972년 스탠퍼드 대학에서 이루어진 스페이스워(Spacewar) 경기였다. 이 게임의 기반은 그 당시 가장 뛰어난 컴퓨터(Programmed Data Processor, PDP)를 기반으로 만들어졌다. 이 게임을 만든 스티브 러셀(Steve Russell)과 그의 동료들은 컴퓨터 기기를 자유롭게 다루고 즐기는 수단으로 생각하였다. 이를 기반으로 디지털 기술의 발달은 아케이드 게임과 인터넷 기반의 다양한 PC 게임이 탄생하였다. 이와 같이 e스포츠 탄생의 전제는 인간의 자유스러운 놀이 행위가 개입되었다는 사실이다. 디지털 기술을 탄생시키고 그것을 주도적으로 즐기고 재미를 느끼기 위한 자발적인 참여가 있었기 때문에 오늘날 e스포츠라는 장르가 탄생하였다(이상호, 2024a: 57–59).

e스포츠는 어느 날 하늘에서 떨어진 것이 아니라, 인간이 놀이라는 상상력의 발휘가 e스포츠를 만들었다고 생각한다. 전 세계에 e스포츠라는 장르를 알기게 된 2004년 일명 '광안리 대첩'을 예측한 사람은 없다. 자신이 좋아하는 게임을 현실에서 참여해서 보기 위해 자발적 참여의 결과가 e스포츠를 전 세계에 알리게 되었고, 이를 통해 한국은 e스포츠 종주국으로 인정받고 있다.[1)]

우리는 놀이가 자발적인 행위와 무목적성의 행위임을 공통으로 인정한다면, e스포츠도 일상적인 생활을 벗어난 디지털에 의해 만들어진 가상공간에 대한 자발적인 놀이 참여의 행위로 인정해야 한다. 놀이가 특정한 시간과 공간인 마법의 원에서 작동한다는 점을 고려한다면, 이는 e스포츠가 일어나는 공간과 차이는 없다. 외형적으로 보면 현실과 가상세계에서 일어난다는 점에서 다를 뿐이다. 문제는 오늘날의 일상생활에서 현실세계와 가상세계를 엄밀하게 구분할 수 없다는 사실이다. 메타버스의 세계가 우리의 일상생활과 분리되지 않는 것과 같다.

놀이가 현실 공간에서 상상의 영역을 만들어내는 형태라면, e스포츠는 디지털 기술을 기반으로 디자이너가 구현한 가상세계라는 점에서 차이가 있다. 그러나 e스포츠의 디지털 가상공간은 놀이처럼 현실을 벗어나 새로운 놀이 공간을 형성하고 그 안에서 자신의 욕망을 추구한다는 점에서 유사하다. 결국 e스포츠는 자발적 행위와 무목적성이라는 놀이의 본질적 특성을 일정 부분 공유하고 있음을 알 수 있다(이상호, 2024a: 117). e스포츠 놀이의 특징은 앞에서 언급한 초기 e스포츠는 경쟁이 아닌 즐거움과 컴퓨터가 즐거움과 재미를 위한 상상력에 출발한 것에 잘 알 수 있다. 오늘날 대중적인 e스포츠의 하나인 리그 오브 레전드도 기존 워크래프트의 유즈맵(Usemap) 확장에서 나왔다. 즉 개발자의 상상력이 개입되어 만들어진 것이다. e스포츠 놀이의 관점은 지금 e스포츠가 보여주는 상업성과 투자사의 소유권의 주장과는 관계가 없음을 보여준다. e스포츠의 등장에 따른 대중의 관심에 상업적인 경제적인 관점이 개입됨으로써 프로 e스포츠 선수의 등장, 게임 투자자의 수익, 이해관계자의 법적인 문제 등이 등장하였다.

1) 한국에서 자발적인 참여에 따른 e스포츠 등장과 성장 과정과 관련해서 이상호(2024b)를 참조.

e스포츠 놀이의 관점에서 본다면, e스포츠의 본질은 자유로움과 자발성의 특징을 한다. 자유롭고 자발적인 활동이 상대의 자유를 침해하거나 해를 끼치지 않는다면, e스포츠 놀이 그 자체는 긍정적으로 바라볼 수 있다. 롤 월드컵과 오버워치 월드컵과 같은 메카 e스포츠 경기를 제외하고 일반적으로 우리가 즐기기 위해 e스포츠에 참가한다고 생각해 보자. e스포츠는 자신이 자발적으로 캐릭터를 선정하고 자신의 능력을 발휘하여 즉각적으로 그 결과를 확인한다. 이러한 능동적인 놀이 참여의 경험 자신의 도덕적 판단에 영향을 준다. 이러한 경험이 자신에게 축적되어 도덕적 행위의 기준 판단으로 작동한다.

경기에 참여한다는 것 자체가 주어진 규칙을 준수하겠다는 약속이기 때문에 비윤리적 행위는 도덕적으로 비난받는다. 디지털 특성상 e스포츠의 공정성은 다른 스포츠 종목보다 형식상으로 강조된다. 긍정적인 측면으로 e스포츠 단체 경기는 서로를 이해하고 다양한 사회적 역할을 경험하게 한다. 이를 통해 플레이어는 도덕적 감수성을 키울 수 있다. 놀이를 할 때 우리는 일상적인 의무와 규범을 생각하지 않고, 자유롭게 상상력과 창의력을 발휘한다. 놀이의 방식과 관련하여 e스포츠에서 자신의 자율성을 높이고, 협력과 소통을 촉진하는 기회를 만든다는 점에서 e스포츠 놀이의 윤리적 가치를 가진다. 물론 e스포츠가 보여준 부정적인 요소들, 즉 폭력성, 지나친 상업성, 선수들의 건강권 침해, 학습권의 부족 등은 e스포츠가 해결해야 할 문제로 접근해야 한다.

e스포츠 놀이의 윤리적 요소에는 공정성이 담보되어 있다. 놀이가 공정하게 이루어지지 않으면 참가자들은 불만을 느끼고 놀이의 목적 자체가 훼손될 수 있기 때문이다. e스포츠는 누구나 참여가 가능한 동등한 기회를 보장하며, e스포츠 놀이에 참여한다는 사실은 규정된 규칙

을 받아들이는 태도를 전제로 한다. 경기에서 부정행위나 속임수는 e스포츠의 목적을 왜곡하게 된다. 이는 타인에 대한 존중의 윤리적 태도가 아니다. 팀 활동이나 협력적인 게임에서 타인에 대한 존중과 배려 자체가 놀이의 원활한 진행과 참가자들 간의 관계를 긍정적으로 유지한다.

e스포츠 놀이에서 자율성은 중요한 요소이다. e스포츠 놀이의 자발적 참여는 자신의 행동과 책임과 연결된다. 따라서 경기 진행 과정에서 자신의 기분에 따라 경기를 포기하거나 중단하는 행위로 타인에게 미치는 행위에 대해서는 책임을 져야 한다. e스포츠 놀이의 규칙 그 자체가 게임의 구조를 유지하고, 공정성 보장의 역할을 한다. 규칙을 준수하지 않으면 놀이의 목적과 흐름을 진행할 수 없으며, 이는 게임에 참여하는 다른 사람에게도 적용된다. 따라서 e스포츠 놀이는 경쟁적인 요소와 협력적인 요소를 모두 포함한다. 상대와의 경쟁은 자신이 갖고 있는 기술이나 능력을 최대한 발휘해야 한다. 그리고 팀 경기에서 승리는 플레이어 간의 팀워크와 협력은 전제조건이다. 이 과정에서 서로 신뢰하고 자신의 책임과 역할에 충실해야 한다.

e스포츠 놀이에서 중요한 윤리적 요소는 타인에게 해를 끼치지 않는 것이다. 어떤 형태의 놀이든지 참가자나 관찰자에게 물리적, 정신적 해악을 초래하는 행위는 윤리적으로 부정적인 평가를 받는다. 예컨대 과도한 경쟁으로 인한 폭력, 괴롭힘 또는 놀림은 놀이의 윤리적 기준에 맞지 않는 행동이다. 또 다른 e스포츠 놀이의 윤리적 요소로는 포용성과 접근성의 경험이다. e스포츠 놀이는 모두에게 개방적으로 접근이 가능하다. e스포츠는 인종, 성별, 나이, 국가 등의 차별이 없다. 따라서 특정 개인이나 집단을 배제하거나 차별하는 e스포츠 놀이 형태는 윤리적으로 비판받을 수밖에 없다.

요약하면 e스포츠 놀이에서 윤리적 구성 요소는 공정성, 정직성, 타인에 대한 존중과 같은 덕목을 포함하여, 자율성, 책임, 규칙 준수와 같은 행동적 측면을 포함해야 한다. 또한 놀이가 가져오는 즐거움과 자발성, 그리고 타인에게 해를 끼치지 않도록 하는 해악 방지 역시 중요한 윤리적 요소이다. 이러한 요소들이 잘 지켜질 때 e스포츠의 놀이 윤리가 게임의 영역을 넘어, 일상적인 삶에서도 영향을 줄 수 있는 도덕적으로도 가치 있는 활동이 될 수 있다. 물론 e스포츠가 놀이의 수준을 넘어, 경쟁이 목적이 된다면, 그 윤리적 전개는 다르게 전개 된다. 승리를 위한 인간의 욕망이 강하면 강할수록 스포츠에서 보여주듯이 윤리적 문제가 대두되기 때문이다. 경쟁을 전제로 나타나는 e스포츠의 윤리적 논쟁은 3부에서 논의하고자 한다.

3. 가다머의 놀이 윤리

해석학자인 가다머(Gadamer, 1900−2002)는 단순한 텍스트의 내용을 해석하는 것이 아니라, 타인과 대화의 소통 방식을 해석학적 과정으로 파악하였다. 타인과의 소통과 대화를 통해 우리는 서로 다른 관점과 이해를 마주하게 되고, 이를 통해 자신의 이해(Understanding)를 심화시킨다고 하였다. 이러한 과정을 가다머는 해석학적 순환으로 설명한다. 무언가를 이해한다는 것은 고정된 것을 파악하는 것이 아니라, 자신의 경험과 세계관이 만나는 융합의 과정으로 접근하였고, 이 과정에서 상호 이해와 공동의 의미를 창출하게 된다.

해석학자인 가다머는 놀이 이론은 원래 해석학의 방법으로 이해와 관련하여 설명하는 과정에서 나왔다. 그에 따르면 해석은 문헌이나 대상의 완전한 객관적인 해석은 존재하지 않는다고 주장한다. 해석의 과정에는 자신의 관점이 일정 부분 개입되어 포함될 수밖에 없다. 즉 해석의 과정에는 개인의 선입견과 역사적 맥락이 필연적으로 개입된다고 주장하였다. 왜냐하면 인간은 자신의 경험과 역사적 배경을 바탕으로 세계를 해석하고 의미를 창출하는 존재이기 때문이다. 더 나아가 이해의 인식론적 관점은 주관과 객관을 구분하기보다는 주어진 환경에 주관이 개입되어 나타나는 것으로 설명한다. 가다머는 이러한 이해의 역할을 놀이의 개입 형태로 설명한다. 놀이는 노는 이들의 의식 이상이며, 주관적인 참여 활동의 이상이기 때문이다.

가다머는 예술과 언어 이해의 과정을 8가지 놀이의 속성으로 설명한다. 이는 e스포츠에도 적용이 가능하다. 첫째, 모든 놀이에는 시작이 있다. 이 말은 놀이가 하나의 목표를 달성하면 끝내는 것이 아니라, 끊임없는 반복을 통해 새롭게 놀이를 시작한다는 것이다(임홍배 역, 2012). 어떤 놀이든 시작이 있다. 하나의 사건이라는 측면에서 본다면, 어린아이의 놀이, 축구, 야구, 배구, e스포츠도 처음부터 놀이 자체에서 시작한다는 의미이다. 자신의 관심과 재미에 따라 앞에서 언급한 다양한 놀이 참여의 형태로 이루어지고, 이에 따라 다양한 종목이 만들어지게 된다. 둘째, 모든 놀이는 총체성의 측면을 갖는다고 주장한다. 가다머는 놀이는 주관적으로 인식되는 것을 넘어서는 것으로 “놀이는 놀이자가 그의 놀이 속에 자신을 잃어버릴 경우에만 그 목적을 충족한다”고 주장한다. 이는 놀이 형태가 객관적으로 존재하며, 우리가 거기에 참여하는 객관과 주관의 이분법적인 관점을 극복하려고 한다. 예컨대 우리가 경기를 경험할 때 경기 자체는 결코 객관적인 대상이 될 수 없다. 그곳에서 참여한 경기 경험은 이분법적으로 자신의 주관적인 입장과 경기라는 특정한 객관적 관점으로 나누어 경험할 수 없다는 것이다. 그 경기에는 참여와 몰입이 있을 뿐이다(신충식, 2016: 36). 중요한 사실은 놀이는 '놀아지는(played out)' 상황 그 자체가 중요하다. 예컨대 e스포츠의 가상세계에 참여하여 놀아지는 상황 그 자체가 문제가 있는 것은 아니다. 셋째, 놀이는 일상적인 이상의 세계이다. 놀이가 일상을 벗어나 공간과 규칙에 만들어진다는 점에서 일상적인 영역의 세계는 아니다. 이러한 영역은 호이징가가 언급한 마법의 원과 디지털 컴퓨팅으로 만들어진 가상세계에 참여와 다르지 않다. 넷째, 놀이는 어떠한 목적성을 배제한다. 하지만 그 속에는 자발적으로 자기훈련과 질서를 만들어 간다. 가다머는 개인적 주관으로 판단하기보다 놀이함의 의미를 강조한다. 그는 게임과 관련해서도 "게임의 원래 주체도 경기자가 아니라 게임 그 자체이다"로 설명한다(임홍배 역, 2012). 다섯째, 놀이과정에 참여하는 것은 필수적이다. 다른 사람과 같이 놀지 않더라도 놀이라는 것은 항상 다른 놀 것이 존재한다. 놀이에 연루된 모든 사람이 참여자임을 보여준다. 놀이에 참여가 제대로 이루어지면 텍스트, 관객, 행위자 등이 관여하게 되고 이를 통해 무언가가 이루어진다(신충식, 2016: 55-56). e스포츠는 디지털 행위성의 놀이라는 측면에서 본다면, 그 경기를 설계하기 위한 스토리의 텍스트화, 그 경기를 바라보는 관객, 그 경기에 참여한 행위자와 움직임 속에서 행위성이 개입된다. 여섯째, 놀이 자체는 자신의 표현이다. 자신이 어떤 게임을 하는지는 자신의 생각을 다른 사람에게 표현하는 수단이다. 다양한 e스포츠 장르에 참여하는 것은 자신이 그 경기를 다룰 수 있는 존재로 인식한다. 그 경기의 결과인 티어의 위치는 자신의 경기 역량에 대한 분석이지만, 자신의 권력의 또 다른 표현의 하나이다. 일곱째, 모든 놀이의 시간은 절대적인 동시성이 개입된다. e스포츠는 자신만의 결정으로 이루어지는 것인 동시에 상대방의 움직임이 개입된 상황에서 진행된다. 이는 e스포츠가 디지털 플랫폼 하에서 동시에 수많은 플레이어의 참여가 가능한 시간적 동시성의 의미를 갖는다.

마지막으로 자발적인 놀이 참여가 만들어내는 결과물은 아름다움과 연결된다. 아름다움이 보여주는 보기 좋은 것은 윤리적 인식에도 그대로 적용된다. 고대 그리스에서는 아름다움이 윤리와 같은 의미로 사용되었다. 자발적인 놀이의 아름다움이 수단이 되지 않은 것과 마찬가지로 옳음, 즉 선(善)도 그 자체로 존재한다. 좋음은 실질적으로 자발적인 윤리적 실천 행위가 수반될 때 드러나기 때문이다. 가다머의 아름다움과 선은 인지적 판단이 아니라, 얼마나 자신이 그 대상을 암묵적으로 잘 다룰 수 있느냐로 설명한다. 뛰어난 훌륭한 선수가 되는 것은 그 종목을 잘 아는 이론가이기보다는 능숙하게 그것을 잘 다룰 수 있는 사람이다.

물론 e스포츠가 놀이인가에 대해서는 다양한 관점에서의 설명은 가능하다. 결과적으로 가다머의 놀이 이론과 e스포츠 윤리와의 관계를 본다면, e스포츠 그 자체를 객관적인 대상으로 접근해서는 e스포츠 윤리의 본질을 파악할 수 없음을 보여준다. e스포츠는 인간의 자발적인 놀이의 행동이 디지털 환경과의 관계 속에서 자신이 참여함으로서 나타난 결과라는 사실이다. 오늘날 e스포츠가 산업화, 상업화, 프로화, 엔터테인먼트, 메카 스포츠로 관심을 받고 있음에도 불구하고, e스포츠가 순수한 놀이에서 출발하였다는 사실은 변함이 없다.

CHAPTER 7

행위성(Agency)의 윤리

1. 디지털과 상호작용성

디지털이란 사전적 의미로 "여러 자료를 유한한 자릿수의 숫자로 나타내는 방식"[1]이다. 연속된 값을 사용하는 아날로그에 반하여 특정한 최소 단위인 0, 1, 2, 3 따위와 같이 서로 단절되는 값인 수치를 이용하여 처리하는 방법을 말한다. 이 용어는 손가락을 뜻하는 라틴어 낱말 digit에서 나온 것으로, 숫자를 세는 데 쓰인다.[2] 또한 디지털은 컴퓨터 전류가 흐르거나 단절을 0과 1이라는 디지털 방식으로 컴퓨팅 기술에 의해 만들어진 것들을 언급하는 데도 사용된다. e스포츠 종목도 디지털 컴퓨팅의 작업으로 디자이너에 의해 만들어져 탄생하였다. 디자이너에 의해 만들어진 e스포츠는 화면을 통해 플레이어와 직접적인 상호작용과 관계, 즉 상호작용성이 일어난다.

상호작용성(interactivity)이란 상호행위나 행동에서 나타난 특정한

1) https://stdict.korean.go.kr/search/searchView.do(국립국어원표준 대사전)

2) https://ko.wikipedia.org/wiki/%EB%94%94%EC%A7%80%ED%84%B8

작용과 효과 등을 총체적으로 의미한다. 상호작용성은 상호작용(interaction)의 이해를 전제로 한다. 일반적으로 상호작용은 복수의 개체 간의 사이(inter)와 행동(action)의 합성어이다. 사이를 강조하면 중간의 매개적 행동으로 해석되고, 행동에 강조하면 공동 행동이나 상호행동을 의미한다. 즉 상호작용은 두 존재 간의 능동적인 개입을 통해 무언가 행동의 변화를 보여준다. 예컨대 하나의 주체가 주어진 대상이나 인물에 자극이나 영향을 주면, 그것이 다시 주체에게 영향을 준다. 이러한 주고받고 하는 과정 속에서 관계가 형성된다. 디지털 게임을 한다는 것은 플레이어가 디지털과 상호작용한다는 말이다. 즉 디자인된 게임 시스템 안에서 플레이어가 선택한 행동과 결과의 진행 상황이 시스템 전체에 영향을 준다는 것이다(윤형섭, 권용만 역, 2010: 126).

이는 e스포츠에서 잘 나타난다. e스포츠에 참여하는 것 자체가 디지털 기술 또는 기기와 인간 간의 상호작용이라는 의미가 내포되어 있다. 이러한 e스포츠의 상호작용 플레이어는 디자이너가 설정한 디지털 환경의 조건을 받아들인다. 플레이어는 디지털 입력 장치를 통해 자신의 아바타를 선택하고 놀이에 참여한다. 플레이어 움직임에 디지털 기기는 즉각적인 반응을 보여준다. 그리고 여기에 플레이어는 시각적 상황과 공간을 탐색하고 경기를 진행하기 위해 다른 사람들과 소통한다. 물론 개인적 경기나 단체적 경기에 따라 참여들 간의 상호소통의 방식은 다르게 전개된다. 또한 경기 진행의 과정에 참여한 플레이어의 경기 과정은 직접적으로 다른 동료에게 전달된다. 즉각적인 반응의 피드백 과정에서 e스포츠 플레이어는 즐거움을 느낀다. 게임 리터러시 학자인 자넷 머레이(Janet Murry)는 즉각적인 참여와 그 반응에 대한 즐거움의 모든 것을 경험하는 것을 행위성(agency)으로 표현한다. 그녀는 행위성이란 "참여자가 의미 있는 어떤 행동을 취할 수 있고, 또 자신이 내린 결정과 선택의 결과를 직접적으로 눈으로 확인할 수 있게 해주는 만족스러운 능력을 말한다"라고 주장했다(한용환, 변지연 역, 2001: 147). 디지털과 플레이어의 상호작용성은 가상세계의 항해에 참여한다. 그 상호작용성은 디자이너가 설계한 주어진 과제를 풀어나가는 과정에서 즐거움의 경험은 배가된다.

디지털 상호작용은 서로 연관되거나 상호 의존된 요소들이 갖추어진 시스템 안에서 작동한다. 시스템은 객체, 속성, 내부적 관계, 환경 네 가지 구성요소로 이루어진다(윤형섭, 권용만 역, 2010: 114).[3] 야구 시스템으로 예를 들어보자. 야구에서 선수, 코치, 감독, 심판 등은 경기를 진행하는 하나의 객체이다. 그들은 각각의 위치에 따른 역할을 하는 속성을 갖는다. 선수들은 9회까지 한 번씩의 공격으로 점수를 내기 위해 전술과 전략을 수행하는 내부적 관계를 시스템에 따라 야구 경기가 진행된다. 야구는 심판과 선수들의 능력 이외에도 관중과 홈 등 환경에 영향을 받는다.

반면에 e스포츠는 디지털 기술의 발전에 근거한 디지털 시스템에 플레이어가 참여한다는 점에서 현실세계의 영역에서 일어나는 스포츠와는 다르지만, 시스템의 관점에서 보면 다르지 않다. 롤 경기를 보자. 경기에 참여하는 100명이 넘는 챔피언은 각자가 하나의 게임을 하는 객체로 존재한다. 각각의 챔피언은 자신의 능력치에 따라 다른 역할을 담당하는 속성을 한다. 5명의 위치 선정은 공격을 위한 전략적이고 공간적인 역할을 담당하고, 적과 대응함으로 승부를 결정하는 내부적 관계를 유지한다. 롤의 승부는 디지털을 다루는 능력에도 크게 좌우되겠

3) 이 네 가지 시스템의 구성요소와 관련된 내용은 Littlejohn & Foss(2010) 참조.

지만, 전략과 전술을 파악하기 위한 데이터 분석, 자신의 감정적 신체적 인지적 상태, e스포츠의 팬과 관객, 인식과 환경 등이 승부에 영향을 미친다. 이처럼 e스포츠의 상호작용성은 게임의 참여 방식과 디지털 플랫폼의 작동 과정, 플레이어의 능력 등의 개입된 복잡한 상호작용에서 일어난다.

2. e스포츠 상호작용성의 특징

디지털 매개체와 e스포츠 플레이에서 일어나는 e스포츠의 상호작용성은 다음과 같다.

첫째, e스포츠의 상호작용성은 이분법적 틀을 넘어선 다중의 역할이 개입된다. e스포츠는 디지털 생동감에 열광하는 참여자가 아바타와 캐릭터의 가면을 쓰고 디지털 가상세계에 참여한다. 여기에 여러 사람들과의 네트워크를 갖는 사회적인 행위자로서 참여하는 다중의 역할을 한다. 중요한 사실은 e스포츠 참여는 주도적으로 플레이어가 자신의 아바타를 선택함으로 이루어진다. e스포츠의 아바타는 개인의 욕구와 상상을 통해 자신의 역할과 행동을 표현하는 가상인격이다. 그것은 자신의 의도와 행동을 다른 사람에게 보여주는 메신저(messenger)의 역할도 한다. 메신저인 아바타는 e스포츠와 플레이, 플레이와 캐릭터, 플레이어와 경기를 상대방 플레이어와의 상관관계에서 역할을 한다. 여기에서 플레이어는 게임에 참여하여 자신의 행위 과정과 결과를 직접적으로 확인하고, 그들 간의 유대감을 만들어가는 사회적 행위자의 역할을 한다. EVO와 같은 개인전 경기와 MMORPG와 같은 단체전에 따라 참여자, 플레이어, 사회적 행위자 등의 역할은 복잡하게 전개된다. 예컨대 철권을 선택하는 플레이어는 경기 진행을 위해 캐릭터를 선택하고 상대를 이기기 위해 노력한다. 반면에 스타크래프트에서는 주어진 종족을 유지하고 자신의 영역을 확대하고자 한다. 이 과정에서 자신이 선택한 아바타를 이용한 플레이어의 경험은 그 역할이 가상세계에서 끝나는 것이 아니다. 시간이 지나 현실세계에도 즐거움이나 추억을 위해 세대를 초월하여 관계를 유지하는 사회적 역할도 한다.

둘째, e스포츠의 상호작용성의 중요한 요소는 디지털 생동감이다. 디지털 생동감이란 컴퓨팅 기술로 디지털 객체가 움직임, 반응, 적응, 변형 등의 과정을 통해 마치 현상 속에서 살아있는 것과 같은 생동감을 우리에게 준다(김동환, 최영호 역, 2020: 5). 컴퓨팅 기술로 만들어진 디지털 객체에 익숙한 이유는 어떻게 보면 인간은 타고난 사이보그의 특징을 갖고 있기 때문이다(신상규 역, 2015). 컴퓨터 그래픽과 인터랙티브(interactive) 디지털 기술의 발달에 근거한 디지털 인공물은 하나의 생명력을 갖춘 살아있는 대상으로 우리에게 보인다. 자신의 움직임에 따른 디지털 인공물의 반응은 자율적인 살아있는 것처럼 느낀다. 그리고 그것을 우리가 다룰 수 있다고 생각한다. 이러한 상호작용의 관계를 잘 보여주는 것이 e스포츠이다.

디지털 경험은 생리적 반응 이외에도 운동감각을 통해 형성된 경험의 내용을 만들어낸다. 마우스나 키보드는 캐릭터를 살아 움직이게 하는 수단이다. 우리가 디지털 인공물을 살아 있는 것으로 느끼는 것은 운동 감각의 경험을 통해서이다. 디지털 기술에 근거하여 만들어진 e스포츠는 직접적으로 인간의 경험형성에 중요한 영향력을 미친다. 디지털을 매개체로 e스포츠에서 일어나는 상호작용의 경험은 플레이어로 하여금 이성적 판단에서 나오는 것이기보다는 몸에 배인 상태(embodiment)

에서 형성된다. 디지털 환경에 인간의 몸에 배인 상태는 더욱더 디지털 환경에 생동감을 부여한다. 왜냐하면 몸에 배인 상태는 이성적 판단보다는 운동감각의 영향력에 더 적극적으로 반응하기 때문이다. 상호작용성과 관련된 가상세계에서 몸에 배인 경험은 윤리적 태도가 어떻게 작동하는지 새로운 접근법을 제시한다.

셋째, e스포츠의 상호작용성에서 플레이어는 수동적이기보다는 능동적으로 개입한다. e스포츠의 참여는 진행과 채팅을 함으로써 이루어지며, 디자인이 설정한 주어진 게임을 풀어나가기 위해 공간적 탐색과 분석을 하는 상황에서 이루어진다. 컴퓨팅으로 만들어진 대상과 플레이어가 선택한 아바타인 행위자의 관계 속에서 나타난다. 여기에 플레이어의 경기 참여의 양상은 다양하게 나타난다. 예컨대 NPC와의 대결, 플레이어 개인 간의 대결, 집단 간의 대결 등 다양한 참여 주체들에게서 일어난다. e스포츠는 행위자의 직접적인 행위에 다른 결과물을 바로 확인 가능하다. 자신의 능력에 따른 결과물의 변화를 피드백을 받으면 즐거움이나 실패의 경험을 하게 된다. 디자인된 다양한 e스포츠 장르에 자신의 게임 능력에 따라 상호작용이 일어난다. e스포츠는 직접적인 참여자로 인하여 주어진 해결책을 찾기 위해 반복 패턴을 한다. 참여자는 e스포츠의 디지털 생동감에 규칙과 경쟁의 요소가 개입되는 상황에서 참여해서 재미나 즐거움을 느낀다.

e스포츠의 능동적 개입은 주어진 게임 속에서 우리는 어떻게 게임을 시작해야 하는지에 대한 탐색이 작동한다. 이는 디지털 플랫폼이나 기기를 능동적으로 통제할 수 있는 가능성을 보여준다. 플레이어가 주도적으로 참여함으로써 재미의 효과는 배가된다. 비록 한정된 영역으로 프로그램화된 조건이라고 할지라도, 플레이어는 스스로의 능력을 발휘

하고, 실패와 성공을 직시할 수 있는 상호작용의 경험은 다른 일반의 경험과는 다르다. 예컨대 롤 경기에서 챔피언의 주도적인 선택 그 자체가 상호작용의 경험을 가능하게 해준다. e스포츠의 종목 등장도 기존 게임에 대한 플레이어의 참여로 가능하였다. 롤은 플레이어의 무한한 변형가능성의 역할에 근거하여 만들어 졌다. 즉 스타크래프트의 유저 창작 맵으로 인기를 끌었던 AOS(Aeon of Strife)에서 유래된 장르이다. 이는 기존 게임 장르와 플레이어의 상호작용성의 결과물이다. 상호작용성의 경험은 PC 기반의 e스포츠에 한정되지 않는다. VR/AR/MR/XR e스포츠의 참여는 참여자의 상호작용성을 높여준다.

3. e스포츠 상호작용성의 윤리

e스포츠 상호작용성에 개입되는 주체의 행위는 근본적으로 윤리와 연관될 수밖에 없다. e스포츠 상호작용성의 윤리와 관련하여 검토해야 할 윤리적 내용은 다음과 같다.

첫째, 경쟁과 관련된 문제이다. 이 문제에는 승부에 집착하여 나타난 생물학적 도핑과 디지털 e도핑 등이 있으며, 나아가 인권보장과 공정한 심판 윤리도 포함된다. 둘째, 중독과 과몰입의 문제이다. e스포츠의 참여자는 재미와 즐거움 이면에 중독과 과몰입이라는 부정적인 요소를 배제할 수 없다. 폭력성과 중독은 재미의 또 다른 이면의 모습이다. 현실에서 느끼지 못하는 만족을 가상세계에 한정하지 않고, 현실세계까지 영향을 미칠 때 나타난다. 셋째, 디자이너의 윤리적 측면도 고려해야 한다. 플레이어는 디자이너가 설정한 영역에서 능동적 활동을 한다. 그 속에서 윤리적 경험을 가능하게 한다. 플레이어는 자신이 즐기는 e스포츠 장르가 주어진 게임에 순응하는 윤리적 존재인지, 아니면 게임에서 능력 발휘라는 주도적인 윤리적 행위의 주체인지 검토해야 한다. 이는 e스포츠를 만들 때 디자이너의 윤리적 태도가 어떠해야 하는지를 생각해 보아야 한다. 넷째, 플레이어 행동과 관련된 정보윤리의 문제이다. 디지털 공간에서 플레이어의 움직임은 정보와 데이터를 주고받음에서 일어난다. e스포츠 플레이어가 선택하는 정보와 데이터를 종목사가 수집한다. 이러한 정보는 경기의 전략과 새로운 맵을 만들 때 사용한다. 이와 관련된 개인 정보의 보호에 대한 윤리적 관심은 상대적으로 부족하다. 사실 종목사가 수집한 플레이어와 관련된 정보가 어떻게 수집되고 상업적으로 이용되고 있는지 플레이어는 잘 알지 못한다. 다섯째, 익명성의 윤리적 문제이다. 부정적으로 잘 알지 못한다는 관계로 일탈적인 행위를 가능하게도 하지만, 긍정적인 측면도 존재한다. 예컨대 자신의 얼굴을 보이지 않는 가면을 쓴다는 사실은 자신의 행동을 자유롭게 할 수 있는 기회를 제공한다. 그리고 자신의 외형적인 조건이나 외모와 관계없이 상대 이해와 존중의 기회를 제공한다.[4)]

반면에 부정적으로 악의적이며, 폭력적 말투, 혐오 발현은 인간 존재에 대한 경시라는 부작용도 초래한다. 따라서 익명성에 얼마나 자신의 책임감이 추가되는지를 검토해야 한다. 디지털 환경에서는 직접 대

4) 이와 같은 예는 노르웨이 출신의 마츠 스테인(Mats Steen)이라는 인물의 특별한 삶을 조명한 영화 “이벨린(Ibelin)의 비범한 인생”에서 보여준다. 그는 ‘이벨린 레드무어(Ibelin Redmoore)’라는 이름의 인간 남성 캐릭터로 월드 오브 워크래프트에서 8년 간 활동했다. 그 게임에서 스톰윈드의 사설탐정이었던 그는 실제로 많은 이들의 고민을 해결해주는 소문난 해결사였다. 비록 성장함에 따라 몸이 허약해지는 상황에서 현실의 죽음을 마주하였지만, 게임 속에서 새로운 몸으로 두 번째 삶을 살았다. 그의 이야기는 우리에게 게임이라는 가상세계에서 활동하는 우리 몸의 확장 가능성을 보여준다.

면하지 않는 상황에서 상대 존중은 역설적으로 얼마나 윤리적 존중이 필요한지를 잘 보여준다. 디지털 공간에서 타인의 사이버 괴롭힘이나 인격 모욕의 발언은 오프라인에서처럼 윤리적으로 비난받아야 한다. 일상의 만남에서 예의가 필요하듯이 e스포츠 상호작용의 환경에서도 상대의 존중과 예의는 중요한 윤리적 요소이다.

여섯째, 진실성과 신뢰성의 윤리적 문제이다. 이는 e스포츠 선수의 윤리이기보다는 일반적으로 e스포츠에 참여하는 플레이어의 윤리이다. e스포츠 플레이어는 e스포츠와 관련된 정보를 생산할 때 사실에 기반으로 정보를 제공해야 하고, 틀린 정보를 퍼뜨리지 않는 윤리적 책임이 수반되어야 한다. 인터넷과 SNS에서는 정보가 빠르게 유통되는 장점은 있겠지만, 그 이면에는 그 정보의 진실성을 확인하기 어렵다. 디지털 환경에서 누구나 자신의 의견을 피력할 수 있는 권리를 갖지만, 권리에는 책임이 따르기 마련이다. 타인의 권리는 침해받지 않아야 하며 자신의 행위와 의도가 공익적이고 도덕적이어야 한다. 물론 그 과정에서 발생할 수 있는 부정적 해악을 최소화하려는 노력도 필요하다.

이와 같이 윤리와 관련된 e스포츠 상호작용성은 경쟁에서 승리와 관련된 윤리적 문제 이외에도 자신의 능동적인 움직임에 따른 행위와 결과에 대한 긍정과 부정의 인식을 만들어낸다. 디지털 생동감과 관련된 윤리적 해결책은 사회적 맥락을 고려해야 한다. 예컨대 한국이 e스포츠 종주국이 된 것은 스타크래프트라는 장르의 e스포츠 등장, 과도한 학습량, IMF의 사태, PC방의 등장을 고려해야 한다. 또한 e스포츠의 윤리적 문제도 플레이어의 감정, 직관, 사회적 맥락을 고려해서 해석해야 한다. 이와 같이 e스포츠 상호작용성의 윤리와 관련해서는 2장에서 언급한 감정, 직관, 사회적 맥락을 강조한 하이트(Haidt, 2013: 281)의 사회 직관 모델(Social Institution Model)을 적용할 필요가 있다. 2장에서 디지털 화면의 움직임이 주는 인지적 영향력은 도덕적 행위에 대한 인지과학과 윤리에 대한 새로운 이해의 관점을 요구한다고 하였다. e스포츠 상호작용성의 윤리는 이 모든 것을 논리적으로 해명하는 작업이다.

4. 도덕적 행위자로서 윤리

e스포츠에서 도덕적 행위자의 윤리는 좁은 의미와 넓은 의미로 구분해서 설명이 가능하다. 좁은 의미로 도덕적 행위자는 e스포츠에 참여하는 플레이어이다. 참여하는 e스포츠의 장르는 다르겠지만, 플레이어가 스스로 목표를 설정하고, 그 속에서 자신의 능력을 발휘하고자 하는 것에는 차이가 없다. 그리고 플레이어가 승리를 하거나 즐기기 위해서 자신만의 세계관을 만들어간다. 자신의 성향과 환경에 따라 FPS, MOBA, 모바일 e스포츠의 장르를 선택하더라도 자신의 목표에 따라 자신의 능력을 키우면서 자신만의 세계를 만들어가는 경험을 한다는 사실은 변함이 없다. 이 과정에서 플레이어는 도덕적 행위자로 역할을 한다. 물론 플레이어의 나이나 사회적 성장의 정도에 따라 도덕적 태도가 다르겠지만, 그들 스스로 성장하면서 도덕적 판단을 한다는 사실은 배제할 수 없다. 예컨대 발달 심리학자인 장 피아제(Jean Piaget, 1896-1980)에 따르면 같은 유리컵에 똑 같은 양을 붓고 똑같은 양이 있는지 아이에게 질문하였다. 아이들은 같다고 대답하였다. 하지만 똑같은 물의 양을 가지고 길쭉한 컵에 넣고 어린 아이에게 질문을 던졌다. 7살짜리 아이는 길쭉한 유리컵에 물이 많다고 하였다. 과학적으로 설명하더라도 어린 아이는 그 내용을 받아들이지 않는다. 윤리의 문제도 마찬가지다. 윤리

적 행동의 판단도 받아들이는 사람의 윤리 이해의 정도에 따라 윤리 태도는 달라질 수 있음을 보여준다. 상황에 따른 물 양의 정확한 이해와 판단은 비슷한 경험의 과정이 뒷받침될 때 가능하다(Piaget, 1931). 부모의 도덕적 가르침도 중요하지만, 우리는 친구 간의 놀이에서 도덕적 태도를 배운다. 이는 e스포츠 참여에서 도덕적 경험을 배우는 경험 과정과 크게 다르지 않다.

e스포츠의 참여가 어린 시기, 청소년기, 성인이 되어 감에 따라 스스로의 도덕적 기준을 만들어 간다. 이를 위해서는 로렌스 콜버그(Lawrence Kohlberg) 도덕 6단계의 적용도 필요하다. 그에 따르면 도덕적 발달은 연령에 따라 진화하며, 사람들이 도덕적 딜레마의 해결 방식은 점차 복잡해진다고 하였다. 그는 이를 크게 세 가지 수준으로 나누고, 각 수준을 두 개의 하위 단계로 구분하여 총 6단계로 정리하였다. 콜버그의 도덕성 발달 6단계는 다음과 같다(Kohlberg, 1981).

먼저 전인습적 수준(Pre-conventional Level)에서 1단계는 처벌과 복종 지향(Punishment and Obedience Orientation)이다. 이 단계는 주로 어린이들이 속하며, 도덕적 판단 기준은 외부의 처벌, 권위, 보상에 의해 결정된다. 아이들은 처벌을 피하기 위해 행동하고, 권위에 복종하는 것이 올바른 것으로 인정한다. 어린 아이들은 처벌을 피할 수 있는 행동은 도덕적으로 허용된다고 생각한다. 2단계는 도구적 목적 지향(Instrumental Purpose Orientation)이다. 여기에서는 행동이라는 것이 개인의 이익을 얻기 위한 수단으로 판단한다. 자신에게 유리한 결과를 얻기 위해 윤리적 행위를 한다. 예컨대 먼저 네가 나를 도와주면 내가 도움을 주겠다는 것이다. 이는 약한 상호성의 개념에서 출발한다.

다음 단계로 인습적 수준(Conventional Level)에서 3단계로 대인관계 조화나 지향 대인관계 조화 지향(Interpersonal Concordance or "Good Boy-Good Girl" Orientation)이다. 이 단계에서는 청소년의 행위에 대한 승인으로 나타나며, 타인의 승인이나 칭찬을 얻기 위해 도덕적 행위를 한다. 좋은 사람은 타인의 기대에 부응하는 것을 판단하였다. 4단계는 사회질서 유지 지향(Law and Order Orientation)이다. 이는 도덕적 판단에 있어 사회의 질서, 법, 규칙을 지키는 것이 중요시된다. 주어진 사회적 규칙 준수가 중요한 도덕적 판단의 기준으로 생각한다.

마지막으로 후인습적 수준(Post-conventional Level)이다. 여기에서 5단계는 사회 계약 지향(Social Contract Orientation)이다. 인간의 도덕적 판단은 주어진 사회적 계약과 공리주의의 원칙 하에서 이루어진다. 모든 규칙이 반드시 도덕적이라고 할 수 없다. 규칙이나 법이 사회적 가치나 복지를 증진하는 한에서 정당한 것을 인정된다. 개인의 권리나 사회적 가치를 보호해야 하지만 그렇지 않으면 개선되어야 한다. 6단계는 보편적 윤리 원칙 지향(Universal Ethical Principles Orientation)이다. 이 단계는 정의, 인권, 평등, 사랑과 같은 보편적이 윤리적 원칙이 도덕적 판단의 기준으로 작동한다. 개인의 양심과 윤리적 기준이 도덕적 행동을 결정하고, 자신의 윤리적 신념을 지키기 위해 행동을 한다.

콜버그 도덕성 발달 이론은 인간의 도덕적 판단이 시간에 따른 성장에 따라 발전하는 것을 보여준다. 낮은 단계에서는 처벌이나 보상을 중시하고, 하나의 도구적 목적지향을 넘어, 대인관계의 조화와 사회질서를 유지하는 것이 윤리적 태도를 결정하는 것으로 판단한다. 그리고 마지막으로 높은 단계에서는 추상적인 윤리적 원칙에 따라 판단하는 과정을 설명한다. 물론 이 단계는 순서대로 진행되는 것도 아니며, 모든 사람이 6단계까지 도달할 수 있는 것으로 판단하지 않는다. 사춘기를 지나 이성적 판단을 하는 사람들은 정직을 중요시하고 규칙과 법을 지키려고 한다. 콜버그는 도덕적 아이가 역할 바꾸기를 자주 접한다고 보았다. 평등한 관계에서 상대방을 생각하는 태도는 쉽게 나타나지만, 수직적 관계에서는 상대적으로 잘 나타나지 않는다는 점을 얘기했다. 피아제와 콜버그는 부모와 같은 권위적인 존재가 도덕 발달에 장애물로 작동한다고 생각하였다(왕수민 역, 2014).

넓은 의미로 e스포츠에서 도덕적 행위자는 경기에서 플레이어 한정되지 않는다. 플레이어 이외에도 코치 및 감독, 관객, 그리고 e스포츠의 투자 종목사(publisher) 등 모든 이해관계자들이 포함된다. 따라서 이들 또한 도덕적 행위자로서 책임감을 가지게 되며, 이를 위해서는 윤리적 기준을 가져야 한다. e스포츠는 게임을 매개로 경쟁 스포츠이지만, 전 세계 다양한 사람이 참여하고 관람하는 엔터테인 산업의 요소를 지니기 때문에 도덕적 행위자로서의 윤리 강조는 e스포츠의 공정성과 신뢰 유지, 건강한 e스포츠 문화 조성에 기여한다. 따라서 e스포츠와 관련된 도덕적 행위자의 윤리는 아래의 다양한 관점들에서 논의되어야 한다.

첫째, 플레이어로서의 윤리이다. e스포츠의 플레이어는 경기의 주체로서 도덕적 행위자로서의 책임을 가져야 한다. 선수는 개인의 행동이 경기의 공정성과 스포츠맨십에 미치는 영향을 인식하고 윤리적으로 행동할 필요가 있다. e스포츠 플레이어는 해킹, 도핑, 속임수, 치팅 등과 같은 부정행위가 아닌 실력으로만 경쟁하는 것이 기본이다. 이는 모든 선수가 공정한 환경에서 경쟁할 권리를 보장하기 때문이다. 또한 팀 플레이에서는 서로 존중하고 협력하는 태도가 중요하다. 비매너 채팅이나 팀원의 비난을 자제하고 건전한 분위기를 조성해야 한다. 프로 e스포츠 선수는 팬들에게도 영향을 미치는 공인으로 대중으로부터 모범이 되어야 한다.

둘째, 코치와 선수 관리자의 윤리이다. 코치와 관리자 역시 도덕적 행위자로서 선수들이 공정하게 경쟁하고, 윤리적으로 성장할 수 있도록 돕는 역할을 한다. 따라서 코치와 관리자는 선수들이 윤리적인 플레이 방식을 습득하도록 지도해야 하며, 부정적인 방법으로 경기를 조작하거나 비윤리적 행동을 장려해서는 안 된다. 코치와 관리자는 선수들의 정신적, 감정적 건강을 고려해 윤리적으로 지원할 책임이 있다.

셋째, 게임 종목사와 플랫폼 운영자의 윤리이다. e스포츠의 주요 이해관계자로서 게임 개발사와 플랫폼 운영자는 모든 참여자가 공정하고 안전한 환경에서 경기를 즐길 수 있도록 도덕적 책임을 다해야 한다. 게임 종목사는 종목의 공정성을 확보하기 위해 불법 프로그램 방지 시스템을 구축하고, 불공정한 플레이를 방지하는 규칙을 마련해야 한다. 또한 종목 운영사는 플레이어의 중독 방지, 폭력적인 요소의 절제 등 건강한 게임 경험을 위해 책임을 다해야 한다. 예컨대 과도한 현금 지향성 유도나 중독성을 조장하는 요소를 줄이고 건전한 플레이를 장려해야 한다. 플랫폼 운영자는 개인정보 보호와 보안의 차원에서 모든 사용자와 플레이어의 개인정보를 철저히 보호해야 하며, 이에 대한 윤리적 기준을 확립하고 준수해야 한다.

다섯째, e스포츠의 이해관계자의 e스포츠 커뮤니티 전체에 대한 윤리 의식 형성에 대한 인식제고가 필요하다. e스포츠는 다양한 이해관계자들이 모여 있는 커뮤니티이므로, 모든 구성원이 윤리적 의식을 갖는 것이 중요하다. 서로가 도덕적 행위자로서 역할을 다할 때 커뮤니티의 신뢰와 공정성은 더욱 강화될 것이다. 각종 대회나 커뮤니티에서는 윤리적 교육 제공이나 가이드를 제시하고, 플레이어와 팬들이 도덕적 기준을 이해하고 실천할 수 있도록 지원한다.

좁은 의미의 도덕적 행위자의 윤리란 e스포츠 경기에 참여하는 플레이어와 관련된 윤리적 행위자의 윤리이다. 그들은 e스포츠에 자발적으로 참여하는 도덕적 존재이다. 가상세계 안에서 자신의 능력을 실현하고자 최선의 노력을 경주한다. 그 과정에서 보여준 e스포츠 시스템과 상호작용 과정에서 플레이어는 근본적으로 반성적 의식의 주체로 행동한다. 플레이어는 가상에서 행해지는 행동의 반성과 현실에서 경기를 주도적으로 참여하는 이중적인 판단을 한다. 여기에 경험하고 행동하는 주체는 개인적 성장과 주어진 문화적 환경의 영향을 받는 존재이다. 이 모든 것은 플레이어가 자발적으로 참여하는 도덕적 존재임을 보여준다. 반면에 넓은 의미의 도덕적 행위자의 윤리는 e스포츠 플레이어 한정되지 않는다. e스포츠 플레이어 이외에도 코치 및 감독, 관객, 그리고 e스포츠의 투자 종목사(publisher) 등 이해관계자들이 도덕적 행위자로 등장한다. 물론 이 둘의 관계는 복합적으로 상호 영향을 미친다.

CHAPTER 8

디자인 윤리

1. 디자이너의 윤리

e스포츠인 배틀그라운드(Battlegrounds)는 디지털 시스템 그 자체와 경기가 진행되는 세계관을 연결하여 작동한다. 그 둘은 서로 밀접하게 연결된다. 디자이너는 이 두 요소를 결합하여 경기가 진행되는 과정을 컴퓨팅의 작업으로 정교하게 설정한다. 디자인된 대상으로 e스포츠 윤리적 문제는 이 둘의 관계 속에서 나타난다. 일상에서 의도 없이 상대를 죽이지 않는다. 그러나 배틀그라운드는 그 경기 자체에서 살아남기 위해 상대를 죽이는 것이 허용된다. 행동 규범으로 보면 살생은 허용되지 않지만, 주어진 규칙으로 디자이너가 설정한 내용이기 때문에 현실의 윤리적 태도와 다르게 우리는 상대를 죽이게 된다. 게임 규칙이 우리의 행동을 강제하게 된다는 점에서 윤리적 문제가 개입된다. 이러한 행동의 작동 과정은 디자이너가 설계한 대상으로서 배틀그라운드의 윤리를 구성한다고 말할 수 있다. 즉 배틀그라운드는 디자이너가 설계한 대상의 시스템으로 만들어진 하나의 도덕적 가공물(antifacts)이다.

배틀그라운드에 참여한 플레이어는 자신의 생존을 위해 아이템을 획득하고 최종 1인의 생존자로 살아남기 위해 노력한다. 디자이너가 설계한 경기는 플레이어로 하여금 정해진 규칙 하에서 생존하기를 요구한다. 최종 승리자가 되기 위해서는 은엄폐,[1] 사주 경계, 사운드 플레이에 집중해서 경기를 진행한다.[2] 이외에도 적의 움직임을 정확하게 파악할 수 있는 능력과 화면에 표시되는 목표를 정확하게 보고 사격하는 능력인 에임, 비무장에서 방어와 공격을 위한 무기를 구비하는 파밍, 각각의 총에 맞는 조준경의 구비 능력이 필요하다. 이러한 디자인의 규칙들은 플레이어로 하여금 행동을 유도하거나 강제하는 시스템으로 만들어진다. 다른 의미로 배틀그라운드의 윤리는 디자인 속에 만들어져 있다는 것이다. 배틀그라운드에서 생존 성공의 확률을 높이기 위해 필요한 은엄폐와 기다림, 준비를 잘해야 한다는 파밍, 좋은 무기의 활용도를 높이는 수단으로 조준기의 사용 등은 플레이어의 일상의 윤리적 행위에도 직간접적으로 영향을 미친다. 명백하게 드러나지는 않지만, 디자이너가 설계한 경기 작동의 방식은 플레이어로 하여금 우리 자신의 도덕적 구성에 영향을 준다는 것이다.

철학자 응우에(이동휘, 2022: 257)에 따르면, 게임 디자이너는 행위성의 매체와 사회성의 매체를 가지고 작업하는 과정에서 플레이어의 도덕적 변화를 야기한다고 주장한다. 이는 e스포츠에서도 적용이 가능하다. 다시 배틀그라운드를 예를 들어 보자. 배틀그라운드의 기본적인

1) 은폐는 적에게 관측되지 아니하도록 주변의 지형지물을 이용하여 적의 관측에서 회피하는 것이다. 반면에 엄폐는 주어진 나무나 바위 등을 통해 몸을 숨겨 적의 공격을 회피하거나 조준을 힘들게 하는 것이다.

2) https://namu.wiki/w/PUBG:%20BATTLEGROUNDS/%EA%B0%80%EC%9D%B4%EB%93%9C

룰은 최후의 일인으로 살아남기이다. 배틀그라운드 게임을 시작하면 모든 플레이는 수송기에 탑승한 채로 시작된다. 수송기의 경로는 매 게임마다 달라지는 랜덤이다. 낙하산을 타고 내려온 후 플레이어는 맵 곳곳에 있는 치료 회복 아이템, 방어구, 무기 등 자신의 생존을 위한 아이템을 획득한다. 시간이 경과됨에 따라 경기 지역이 좁혀지게 되며 플레이어들을 한 곳으로 몰아넣는 것이 기본적인 진행 방식이다. 따라서 에임뿐만 아니라, 전략적인 운영과 정보력 싸움이 중요하다. 즉 총 게임의 에임이 반드시 받쳐주지 않아도 얼마든지 승리할 수 있다는 게임이다. 이 경기에서 승리하려면 기다림, 은엄폐, 사주 경계, 움직임 파악의 전제조건이다. 사운드 플레이를 잘 이용해서 적의 움직임을 파악해야 한다. 배틀그라운드에 참여한 플레이어는 그 경기 시스템에서 기다림, 상대 움직임을 파악하기 위한 전략과 정보력의 중요성을 경기를 통해 간접적으로 경험한다. 이러한 정보 획득의 경험들은 일상생활에서 중요하다. 즉 디자이너가 설계한 배틀그라운드가 비록 사회생활에서 필요한 경험을 설정하지 않았다고 하더라도, 플레이어는 그 경험의 과정 속에서 자신의 행동을 배우게 된다는 사실은 변함이 없다. 여기에 디자이너는 의도의 여부와 관계없이 플레이어로 하여금 윤리적 행동을 하게 한다.

디자이너는 배틀그라운드에 적용해서 플레이어로 하여금 무언가를 배울 수 있게 경기를 설계한다. 그 속에는 윤리적 의미를 갖는다. 예컨대 배틀그라운드는 기존 좁은 장소에서 한정된 인원으로 싸우는 환경이 아니라, 넓은 환경에서 100명의 플레이어가 한 공간에서 자신이 주도적인 움직임을 통해 인간의 생존을 위한 노력을 한다. 여기에 배틀그라운드의 성공 요인 중 중요한 요소의 하나가 기대 승리 확률이다. 많은 대전형 e스포츠 장르는 적군과 아군으로 구분되어 승리의 확률은

50:50이다. 반은 이긴다고 예측하고 경기에 참여하지만 현실은 그렇게 나타나지 않는다. 연승과 연패가 개입되고, 승자와 패자의 결정에 따른 느낌은 상대적이라는 것이다. 반면에 배틀그라운드는 100명에서 1%의 기대 승리 값을 보여준다. 처음부터 승리의 기대 확률이 낮기 때문에 참여하여 실패할 경우 좌절이 적다. 반면에 최후의 1인으로 살아남는 즐거움은 상대적으로 클 수밖에 없다. 우리에게 즐거움을 주는 도파민의 분비는 기대하지 않는 상황에서 좋은 결과를 가질 때 나타난다. 주어진 환경에서 자신의 생존을 위해 전술적 움직임과 행동은 최소한의 기대 확률을 높여준다. 일상에서 우리는 행동을 할 때마다 윤리적 의미를 개입시키고 행동하지는 않는다. 특정 상황이 아니라면, 현실에서 윤리적 행동이 매번 옳은 것인가 아닌가를 생각하지 않고 행동하는 것이 일반적이기 때문이다. 따라서 디자이너가 설계한 배틀그라운드에서 의도적으로 윤리적 내용과 관점을 설계하지 않았다고 하더라도, 플레이어는 주도적인 전술적 움직임과 행동을 통해 자신의 행동 결정에 따른 결과를 그 경기에서 배운다.

기다림, 상대의 정보 파악, 기대 확률 등은 일상의 삶에서도 중요하다. 배틀그라운드에서도 자신의 능동적인 움직임을 통해 현실에서 직간접으로 윤리적 행동에 영향을 준다고 말할 수 있다. 우리는 e스포츠 참여가 현실에서 윤리적 행위에 커다란 영향을 미친다고 보기보다는 자신의 행동을 통해 무언가를 배울 수 있다는 것을 확인하는 것이 중요하다. e스포츠 윤리가 하나의 습관을 배우는 과정이라면, 이 모든 것은 디자이너가 설계한 시스템 안에서 이루어지기 때문이다. 따라서 디자이너가 설계한 하나의 시스템이 플레이어에게 윤리적 행동을 미친다는 점에서 e스포츠를 만든 디자이너의 윤리적 태도는 대단히 중요하다.

디자이너의 윤리적 관점이 개입된 경우는 오버워치 캐릭터의 선정에서도 보인다. 오버워치의 게임 디렉터 제프 카플린(Jeffrey Kaplan)은 게임 영웅 중 한 명인 인도 출신의 시메트라(Symmetra)라는 자폐증을 가진 캐릭터를 만들었다. 오버워치를 즐기는 자폐증을 갖고 있는 플레이어가 블리자드에 편지를 보냈고, 이 편지를 읽은 제프 카플란이 위 내용을 확인시켜주는 답장을 보냈다. 제프 카플란은 편지에 "시메트라에 대한 질문을 해줘서 기쁩니다. 만화에서 그녀가 스펙트럼에 대해 이야기한 것을 알아채다니 참 눈치가 빠르군요"라고 말했다. 장애를 가진 누군가에게 시메트라는 "자폐증이 있는 사람이 얼마나 멋지게 일을 해낼 수 있는지 그녀가 보여줬다"고 하였다(이영록, 2017.03.07.).

물론 인도 태생인 시메트라에 대한 인도 문화의 정확한 이해를 바탕으로 캐릭터의 그림과 전개를 명확하게 보여주지는 못했다. 그럼에도 불구하고 자폐증을 가지고 있는 유럽 프로 e스포츠 선수인 로라 프랜시스(Laura Francis)는 "시메트라가 게임에 포함되자 내부적으로 큰 기쁨에

출처: 특정 게임 캐릭터에서 영감을 받아 창작한 비공식 일러스트(생성형 AI)

비명을 질렀다"고 말했다. 그녀는 오버워치에서 자신과 같은 여성을 볼 수 있다는 것에 힘을 얻는다고 하였다. 자폐 스펙트럼은 게이머든 아니든 주변 세계와 관계를 맺는 것이 매우 어렵다고 느끼는 상황에서 비디오 게임에서 그들에게 적절한 형태의 도피와 즐거움의 제공은 환영할 일이다. 다른 미디어에서는 자폐증 환자에 대해 충분히 묘사하지 못하고 있다. 이것은 자폐증에 대해 아는 사람이 거의 없거나 자폐증과 함께 사는 것이 어떤 것인지 아는 것이 얼마나 적은지를 잘 보여 준다고 하였다(Francis, 2019.02.13).

디자이너는 게임을 플레이어의 행위성뿐만 아니라, 사회성의 매체로 게임을 만든다고 앞에서 지적하였다. 사회성이란 "사회생활을 하려고 하는 인간의 근본 성질. 인격, 혹은 성격 분류에 나타나는 특성의 하나로, 사회에 적응하는 개인의 소질이나 능력, 대인 관계의 원만성 따위이다"(이동휘 역, 2022: 257). 사회성은 사회를 구성하고 타인과의 관계를 유지하기 위한 능력을 말한다. 사회적 관계에서 자신의 능력을 인정받고 발휘하기 위해서는 다른 사람들과 긍정적이 관계를 유지하기 위한 기술이 필요하다. 저자는 개인적으로 피코 파크(pico park)에서 사회관계의 일면을 배웠다. 두 명의 아들보다 게임을 잘 하지 못하는 아내와 나는 게임의 목표를 달성하기 게임의 진행 상황에 따라 자신의 역할이 어떠해야 하는지 경기 과정에서 스스로 경험하고 배웠다. 게임의 단계를 넘어 가기 위해서는 성인과 자녀의 위치가 아니라, 주어진 목표하에서 자신이 갖고 있는 능력과 역할이 무엇인지를 인정하고 그 역할에 충실하였다. 아들들보다 게임에 익숙하지 못한 아내와 나의 역할은 아들이 게임을 성공적으로 끝낼 수 있는 쉬운 역할에 최선을 다하는 것이다. 처음부터 그 역할을 바로 확인할 수 있었던 것은 아니었다. 한 두 번의 반복으로 각자의 위치가 어디인지 확인할 수 있었고, 사회생활에서 주어진 역할이 역전되는 상황을 받아들이는 경험을 하였다. 이를 통해 주어진 장애물의 극복은 모두에게 즐거움을 가져다주었다.

이러한 즐거움의 경험은 다른 의미로 미적 경험이라고 말할 수 있다. 게임에서 미적 경험은 일상을 살아가는 사람들에게도 영향력을 미치고 개인적인 도덕적 역할 변화에도 가능성을 준다. 디자이너가 설정한 의도적 게임 조작은 플레이어로 하여금 사회적 역할을 배울 수 있는 기회를 제공한다. 특정 비디오 게임은 디자인된 사회 구조이기 때문에 플레이어는 그들 간의 동맹, 의존, 적대적 관계를 통해 개인의 역할 만족과 가족 구성원으로서의 사회성 등 사회적 관계를 배운다.

이는 디지털 컴퓨팅에서 만들어진 다른 e스포츠 종목에도 적용이 된다. e스포츠 디자인은 e스포츠에 참여하는 플레이어로 하여금 지정된 목표, 장애물, 능력치 등을 부여한다. 플레이어는 주어진 목표를 달성하기 위해 자신의 능력치를 최대한으로 발휘하기 위해 동료와 상호 의존하여 경기를 운영하거나 경쟁의 방법을 선택하여 목표를 달성하고자 노력한다. 예컨대 축구나 야구는 그 규칙에 맞게 특정 사회성을 느슨하게 제시한다. 반면에 e스포츠는 플레이어 각자가 해야 할 역할과 관계를 명확하게 부여한다. 스포츠와 e스포츠는 정도의 차이는 있겠지만, e스포츠가 훨씬 더 정교하게 설계되어 있다. e스포츠는 디자이너의 설정에 따라 직접적으로 그들의 사회관계를 만들어낸다는 점이다. 사회관계의 형성은 일인칭의 개인전과 단체전에 따라 다르게 설정되지만, 디자이너가 설정한 영역이라는 것에는 틀림이 없다. 우리는 사람과의 만남 속에서 사회성을 배우고, 주어진 영역에서 활동과 윤리적 대상으로 의미를 갖는다. 마찬가지로 우리는 e스포츠의 경험을 통해서도 충분히 사회성을 배울 수 있다. 그 속에서 플레이어가 경험한 내용은 자신의 윤리적 가치 형성에 영향력을 준다.

디자이너는 자신의 상상력에 근거한 시나리오에 근거해서 e스포츠 장르를 만들어낸다. 그 속에서 디자이너는 어떻게 경기를 완주해야 하는지 목표를 제시한다. 그러나 그러한 목표는 플레이어에 참여한 이들에게는 일회성의 목표로 인식된다(이동휘 역, 2022). 예컨대 우리가 같은 e스포츠 종목 참여할 때 모두 같은 목표로 가지고 하지 않는다. 누군가는 경쟁을 통해 프로 e스포츠 선수를 꿈꾸기도 하지만, 친구들과 즐거운 시간을 보내기 위해 참여한다. 결국 e스포츠에 참여한 플레이어의 윤리적 행동도 자신의 윤리적 태도에 따라 다르게 나타날 가능성이 있다. 따라서 디자이너는 자신이 설계한 시나리오에 대한 윤리적 태도가 우리의 일상 삶에 얼마나 많은 영향력을 줄 수 있는지를 생각해 보아야 한다.

2. 디자인된 윤리

e스포츠 종목 그 자체가 하나의 완성된 시스템이고 플레이어는 그것에 참여하여 즐거움이나 경쟁을 한다. 하나의 디자인된 시스템이다. 디자인된 윤리는 게임 그 자체의 윤리 문제와 밀접한 관계를 갖는다. 따라서 e스포츠 연구자는 그 디자인된 시스템의 규칙이 과연 플레이어로 하여금 어떤 윤리적 태도 형성에 기여하는지를 검토해야 한다. 스포츠의 규칙은 하늘에서 떨어진 것이 아니라, 그 종목을 제도화하는 과정에서 만들어진다. 게임학자인 쥬울(Juul)에 따르면 컴퓨터 게임에서 게임이란 변화가 가능하고 양으로 계산할 수 있는 기반 시스템에 실제적

인 규칙이 개입된 것으로 정의한다(장성진 역, 2014). 중요한 것은 관객의 즐거움이나 중계 시청자의 요구를 충족시키기 위해 그 규칙이 계속 변화한다는 사실이다.

스포츠 제도와 규칙이 만들어지는 처음의 과정을 생각해 보자. 제도와 규칙은 누군가의 상상력에 의해 만들어졌지만, 제도와 규칙이 준수되기 위해서는 윤리적 관점이 추가되어야 한다. 제임스 네이스미스(James Naismith)는 미식축구 헬멧을 발명한 체육교사였다. 그는 비가 내리거나 추운 겨울에도 학생들이 즐길 수 있고, 미식축구와 달리 몸싸움이 없는 안전한 실내운동이 뭐가 있을까를 생각하였다. 약 3미터 높이에 매달려 있는 바구니에 공을 넣으면 어떨까하는 생각에서 농구를 최초로 고안하였다. 그는 농구의 규정집을 만들 때 그 자체에 윤리적 가치를 포함시켰다. 격렬하지 않고 안전한 실내 운동을 진행해야 하는 윤리적 가치가 농구에 포함되어 있다는 사실이다. 경기에서 지켜야 할 행동과 그렇게 행동을 하지 않으면 제재를 한다. 이러한 것은 경기 진행의 본질을 형성하는, 즉 구성적 규칙(Constitutive Rule)이다. 구성적 규칙에는 이미 윤리적 의미가 포함되어 있다.

이는 e스포츠도 마찬가지다. 디지털 속성상 e스포츠 윤리는 더 정교하게 설정되어 윤리적 문제를 야기한다. 오버워치는 인공지능 로봇이 인간에게 반란을 일으키는 옴닉 위기(Omnic Crisis) 사건이 해결된 지 30년 후 가상의 지구를 배경으로 한다. 인공지능에 기반을 둔 옴닉은 인간의 편리한 일군으로 인류와 함께 생활해왔다. 하지만 이를 생산하는 전 세계적으로 자동화된 '옴니움' 시설이 적대적인 일련의 로봇을 생산하기 시작하면서 인류에 위협이 되었다. 개별 국가의 노력이 옴닉을 막는 데 실패하자 UN은 신속하게 이 위협에 맞서 싸우고 질서를 회복하기 위해

고안된 국제 태스크포스인 오버워치를 창설했다. 오버워치는 일반적으로 1인칭 슈팅 게임으로 진행되는 온라인 팀 기반 게임이다. 이 게임은 여러 가지 게임 모드를 특징으로 하며, 주로 각각 6명의 플레이어로 구성된 두 팀이 상대하는 분대 기반 전투를 중심으로 디자인 되었다. 플레이어는 사전 제작된 20여 명의 영웅 캐릭터 중 하나를 선택했다. 각 영웅은 체력, 달리기 속도, 기본 공격, 여러 활성 및 수동 기술, 실행 후에만 사용할 수 있는 궁극적인 능력과 같은 고유한 속성과 스킬 키트를 갖는다. 적에게 피해를 입히고 아군을 치유함으로써 힘을 충전한다. 오버워치 디자인의 목표는 상황에 적응하는 역동적인 팀 구성을 장려하는 것이었기 때문에 플레이어는 경기가 진행되는 동안 자신이 선택한 영웅의 힘을 상대에게 보여주고자 한다. 이렇게 디자인된 게임은 플레이어로 하여금 자신의 역할에 대한 명확한 설정을 요구한다. 외형적으로 보면 오버워치 그 자체가 윤리적 내용을 구성하고 있다고는 할 수 없다. 그럼에도 불구하고 디자인된 게임의 규칙에는 윤리적 가치를 배제할 수 없다. 어떻게 보면 시스템 그 자체에 e스포츠 윤리가 구성되어 있다고 보아야 한다. 시스템 화된 규칙이 참여한 플레이어로 하여금 행동을 강제하고, 그 속에서 자신의 주도적인 행위는 윤리적 경험과 연결된다고 말할 수 있기 때문이다.

롤은 5명이 경기에 참여하는 것으로 디자인되었다. 축구는 11명이 하지만 하나의 공을 가지고 경기를 진행한다. 반면에 롤은 5명 모두가 자신의 공을 갖는 방식이다. 탑, 미드, 정글러, 원딜, 바텀의 라인은 모두 각자의 역할을 가지고서 상대방 라이너들과의 맞서 라인전의 수행한다. 이를 통해 각자의 CS(Creep Score)나 경험치를 통해 성장하고 상대 넥서스를 파괴함으로써 승부를 결정한다. 여기에 정글러는 역시 상대 정글러와의 맞대결이 분명히 존재한다. 그러나 축구처럼 한명이 슛을 할 때 나머지 선수들이 구경하는 것이 아니라, 모든 구성원들이 각자의 역할을 수행함으로써 슛의 기회가 자신에게 왔을 때 슛을 할 수 있다. 롤에서의 사이드킥, 에이스가 아닌 선수들을 평가하는 것에 있어서도 축구처럼 그 우선 순위를 적용하여 게임을 진행시키지는 않는다. 메타나 패치에 따라서 1옵션 롤을 수행하던 선수 혹은 포지션이 반대로 플레이메이킹이나 탱킹과 같은 다양한 역할을 소화한다. 축구의 올라운드 플레이어와 같이 자신의 실력에 따라 공격과 수비의 역할을 한다. 물론 축구와 달리 롤에서의 서폿과 정글러는 주어지는 자원과 역할에 명백한 한계가 존재하지만, 그 한계를 넘어 포지션 간의 역할 수행 정도에 따라 승패가 달라지는 것이 롤이다. 갈수록 팀원 전체가 얼마나 본인들의 역량 발휘와 팀플레이의 역할을 잘 수행하느냐에 따라 경기 결과가 달라진다는 점이다.

롤은 적의 목표인 넥서스를 파괴해서 승리를 하는 경기이다. 디자이너는 단계별로 포탑을 파괴하고 상대 진영의 넥서스를 파괴해야 한다는 목표만 던져 주고 그것을 달성하기 위한 플레이어들의 협력 과정은 그들의 손에 맡겨 놓았기 때문에 팀원 간의 소통과 개인의 총체적인 능력이 경기에서 승리의 주요 요인으로 작동한다. 이러한 디자인된 경기에 참여하는 플레이어는 디자이너의 의도와 관계없이 승리를 위해 자신의 능력이 최대한으로 발휘하여야 하고, 그들 간의 소통이 얼마나 중요한지를 배운다. 이는 사회적 관계에서 중요한 요소이다. 따라서 e스포츠 경기 그 자체도 하나의 윤리적 경험이 가능한 디자인된 윤리의 의미를 갖는다고 말할 수 있다.

롤 경기는 단체전인 관계로 승패 요인을 다른 사람에게 전가할 수도 있겠지만, 팀원 간의 욕구와 실력 차이에서 나오는 갈등은 상대적으로 적다. 주어진 상황에서 답을 찾기 위해 화를 내고 짜증을 한다고 승리가 주어지는 것이 아니다. 주어진 장애물을 극복하려는 노력의 과정이 필요하다. 승리가 목적이 아니라, 그 경기에서 자신의 능력을 최대한으로 발휘하는 노력은 승리를 지향하는 게임과 다른 기분을 가져다준다. 같은 팀 동료의 경쟁 부족을 비난하기보다는 주어진 환경을 극복하고자 하는 경험은 결국 같은 팀원에게도 좋은 영향력을 미칠 수 있을 것이다. 이러한 경기 참여의 노력은 응우엔에 따르면 분투형 플레이어(striving play)로 설명한다.

분투형 플레이어는 경쟁은 일시적인 게임 내에서 일어나는 행위성을 경험할 뿐 승리 그 자체에 크게 신경 쓰지 않는다. 물론 롤 경기에서 승리를 제외하고 무엇을 느낄 수 있느냐의 반문은 가능하겠지만, 많은 플레이어들은 롤 경기를 여가나 기분전환의 수단으로 즐기는 경우도 있다. 물론 프로 e스포츠 선수는 무언가를 성취해야 할 성취형 플레이어의 역할을 한다. 그럼에도 불구하고 경기에서 승리를 하기 위해서는 우승의 목적이 아니라, 자신이 그 경기를 즐기고 실패에서 다시금 배울 수 있는 기회는 삼는 플레이어가 우승의 가능성이 높다고 저자는 생각한다. 윤리적 관점에서 분투형 플레이는 그 자체를 즐기는 것에 주안점을 둔다면, e스포츠의 시간 낭비, 과몰입, 폭력성 등 낙인효과로 나타나지 않는다고 생각한다.

디자인된 윤리는 주어진 규칙에 따라야 한다는 점에서 강요된 윤리의 측면이 존재한다. 스포츠의 규칙은 존재하지만, 그것이 실제로 그대로 적용되어 활용되는 것에는 문제가 있다. 예컨대 축구의 반칙이라도 심판에 따라 다르게 적용될 가능성이 존재하기 때문이다. 반면에 e스포츠는 애매하지 않고 명확하게 제시된다. 플레이어가 할 수 있는 승리의 조건을 명확하게 제시함으로써 e스포츠에 참여하는 것 자체가 디자인된 공정성과 평등성의 규칙을 받아들이는 것을 전제로 한다.

3. 미적 경험의 윤리

미적(aesthetic)이란 논리적 판단이기보다는 감각적인 판단이지만, 또 다른 의미로 아름다움을 판단할 수 있는 능력까지를 포함한다. 과거에는 아름다움(美)은 윤리적으로 선(善)하다는 것과 연관 지어 설명하였다. 윤리적으로 좋은 행동은 미학적으로도 아름답게 보인다는 것이다. 미적 경험은 즐거움, 정서, 감각적 요소, 감정 이입, 생리학적 반응, 생생하게 깨어있는 의식 경험, 지식의 윤리적 내용으로 나타난다(박성봉 역, 2004: 51). 이를 통해 인간은 그 자체로 하나의 독특하고 개성적인 세계를 구성하는 능력을 갖는다(박성봉 역, 2004: 64). e스포츠의 미적 경험은 플레이어 자신의 움직임과 플레이어의 행동에서 얻는다. 전자는 자신이 e스포츠를 주도적으로 결정하고, 행동하고, 해결하는 과정에서 얻게 된다. 그 경험의 과정에서 플레이어는 열광, 재미, 몰입 등을 경험한다. 후자는 우리가 예측하지 못한 뛰어난 선수들의 경기력 발휘에 놀라움을 넘어, 아름다움을 느낀다.

스포츠의 미적 경험과 다르게 e스포츠 미적 경험은 자신의 시각장(the field of visual sensation)으로 직접 자신의 경기를 보거나 선수의 움직임을 통해 얻게 된다. e스포츠는 캐릭터에 자신의 감정이입을 할 수 있고, 그 움직임에 자신이 생생하게 살아 있음을 느낀다. 특히 현실에서 실제적으로 하지 못하는 상상력을 게임에서 발휘하여 살아있음의 느낌은 게임을 계속하게 한다. 이는 플레이하는 선수나 일반 플레이어에게도 정도의 차이는 있겠지만, 미적 경험을 한다는 점에서 다르지 않다. e스포츠의 특징인 참여자인 동시에 관전자의 역할은 미적 경험이 스포츠보다는 상대적으로 클 수밖에 없다. 그 속에서 결과를 즉각적으로 시각적으로 볼 수 있다는 점에서 미적 경험은 스포츠보다 크다. 이러한 몰입에 따른 미적 경험은 즐거움과 행복감으로 나타나겠지만, 그 경험이 부정적으로 연결될 때는 과몰입, 중독으로 해석된다.

롤을 만든 회사인 라이엇 게임즈(Riotgames)가 추구하는 가치는 플레이어가 최우선이라고 주장한다. 여기에서 핵심적인 요소는 플레이어로 하여금 의미 있고 지속적인 게임 경험의 영감을 불러일으키는 것이라고 하였다.[3] 구체적으로 e스포츠의 미적 경험은 자발적으로 자신이 마음이 드는 아바타나 캐릭터를 선택해서 즐기는 상황에서 나온다. 거기에는 특정한 감정의 결합으로 플레이어에게 만족스러운 오감을 자극하여 행복이라는 카타르시스의 생리적 반응을 일으킨다. 위에서 언급하였지만, 선수의 뛰어난 경기력을 보는 것에서도 미적 경험을 한다. 예컨대 페이커(Faker)는 뛰어난 라인전, 한타, 운영 능력에 따라 누구도 예상하지 못한 플레이를 보여줄 때 우리는 하나의 미적 경험을 한다.

미적 경험의 윤리는 예술적 행위나 미적 경험을 할 때 나타난 도덕적, 윤리적 차원을 다루는 개념이다. 이는 예술 작품을 감상과 창작하는 과정에서 발생하는 인간적, 사회적, 도덕적 책임을 강조하는 윤리적 접근이지만, 이는 e스포츠의 직접적인 미적 체험에도 적용이 가능하다. 물론 e스포츠가 윤리적 요소를 가지고 있느냐는 다른 차원에서 논

3) https://www.riotgames.com/en/who-we-are

의해야겠지만, 플레이어가 윤리적 태도가 없다고 말할 수는 없다. 게임하는 플레이어들은 그들 자신만의 윤리적 태도를 갖고 e스포츠에 참여한다. 그 속에서 윤리적 경험은 도덕적 행위의 개별적 특징과 자신만의 느낌을 동반한다. 다양한 경험의 과정에서 윤리적 태도는 유기적인 하나의 역동적인 움직임을 가능하게 한다.

e스포츠와 관련된 미적 체험의 윤리는 디자이너의 윤리적 문제와 연결된다. 자신의 게임 설계가 자신만의 상상력을 통해 자유롭게 표현할 수 있지만, e스포츠 관객들은 단순히 즐기는 수준을 넘어 게임 해석을 통해 윤리적 관점을 갖는다. 따라서 디자이너의 관점에서는 자신이 게임을 어떻게 설계하느냐에 따라 플레이어에게 윤리적 영향력을 미칠 수 있음을 고려해야 한다.

e스포츠 플레이어의 특징은 참여자인 동시에 관전자로서 경험한다고 하였다. 이러한 이중적인 역할은 자신의 행위와 행위성을 동시에 경험을 한다. 참여자와 동시에 관전자의 경험은 몰입과 자신의 변형에 따른 행위의 과정을 직접적으로 경험하는 것으로 연결된다. 예컨대 "컴퓨터상의 모든 일이 진행되기만 한다면, 우리는 댄서도 될 수 있고 그 댄서의 지휘자도 될 수 있다"는 것이다. 이것이 이중적인 경험을 통해 얻게 되는 행위성의 감각이다(한용환, 변지연 역, 2001: 149−150). 경기에서 자신이 무언가 될 수 있는 능동적인 경험은 윤리적 태도에도 영향을 미치고, 자신의 움직임에 반성할 수 있는 기회를 제공한다. 이 모든 행위성의 경험은 참여자와 동시에 관전자의 미적 경험에서 나온다.

행위성의 미적 경험이 윤리적으로 의미를 갖기 위해서는 경쟁의 과정에서 단지 승패의 의미를 넘어, 협력의 의미로 전환이 가능함을 경험해야 한다. 경쟁에서 협력이 가능할 수 있는가? 스포츠 경쟁에서 협력은 스포츠의 장르에 따라 다르게 설명이 가능하다. 단체전에서는 더 나은 경쟁을 위해서는 협력이 필요하겠지만, 상대를 타격하는 복싱의 경우에 폭력적인 행위가 도덕적으로 변화하기 힘들다는 사실이다. 물론 복싱에 참여한 사람들이 제도화된 경기 규칙에 동의하였기 때문에 상대를 가격함으로서 자신의 능력을 최대한으로 발휘하는 것은 선(善)으로 인식될 수 있다(Weinmer, 2012). 하지만 권투 기능이 뛰어난다고 윤리적 태도가 좋은 것은 아니다. 진정한 경쟁은 서로 경쟁에 참여한 플레이어가 그 경기에서 즐거움을 느껴야 하고, 자신의 참여를 통해 무언가를 느낄 수 있고, 그 경기에서 무언가를 배우는 것이 있을 때이다.

e스포츠의 참여와 경쟁은 스포츠와 다르게 전개된다. e스포츠의 참여는 서로 기량이 비슷한 사람들이 참여가 가능하다. 상대방에게 자신의 티어로 경쟁력을 보여준다. 자신의 능력을 속이는 것은 비윤리적 행위로 인식된다. 일방적인 승리는 즐거움이나 재미는 작동하지 않기 때문이다. 또한 각자가 참여하는 e스포츠의 장르에 대해 심리적 접근성은 다를 수밖에 없다. 누군가는 각자의 관심과 하고 싶은 것에 따라 선택한 FPS, MOBA, 철권과 같은 아케이드 경기 등의 선호도는 차이가 난다. 자신이 e스포츠 장르를 선택한 이유는 디자인이 설정한 각각의 e스포츠 경기가 주는 만족도가 개인에 따라 다르기 때문이다.

e스포츠의 미적 체험과 관련된 윤리적 측면은 서로 밀접한 관계를 맺는다. 플레이어의 행동이 게임의 시각적, 감각적 경험과 상호작용하면서 우리의 윤리적 행동에 영향을 미친다. 그 속에서 반성과 주도적인 활동이 가능한 윤리적 태도가 형성되기 때문이다. 따라서 e스포츠는 게임 플레이와 그로부터 얻는 미적 경험이 단순한 즐거움 이상의 가치를 지니는 영역이다. 물론 e스포츠의 미적 체험에는 폭력, 중독, 그리고 문

화적 편견과 같은 요소가 결부될 수 있으며, 이는 게임의 미적 경험을 윤리적 시각에서 비판적으로 접근해야 한다.

e스포츠 미적 경험과 관련된 윤리적 측면으로 고려해야 할 요소는 다음과 같다.

첫째, 폭력성과 윤리의 관계에 대한 이해이다. e스포츠의 게임 디자인에는 종종 폭력적 요소가 포함된다. 이는 플레이어에게 미적 경험으로 인식될 수 있으나, 폭력적인 그래픽과 연관되어 비윤리적 문제를 야기할 수 있다. e스포츠 게임에서의 폭력적인 그래픽은 긴장감과 몰입도를 높이는 미적 요소로 활용되지만, 지나치게 자극적인 폭력 묘사는 플레이어에게 부정적인 영향을 미칠 수 있다. 이로 인해 현실에서의 폭력성에 대한 무감각이나 정당화와 같은 윤리적 문제가 제기될 수 있다. 폭력적인 미적 경험은 청소년에게 유해할 수 있으므로, 연령에 따른 접근 제한과 이에 대한 윤리적 기준 마련이 필요하다. 따라서 게임 디자인에서 폭력적 요소를 미적으로 표현하더라도, 청소년들이 이를 무분별하게 접하지 않도록 규제하고 지도할 필요가 있다.

둘째, 게임 중독과 몰입이다. e스포츠의 미적 경험은 강력한 몰입감을 유도하여 플레이어에게 큰 즐거움을 주지만 동시에 중독을 초래할 가능성이 있다. 중독성 있는 미적 체험은 시각적, 청각적 자극을 통해 몰입감을 극대화하는데, 이는 긍정적 요소로 평가될 수 있지만, 지나치면 중독 문제를 일으킨다. 윤리적 관점에서 볼 때, 플레이어가 게임에 과도하게 몰입하지 않도록 균형 잡힌 디자인과 플레이 환경이 요구된다. 게임 중독으로 인해 사회적 관계와 건강에 부정적인 영향을 미칠 경우, 이는 윤리적으로 문제시될 수 있다. 이에 따라 e스포츠 개발자는 강렬한 미적 경험을 제공하면서도 중독 예방 장치나 시간제한 기능 등을 통해 윤리적 책임을 다할 필요가 있다. 물론 중독과 몰입은 동전의 양면이다. 어디까지 몰입이고 중독인지를 명확하게 구분하기는 힘들다.

셋째, 문화적 표현의 경험이다. e스포츠의 미적 경험에는 문화적 표현이 큰 비중을 차지한다. 이는 플레이어들이 다양한 세계관과 스토리의 경험과 연결된다. 하지만 이러한 표현들이 특정 문화나 성별, 인종을 왜곡하거나 편향되게 표현할 경우 윤리적 논란이 될 수 있다. 게임 내에서 특정 인종이나 성별을 편향적으로 묘사할 경우, 이는 e스포츠의 미적 체험이 부정적인 윤리적 영향을 미칠 수 있다. 게임 캐릭터의 디자인이나 스토리에서 특정 문화를 오도하거나 부정적인 이미지를 주는 것은 윤리적으로 적절하지 않으며, 모든 문화와 정체성을 공정하고 균형 있게 반영해야 한다. e스포츠는 전 세계에서 즐기며 공유하는 문화적 플랫폼이므로, 다양한 문화가 공존할 수 있는 환경을 마련하는 것이 중요하다. 따라서 모든 플레이어가 차별 없는 미적 경험을 할 수 있도록 문화적 다양성을 반영한 디자인과 콘텐츠가 필요하다.

넷째, 개인정보와 관전자 경험의 제공이다. e스포츠의 미적 체험은 플레이어뿐만 아니라, 관객의 시청 경험에서 나온다. e스포츠를 시청하는 관객들이 개인정보를 보호받고, 신뢰할 수 있는 환경에서 시청할 수 있도록 하는 것도 윤리적 과제이다. 여기에는 개인정보 보호가 필요하다. e스포츠 플랫폼에서 시청자와 플레이어의 개인정보 보호는 중요한 윤리적 문제이다. 예컨대 관객이 자신의 위치 정보나 관심사를 기반으로 맞춤 광고를 경험하게 하는 경우 개인정보 보호에 대한 명확한 정책이 마련되어야 한다. 시청 경험을 개선하기 위해 게임 중계 시 불필요하게 자극적인 장면을 줄이거나, 폭력적인 요소를 시청자가 조절할 수 있도록 하는 것이 필요하다. 이러한 조치는 윤리적 관점에서 시청자의 정신적 건강과 경험의 질을 보호하는 데 도움을 준다. 따라서 e스포츠의 미적 체험은 시각적, 감각적 즐거움을 제공하지만, 폭력성, 중독성, 문화적 편견 및 개인정보 보호 측면에서 윤리적 고려가 필요하다. e스포츠의 미적 경험이 더욱 윤리적인 방향으로 발전하려면, 디자이너와 투자사는 게임에서 폭력적 요소의 절제, 중독 예방, 다양성 포용, 그리고 개인정보 보호 등의 윤리적 기준을 고려해서 미적 경험을 제공해야 한다.

또 다른 측면에서 미적 경험의 윤리를 해명하는 데 중요한 요소는 e스포츠 주체의 역할이다. e스포츠의 주체는 관전자, 경기에 직접적으로 참여하는 참여자, 사회 구성원 등의 역할을 한다. 관전자는 뛰어난 프로 e스포츠 선수의 기술과 경기를 보고 즐긴다. 이러한 관전자는 직접 경기에 참여하여 자신의 기술을 발휘하기 위한 참여자로 연결된다. 직접 경기에 참여하여 상대와 겨루면서 승리와 패배를 느끼는 존재이다. 이는 단지 프로 e스포츠 선수만을 의미하지 않는다. 일반 사회 구성원은 네트워크를 통해 e스포츠에 참여함으로써 그들 간의 사회적 관계를 형성한다. 즉 경기를 통해 친구 간의 신뢰, 가족 간의 유대 등을 강화시킬 수 있다. 이러한 예를 잘 보여주는 경우가 바츠해방전쟁에서 잘 보여준다. 이 전쟁은 바츠라는 지역에서 군주의 폭정에 맞서 일반 평민들이 지배계층을 무너뜨린 사건이며, 2004년 6월부터 2008년 3월까지 약 4년간 대한민국의 MMORPG 리니지2의 바츠 서버에서 있었던 인터넷 전쟁을 말한다. 바츠해방전쟁은 당시 바츠의 지배계층은 '드래곤 나이츠(Dragon Knights, 이하 DK) 기사 집단이었다. 바츠의 군주인 아키러스는 DK 계급을 내세워 평민을 압박하였다. 이에 대항하여 모든 서버의 이용자가 연합한 전선(이하 바츠연합군)을 구축하였다. 이 전쟁에 참여한 사용자는 연인원 20만 명에 이른다. 비록 제대로 된 무기나 갑옷 없이 혁명에 참여했지만, 4년간의 긴 전쟁 끝에 시민들의 승리로 이어진다. 과거 프랑스 혁명과 같은 불평등과 관련한 논쟁이 오늘날 온라인 게임에서도 일어날 수 있음을 보여주었다. 이는 역으로 온라인 게임의 커뮤니티가 현실에도 영향을 줄 수 있음을 보여준다(남송우, 권유리아, 2009). 이 전쟁에 참여한 플레이어는 현실의 경험과 다름없는 미적 경험을 하였다고 말할 수 있다.

Part 03

e스포츠와 사회 윤리

e스포츠에 참여하는 행위는 개인의 영역을 벗어나 사회적 관계에도 영향력을 미친다. 이는 개인의 윤리적 행위가 사회적 윤리와 분리할 수 없음을 보여준다. e스포츠의 사회적 윤리에 대한 설명과 이해는 바람직한 공동체 형성을 위한 중요한 이론적 근거를 제공한다. 이를 위해 저자는 e스포츠와 관련된 사회 윤리를 논의하고자 한다. 9장에서는 e스포츠에서 발생하는 불평등의 문제를 인종 차별, 성 차별, 장애 차별, 토핑과 e토핑으로 설명하고자 한다. 10장에서는 인권과 법의 측면에서 e스포츠공정위원회, 스포츠공정위원회, e스포츠 진흥에 관한 법률, 3종의 e스포츠 표준계약서를 포함한 e스포츠 인권과 법의 내용과 문제를 논하고자 한다. 11장에서는 e스포츠 정책 윤리와 e스포츠 조직의 윤리와 관련된 탄생, 전개 과정, 한계 등을 논할 것이다. 12장에서는 e스포츠 경기와 진행에서 중요한 역할을 담당하는 지도자와 심판의 윤리를 검토할 것이다.

CHAPTER 9

e스포츠와 불평등

1. e스포츠와 인종 차별

'race'(인종)단어는 16세기부터 공동의 조상이나 계급 등의 의미로 사용되다가 17-19세기 대영제국이 확장하면서 일종의 생물학적 개념으로 등장하였다. 이때 유럽인은 원주민이나 아프리카인을 열등한 존재로 생각하였다. 하지만 인간은 모두 평등하게 태어났고 서로 존중받을 권리가 있다. 인종 간의 차이는 있겠지만, 차별은 인간이 만들어낸 가장 나쁜 행위이다. 차별의 인식은 평등하게 태어난 인간의 가치를 무너뜨린다. 그 차별 중 가장 나쁜 차별이 인종 차별이다. 인종에 대한 차별은 e스포츠도 예외는 아니다. e스포츠에서 보인 인종 차별은 특정 인종이나 민족적 배경을 가진 선수나 팀에 대한 편견, 부정적 고정관념, 그리고 혐오 표현 등 다양한 형태로 나타난다. 예컨대 2020년 COVID-19 팬데믹 동안 아시아 출신 선수나 국가들에 대한 서구 팬들과 일부 커뮤니티에서 보여준 인종 차별이다. 일부 팬들은 스트리밍 채팅이나 소셜 미디어에서 아시아인 선수를 대상으로 "코로나바이러스를 퍼뜨렸다"는 등의 비난과 조롱을 하였다. 중국 팀에 대한 편견도 존재하였다. 2018년 리그 오브 레전드 월드 챔피언십에서 중국 팀인 Invictus Gaming이 우승했을 때, 일부 팬들이 "중국 팀은 부정행위를 통해 승리했다"는 근거 없는 주장을 하였다. 이는 중국 e스포츠의 성장에 대한 질투와 아시아인에 대한 편견이 결합된 사례이다. 2014년 유럽 리그 오브 레전드 프로게임단 SK 게이밍(2013.11.02.–2015.11.08.) 소속으로 덴마크 출신의 정글러 스벤슨케런(Svenskeren)은 대만에서 진행되던 당시 롤드컵 현지 서버에서 아시아인 전체를 경멸 또는 비하하는 단어인 '칭총'을 인용해 '타이페이칭총(TaipeiChingchong)'이라는 아이디를 사용한 적이 있다. 비유하자면 미국 온라인에서 깜둥이이라는 '니거(nigger)'나 '니그로(negro)' 글자를 넣어 아이디를 사용한 것이다. 대만 수도인 '타이페이' 붙여 사용했다는 점에서 인종 차별적 의미가 명확하다. 데니스 욘센은 과거에도 유태인(jew)을 암에 비유하며 구설에 오른 적이 있다(김영록, 2014.09.17). 이러한 행동은 암묵적인 아시아인과 특정 인종 차별에서 기인한다.

차별은 아시아 지역의 인종적 차별만이 있는 것은 아니다. 서구에서는 흑인에 대한 차별도 존재한다. e스포츠에서 흑인 선수는 소수로 분류되며, 인종 차별적 발언과 편견에 노출되기 쉬운 상태에 놓여 있다. 미국 오스틴에서 진행된 하스스톤 대회인 드림핵 2016에서 인종 차별 문제가 발생하였다. 당시 결승전 경기가 중계된 스트리밍 방송 트위치 TV의 채팅창에서 경기에 출전한 다음 사진에 보인 흑인인 터런스 밀러(Terrenece Miller)에 대한 유저들의 인종 차별과 흑인 비하 발언이 심각한 수준을 보여주었다.[1]

1) https://andscape.com/features/terrence–miller–continues–to–thrive–as–one–of–the–worlds - top–hearthstone–players/

출처: https://liquiped ia.net/hearthstone/File:TerrenceM_DreamHack_ Aust in_2016.jpg

또한 유럽 e스포츠 내에서도 동유럽 간의 차별도 존재한다. 카운트 스트라이크의 커뮤니티에서는 서유럽 팬들이 동유럽 출신의 선수들에게 '저임금 노동자' 또는 '러시아의 봇'이라는 비하 발언을 하였다. 이는 동유럽에 대한 경제적, 사회적 편견에서 비롯된 차별의 한 예이다. 이와 같이 e스포츠와 관련된 인종 차별은 정치적 상황과 문화적 차이가 밀접하게 연결되어 특정 지역 플레이어의 잠재력이나 업적을 과소평가하는 경향을 보여준다. 인종 차별은 남미에서도 보인다. 브라질의 리그 오브 레전드 프로게임단인 레드 캔디드 소속 e스포츠 선수 '요다' 펠리페 노론하가 인종 차별적 발언으로 물의를 일으켰다. 그는 함께 리그에 출전하는 일본 선수들에 대해 닭에 비유하는 글을 개인 SNS에 남겼다. 그의 발언이 알려지면서 펠리페 노론하는 전 세계적으로 많은 비난을 받았으며 2,000달러의 벌금과 MSI 세 경기 출장 정지의 징계를 받았다 (이윤지, 2017.05.02.).

e스포츠 내 인종 차별을 해결하기 오버워치, 리그 오브 레전드 등 주요 리그 차원에서 다양성과 포용성을 강조하는 캠페인을 진행하고 있다. 롤의 행동 수칙은 공정한 경쟁에 장애가 되는 요소에 대해 경고와 제재를 한다고 하였다. 왜냐하면 공정함은 부정행위, 게임 체계의

악용, 일체의 괴롭힘, 대상이 누가 되었든 실력 발휘에 지장을 주는 행위 등을 의미하기 때문이다. 롤을 만든 라이엇 게임즈(Riots Games)는 폭언이나 혐오발언, 성희롱과 같이 의사소통 수단을 악용하는 것을 반대한다.[2] 그럼에도 불구하고 특정 지역 플레이어의 능력이나 업적을 과소평가하는 경향에서 출발한 인종 차별은 여전히 사라지지 않고 있다.

인종 차별의 경우에 한국 선수도 예외가 아니다. 모든 지역 게이머들의 대화합의 장이 되었어야 할 2016년 라틴 아메리카 롤 올스타전 중계에서 한국의 프로게이머 '벵기' 배성웅이 인종 차별을 당하였다. 당시 경기 진행을 맡은 캐스터와 해설자가 배성웅에 대해 아시아인을 비하하는 인종 차별 유머를 사용하였기 때문이다. 해당 리그 측은 바로 사과문을 게재하고 물의를 일으킨 캐스터와 해설자를 교체했지만, 논란이 커지자 결국 그들을 해고했다(김병호, 2017.05.01.).

토론토 e스포츠 소속 오버워치 종목 프로게이머 '델러' 맷 바운은 자신의 개인 방송 중에 인종 차별성 단어를 남용하면서 많은 문제를 야기 시켰다. 이에 따라 토론토 e스포츠 회장 라이언 팔렛은 그와의 계약을 파기하고 방출 소식을 알리며 "토론토 e스포츠는 평등을 기반으로 형성된 조직이고, 어떠한 형태의 차별도 절대 용납하지 않는다"고 강조하였다. 이에 대해 블리자드 CEO 마이크 모하임은 "해당 대회를 보고 있던 일부 시청자들이 공격적인 인종 차별 발언을 했다는 것에 정말 실망했다"고 하였다. 이는 블리자드가 중요하게 여기는 가치인 공정한 경기와 멋진 승부 추구에 역행한다. 블리자드는 게임 내외적으로 인종 차별, 성 차별을 비롯해 그 어떠한 형태의 차별 행위도 용납하지 않는다.

2) https://www.leagueoflegends.com/ko-kr/event/league-of-legends-code-of-conduct/

또한 이번 일을 계기로 많은 사람이 더 사려 깊고, 긍정적인 자세를 보여주길 바란다며 자사 게임 사용자들의 인종 차별적 발언을 강하게 규탄하였다(김병호, 2017.05.01.).

한국 선수도 인종 차별로 징계를 받았다. 2016년 9월 리그 오브 레전드 프로게임단 I MAY 소속 선수인 '로드' 윤한길은 롤드컵에서 팀 동료에게 인종 차별적 채팅과 같은 행동으로 출장 정지와 벌금을 받았다(박상진, 2016.10.08.). 라이엇의 행동 강령에 따르면 불법, 유해, 위협적, 모욕적, 공격적, 명예 훼손적이거나 저속, 음란, 성적으로 노골적이거나 인종 차별적, 민족 차별적이거나 기타 불쾌한 언어를 전송하거나 주고받는 행위를 금지하고 있다.[3]

이러한 e스포츠에서 보이는 인종 차별적 발언은 어떻게 보아야 하는가? 관점에 따라 인종 차별 발언을 유머 코드로 이해하는 사람들도 존재한다. 특히 인종 차별 문제에 대해 상대적으로 둔감했던 아시아 및 제3세계 국가에서는 이러한 농담에 대해 다소 관대한 편이다. 그러나 분명한 것은 우리가 그러한 농담에 대해 관용해서는 안 된다는 것이다. 누군가는 하나의 유머의 일종으로 해석할 수는 있겠지만, e스포츠가 지역과 나이 성별의 차별 없이 참여 가능한 평등성의 가치와 배치된다. 특히 인격이 성숙하는 과정의 청소년들에게 많은 영향을 줄 수 있는 글로벌 e스포츠의 프로 선수라면 더욱 엄격한 잣대가 적용되어야 한다. e스포츠 리그에서 활동하는 선수들의 연령대가 어린 만큼, 인종 차별에 대한 심각성을 깨닫고 지양할 수 있도록 소양 교육을 하는 것이 중요하다. 하지만 e스포츠 선수들의 경우, 어린 나이에 선수생활을 시작해 상대적으로 교육의 기회가 부족한 것은 사실이다. 한국에서 e스포츠 윤리 소

3) https://legal.kr.riotgames.com/tos?current=bltb7dd2d7684bcfad8#7

양 교육은 한국e스포츠협회에서 진행하고 있지만, 아지 체계적인 교육 과정이 있어 진행되는 것은 아니다. 교육 내용은 주로 선수의 인성 교육 및 욕설 방지를 포함해 e스포츠 부정 방지, 은퇴 후 진로 탐색 등의 주제 등으로 진행되고 있다.

2024 리그 오브 레전드 월드챔피언십(롤드컵)의 주제곡 뮤직비디오에서도 인종 차별의 논란이 있었다. 라이엇게임즈는 대회 주제곡 '헤비 이즈 더 크라운(Heavy Is The Crown)'의 뮤직비디오를 만들었다. 이 롤드컵 주제곡 뮤직비디오는 지난해 우승팀의 서사를 중심으로 제작되었다. 문제는 이 뮤직비디오는 우승팀인 T1 선수들의 모습이 제대로 묘사되지 않았다는 사실이다. 이 영상에 등장하는 서양 선수들의 얼굴 모습은 뚜렷하게 구분되었지만, 아시아계 선수들은 쌍꺼풀이 없는 외꺼풀 눈에 개성이 없는 비슷한 얼굴로 그려졌기 때문이다. 비디오에서 보이는 선수의 확인은 얼굴이 아니라, 머리 모양이나 안경 착용 여부를 고려해야만 식별이 가능하다(김현정, 2024.09.08.). 이는 서구인에게 한국 선수들을 구분하기란 쉽지 않은 것에 근거한 서구인의 관점이 개입된 결과로 생각한다.

출처: e스포츠 결승전의 서사에서 영감을 받은 비공식 일러스트(생성형 AI)

뮤직비디오의 내용도 T1의 우승 과정이 극적이었는데 이와 관련된 내용이 제대로 표현하지 못했다는 아쉬움도 존재한다. 또한 뮤직비디오에 참여한 미국 록 밴드의 린킨 파크(Linkin Park)의 퍼포먼스 비중이 T1 소속의 선수보다 비중이 더 큰 것에 많은 논란을 일으켰다(김성하, 2024.09.27.).

e스포츠에는 인종 차별 이외에도 다양한 불평등이 존재한다. 첫째, e스포츠의 지역적 불평등이다. 특정 지역인 예컨대 서유럽, 북미, 한중일 동아시아의 플레이어는 각종 국제 대회에서 대표가 되는 기회를 많은 반면에 아프리카나 남미 등 다른 지역의 경기 개최는 적은 지원과 기회를 갖는다. 디지털 시스템이 잘 갖추어진 선진국에서 e스포츠 경기가 활성화가 되겠지만, 이는 e스포츠 팀의 스카우팅 시스템과 투자와 연결되어 지역적 불평등을 심화시킨다. 둘째, 언어의 차별성이 존재한다. 영어 중심의 커뮤니케이션 구조는 비영어권 플레이어에게 불리할 수 있고, 이는 특정 문화에 대한 편견이나 이해 부족이 인종 차별로 이어질 가능성으로 나타난다. 이러한 불평등을 제거하기 위해서는 글로벌 리그가 다양한 국가와 지역에서 선수를 발굴하고 지원하는 스카우팅 시스템의 확립과 영어 중심을 벗어난 교육의 기회가 제공되어야 한다.

경기의 측면이 아닌 e스포츠 커뮤니티와 스트리밍 플랫폼에서는 종종 인종 차별적 발언이나 행동은 문화의 다양성 강조라는 측면에서 극복해야 할 문제이다. e스포츠는 본질적으로 남녀 차별, 인종 차별이 없는 평등성을 지향하기 때문이다. 인종 차별 및 성 차별적 행동에 대한 강력한 규제와 제재가 필요하다. e스포츠 디지털 경쟁의 장이 되기 위해서는 구조적이고 사회적 문제로 인해 특정 집단이 배제되거나 차별의 경험을 배제해야 한다. 또한 남성과 여성이 동일한 경쟁 환경에서 실력을 증명할 수 있는 기회 확대가 보장되어야 한다. 이러한 문제를 해결하기 위한 팀, 리그, 커뮤니티, 플랫폼 차원, 그리고 e스포츠 회사 차원에서의 지속적인 노력과 협력이 필요하다. 또한 성 차별의 근본 원인인 문화적 편견과 고정관념을 변화시키기 위한 교육과 공감대 형성이 필수적이다.

e스포츠 그 자체는 차별이 없고 누구나 경기에 참여하여 즐긴다. 왜냐하면 누구나 지역, 종교, 계급, 인종, 성별과 관계없이 참여가 가능하기 때문이다. 진정한 e스포츠를 즐기는 플레이어라면 e스포츠가 지향하는 평등의 가치를 받아들여야 한다. 우리가 게임에 참여하는 것은 상대의 존중을 전제로 한다. e스포츠의 전제가 공정하고, 차별이 없다는 상황에서 경기에서 승리를 했을 때 만족감과 행복의 경험이 진정한 e스포츠인이다.

2. e스포츠와 성 차별

e스포츠에서 성 차별 문제는 여성 및 성소수자에게 발생하는 불평등과 차별을 말한다. 이는 성별에 따른 편견과 문화적 고정관념에서 기인한다. e스포츠는 전통적인 스포츠와 달리 성별에 따른 신체적 조건 차이가 영향을 미치지 않음에도 불구하고, 여전히 남성 중심적인 구조가 강하게 자리 잡고 있다. 이에 따라 여성 선수들의 활동이나 권리 보호에 상대적으로 관심이 부족하다. 스포츠와 마찬가지로 e스포츠에서도 성 차별은 현실적으로 존재한다.

e스포츠 경기는 외형적인 신체적 조건에 좌우되지 않는 관계로 성별과 관계없이 경기에 참여하여 자신의 능력을 발휘할 수 있는 기회가

보장되어야 한다. 하지만 현실에서 e스포츠 경기에서 여성을 찾아보기란 쉽지 않다. 지속적으로 성장하는 프로 e스포츠 영역에 정상급 여성 선수의 비율은 5%에 지나지 않는다. 수입은 남성의 10분 1이며, 선수의 부족과 경제적 대우는 남성보다 빈약한 것이 사실이다(연합뉴스, 2016.11.21.). 여성보다 남성이 더 많이 e스포츠를 즐기는 상황에서 선수의 비대칭의 비율과 대우는 당연하다는 견해도 존재한다. e스포츠를 만들거나 운영하는 주체의 다수는 남성이기 때문이다. 하지만 그러한 사항이 성 차별 허용의 이유가 될 수 없다.

e스포츠에서의 성 차별은 두 가지로 나타난다. 하나는 남녀 성비의 불균형이다. 현실적으로 프로 e스포츠 선수는 대부분 남자들이며, 여성 선수들의 비율은 낮다. 물론 이것이 남성이 e스포츠를 더 좋아하는 것을 보여주는 것은 아니다. e스포츠 개발자의 수가 여성보다 남성이 훨씬 더 많음으로써 e스포츠 경기 장르도 남성 중심적 보여주었기 때문에 남성 유저에게 더 호응을 받는 순환적인 구조를 형성하였다. 또 다른 측면은 e스포츠 문화의 여성 차별과 혐오라는 고질적인 문제이다. 게임 내에서 발생하는 언어적, 문화적 성 차별 문제는 여성 선수와 관객 모두에게 부정적인 영향을 미친다. 스트리밍에서 스트리머와 해설가는 종종 외모에 대한 부적절한 성희롱의 발언으로 성적 대상자는 피해를 입는다. 이는 e스포츠의 물리적 환경에서도 성 차별이 존재함을 보여준다. 경기에서 여성의 음성에 대한 채팅 중 성적 발언이나 모욕을 경험하면, 여성 플레이어가 음성을 끄고 플레이하거나 심하면 게임 자체를 떠나게 된다. 여성 선수는 종종 경기에 참여하는 동안 성적인 모욕과 편견에 시달리며, 이는 결국 여성 게이머들이 e스포츠에 대한 흥미를 잃게 만드는 요인으로 작용한다. 예컨대 2022년 브라질 태생인

'체르나'로 활동한 레인 보우 식스의 '다니엘러 안드라데'가 게임 도중 다른 플레이어의 인종 및 성 차별적 성희롱으로 리그 중단을 선언하였다 (김서연, 2023.09.01.). 성 차별과 다르지만, 보스턴 봉기(Boston Uprising) 소속의 와이들 머핀 바살(Walid Mouffin Bassal)는 성추행으로 기소되었다.[4) e스포츠에서 성 차별이 나타나는 이유는 앞에서 언급한 e스포츠가 남성 중심의 산업이라는 사회적 고정 관념의 영향이다. 여기에 덧붙여 남성 중심의 커뮤니티 문화도 고려해야 한다. e스포츠 커뮤니티 내 일부 남성 유저들이 여성 선수를 부정적으로 보거나 비하하는 발언은 여성 선수가 커뮤니티에 자연스럽게 융화되지 못하게 하는 원인이 된다.

남성 선수에게 비해 여성 선수들이 받는 후원과 투자 기회가 적으며, 여성 전용 리그에만 국한된 경우도 많아 여성이 커리어를 지속하기 어려운 것이 사실이다. 하지만 e스포츠에서 성 차별 문제를 해결하고자 여러 리그와 기업들이 개선 노력을 기울이고 있다. 예컨대 G2 Hel과 같은 여성 선수들로만 구성된 롤 팀이 있고, '발로란트 게임 체인저스'와 같은 여성전용 리그를 만들어 운영 중이다(김서연, 2023.09.01.). 일부 리그와 팀은 스포츠 성 차별 문제를 개선과 해결에 많은 노력을 하고 있다. 예컨대 라이엇 게임사는 여성 참여와 젠더 확대를 위해서는 여성 전용 리그와 대회인 Game Changers 프로그램을 개최하였다. 그리고 여성 e스포츠 선수를 위한 멘토링 및 훈련 프로그램의 지원을 한다고 하였다[5)]. 물론 이러한 별도 리그가 여성의 메인 리그 진출을 방해할 수 있다는 우려도 존재한다. 하지만 카운트 스트라이크 팀인 Imperial Fe의

4) https://www.espn.com/gaming/story/_/id/28995742/boston-uprising-release-mouffin-following-allegations-sexual-misconduct

5) https://valorantesports.com/en-GB/news/game-changers-2024-championship-expansion-new-mobility-policies

경우도 존재한다. 그 팀은 여성으로만 이루어졌고, 이들은 실력으로 여성부가 아닌 일반 e스포츠 대회에 참여를 하고 있다(Nicholson, 2025.01.27.).

한국에서도 2022년 여성 e스포츠 대회가 'WE-KUS컵 리그 오브 레전드'를 개최하였다. 이를 통해 성 차별적 발언을 억제하고, 여성 선수와 성소수자가 존중받을 수 있는 환경 구축의 가능성을 보여주었다. e스포츠 종목 회사는 남녀 혼성팀 아마추어 대회를 개최하여 성 차별에 대한 인식변화의 기회를 가져야 한다. 그러나 가장 중요한 것은 성 차별에 대한 선수들의 인식 전환이 우선되어야 한다. e스포츠에서 보여준 성 차별은 게임 회사에서도 보인다. 예컨대 라이엇 게임즈의 여성 직원 2명은 지난 2018년 회사가 업무배치, 승진에서 조직적인 성 차별과 괴롭힘을 받았다고 소송을 제기했다. 이들은 라이엇 게임즈가 성별에 따라 임금 차별과 캘리포니아주의 동일 임금법을 위반했다고도 주장하였다. 이에 따라 라이엇 게임즈는 소송의 합의를 위해 1억 달러, 즉 우리 돈으로 약 1189억 원을 지급했다(송주상, 2021.12.28.).

e스포츠에서 성 차별 극복의 경우는 게구리(Geguri) 김세연이다. 그녀는 프로 오버워치 선수로 e스포츠의 여성 선수로서 상징적인 인물이다. 그녀는 5살부터 게임을 배웠고, 뛰어난 실력은 세계적으로 주목을 받았다. 그녀는 2019년 타임지가 선정한 차세대 리더로 인정받았다. 하지만 초기에 프로 경력 동안 뛰어난 아시안 여성 게이머라는 사실 때문에 차별적인 경험을 겪었다. 그녀는 오버워치에서 Zarya라는 캐릭터로 뛰어난 플레이를 보여주었다. 그녀의 정밀한 조준 실력은 '에임 봇'과 같은 불법 프로그램을 사용하고 있다는 의혹을 받을 정도로 뛰어났다. 2016년 아마추어 플레이어 시절 그녀는 온라인 커뮤니티에서 일부 남성 게이머와 프로팀 선수들에게 조작 의혹을 받았는데, 그녀는 자신

의 실력을 입증하기 위해 생방송에서 플레이를 보여 주기도 했다. 이 모든 차별은 e스포츠에서 남성우위의 인종 차별에 기인한다. 관전자들은 그녀가 경기에서 뛰어난 실력을 보일 때마다 여성이 이런 실력을 보일 수 없다는 성별에 근거한 선입견에 기인한다. 이러한 성 편견은 남성 프로 선수들에게도 보인다. 남성 프로 선수는 공개적으로 그녀가 불법 프로그램을 사용하고 있다고 비난했고, 이 중 일부는 그녀 실력이 입증된 이후 은퇴를 선언하기도 하였다. 그녀는 이러한 차별과 편견에도 불구하고 자신의 실력을 입증하며 오히려 더 많은 팬들의 지지를 얻었다. 그녀는 성 차별과 인종 차별에 굴하지 않고 프로게이머로 성장하면서 많은 여성 게이머들에게 희망과 영감을 주는 사례가 되었다.

게구리 사건 이후 e스포츠 커뮤니티는 여성 및 소수자를 위한 포용적 환경을 조성해야 한다는 요구가 증가했다. 오버워치 리그와 같은 주요 리그에서는 차별과 혐오 발언을 방지하기 위한 규정을 강화하고, 다양성을 증진하기 위한 노력을 기울이고 있다. 그녀의 존재는 단순히 여성 게이머로서가 아니라, 뛰어난 실력으로 게임 산업에 남성과 동등한 실력을 보일 수 있음을 증명하였다. 그녀의 경력은 여성과 소수자가 e스포츠에서 겪는 어려움을 조명하면서도, 이를 극복하고 성공할 수 있음을 보여주는 사례로 평가받는다. 그녀의 활동은 e스포츠에서 성별, 인종, 문화적 다양성을 확대하는 데 중요한 역할을 하였다. 그럼에도 불구하고 여전히 개선해야 할 구조적인 사회적 문제들이 존재한다.

게구리의 성별 편견 이외에도 팀에 대한 편견도 존재한다. 이는 LoL 여성 팀의 차별적 평가에도 나타난다. 2019년 브라질의 리그 오브 레전드(LoL) 팀 '인트레피드 폭스(Intrepid Fox)'는 남성 선수와의 혼합 팀으로 경기에 참여하여 패배한 후, 일부 커뮤니티가 "여성 팀은 진지한 경쟁력이 없다"고 비난했다. 이러한 생각은 여성 팀과 선수를 프로 리그에서 낮은 실력이 있다는 것으로 고정관념을 가지게 되고, 그들의 노력을 평가 절하하게 된다.

e스포츠의 성 평등을 위한 미래 과제는 다음과 같다. e스포츠에서 성 차별 문제를 완전히 해소하기 위해서는 성 차별적 발언에 엄격한 규제를 해야 하고, 팀 내부에서도 이를 금지하는 규정과 이를 뒷받침할 수 있는 법적 강제력을 가진 제도가 확립되어야 한다. 여성 선수가 커리어를 지속하기 위해 여성 선수에게만 지원하는 트레이닝과 멘토링 프로그램을 운영할 필요가 있다. 또한 성소수자를 포용하기 위해 게임 회사는 성소수자를 받아들이는 개방된 태도와 성소수자의 차별문제를 해결하기 위한 노력도 필요하다.

3. e스포츠와 장애 차별

e스포츠는 좌식성의 PC 경기에 한정해 본다면, 외형적으로 장애인과 비장애인의 경기 능력과 관련해서 크게 차이가 나지 않는다. 다른 종목보다 장애를 가진 이유로 e스포츠 참여의 차별은 상대적으로 적다. 장애인과 비장애인이 함께 e스포츠를 즐길 수 있는 기회가 훨씬 더 많이 존재한다. e스포츠는 다른 스포츠 종목보다 장애 차별의 규정 자체가 약하다.

장애인 차별금지법은 장애를 이유로 한 모든 형태의 차별을 금지하고, 장애인들이 동등한 권리와 기회를 보장받을 수 있도록 하기 위한 법률이다. 대한민국에서 이 법은 2008년 4월 11일에 제정된 '장애인차별금지 및 권리구제 등에 관한 법률'로 보장하고 있는데, "이 법은 모든 생활영역에서 장애를 이유로 한 차별을 금지하고 장애를 이유로 차별받은 사람의 권익을 효과적으로 구제함으로써 장애인의 완전한 사회참여와 평등권 실현을 통하여 인간으로서의 존엄과 가치를 구현함을 목적으로 한다"고 명시하고 있다.[6] 나아가 이 법은 장애인이 사회의 모든 영역에서 평등한 대우를 받을 권리를 보장하고, 차별을 당했을 때 이를 구제받을 수 있는 절차를 명시하고 있다.

장애인 체육과 관련해서는 국민체육진흥법(제34조)에 근거하여 대한장애인체육회가 2005년에 설립되었다. 장애인들이 스포츠 활동 참여하여 누릴 수 있는 권리는 재활 및 예방의 신체 가치 이외에도 스포츠 참여를 통해 지역 사회와 상호 관계를 증진시킨다. 또한 경쟁 경험은 비장애인들에게 사회적 정체성과 자존감 형성에 도움이 된다(한국체육철학회, 2015: 66).

이는 e스포츠에도 적용이 가능하다. 2000년대 e스포츠의 등장은 장애인들도 관심을 갖게 되었고, 장애인이 차별 없이 e스포츠도 즐길 수 있다는 권리로 생각하였다. 국내 첫 장애인 e스포츠 대회는 2004년 모 대학에서 개최된 게임전문 방송사 온게임넷이 청각 장애인들을 대상으로 하는 스타크래프트 대회였다. 그 이후 국립특수교육원 등의 후원을 통해 전국 장애 학생 e페스티벌로 발전하게 되었다(한국콘텐츠진흥원, 2011). 오늘날에는 대한장애인체육회의 주관으로 전국장애인 e스포츠 대회가 열리고 있다. 장애인 e스포츠에 대한 관심은 2008년 대한장

6) https://www.law.go.kr/lsInfoP.do?lsId=010420&ancYnChk=0#0000(장애인차별금지 및 권리 구제 등에 관한 법률). 장애인 차별금지법은 장애인들이 평등한 권리를 보장받고 차별로부터 보호받을 수 있도록 법적 근거를 마련하는 중요한 제도이다. 이 법은 장애인에 대한 다양한 형태의 차별을 방지하고, 그들이 비장애인과 동등한 조건에서 사회 활동을 할 수 있는 환경을 조성하기 위한 정책적 기틀을 제공하고 있다.

애인 e스포츠연맹(www.//ke-sa.org/)의 발족으로 이어졌고, 이후 전국에 13개의 지부를 설립하며 장애인 e스포츠의 발전에 기여하고 있다. 2012년에는 e스포츠 진흥법에 따라 국제장애인e스포츠연맹(International e-Sports Federation for the Differently Abled, 약칭 IeSA)이 설립되는 등 장애인 e스포츠의 발전을 위해 체계화된 조직들이 생겨나기 시작했다. 그럼에도 불구하고 이와 같은 신규 장애인 조직의 설립과 역할이 장애인 e스포츠의 발전에 지속적인 유의미한 영향을 미치는지에 대해서는 긍정과 부정의 입장이 존재한다. 긍정적인 측면으로 e스포츠 종목 경쟁에 참여함으로써 얻게 된 자신감, 사회성 증진, 장애 극복의 의지를 불러일으켰다. 하지만 이러한 장애인들의 노력과는 별도로 장애인 e스포츠를 발전시켜야 할 단체인 대한장애인 e스포츠연맹의 횡령 사건은 법적 제도적 장치가 아직 완벽하지 않음을 보여준다.

"장애인 e스포츠란 장애인들의 신체적·정신적으로 주어진 조건하에서 컴퓨터 및 네트워크, 기타 장비 등을 이용하여 승부를 겨루며 경기화 된 스포츠로서 지적 능력과 신체적 능력을 증진시키는 활동이다" (한국콘텐츠 진흥원, 2011). 따라서 장애인 e스포츠는 신체적, 감각적, 혹은 지적 장애를 가진 사람들이 비장애인과 동일하게 e스포츠를 즐기고 경쟁할 수 있도록 하는 것을 목표로 한다. 이를 통해 장애인들도 디지털 환경에서 자기표현, 경쟁, 사회적 연결을 할 수 있는 기회를 제공받으며, 기술과 지원 장비 등을 통해 다양한 장애 유형을 가진 사람들이 비장애인과 동등한 조건에서 참여할 수 있게 된다.

장애인 e스포츠는 장애 등급에 따른 종목별 경기가 추가된다는 점에서 e스포츠와 마찬가지로 다양한 종목의 경기가 진행된다. e스포츠는 모니터, 컴퓨터, 인터넷만으로 스포츠에서와 같이 넓은 특정한 장소가 필요하지 않다. 따라서 장애인의 참여 가능성이 높다. e스포츠 종목에 따라 비장애인들과 함께 e스포츠 활동을 즐기면서 두 집단 간의 간극을 좁힐 수 있는 계기가 된다. 사회 통합의 관점에서 본다면, 장애인에 대한 인식 개선에 도움이 된다(국립특수교육원, 2016; 최명진, 2010). 장애인들도 e스포츠를 통해 비장애인과 같이 스트레스 감소 효능을 느끼며, 경쟁을 통한 자신감과 자존감 향상뿐만 아니라, 사회성 증진에도 도움을 준다. 여기에 스포츠는 장애인들의 디지털 정보 습득을 위한 도구로서 역할을 한다(박성희, 2019).

현재 한국에서는 컴퓨터와 인터넷 그리고 가상공간 활용에 따른 리그 오브 레전드, 카트라이더, FC 온라인과 니텐도 스위치 스포츠 볼링, 휠체어 레이싱, 인도어로잉과 같은 기기를 통해 신체적 건강에 초점을 맞추어 e스포츠 장애인 경기가 진행되고 있다. 장애인 e스포츠는 장애인들이 지식정보화 사회 속에서 소외되지 않고, 온라인 게임을 즐기는 과정에서 스트레스를 해소함과 동시에 비장애인들과의 상호작용 기회 확대를 제공한다(박성희, 이예훈, 김보미, 2019). 따라서 장애인 e스포츠의 목적은 장애인들이 e스포츠를 통해 자신을 표현하고, 사회에 참여하며, 즐거움을 추구할 수 있는 기회를 제공하는 데 있다. 이를 통해 장애인들은 신체적 제약을 넘어 자아 존중감과 경쟁력을 높이고, 사회적 통합과 포용에 기여해야 한다.

장애인 e스포츠의 필요성은 여러 측면에서 설명할 수 있다.

첫째, 사회적 통합과 포용이다. 장애인 e스포츠는 장애인과 비장애인이 함께 즐길 수 있는 포용적인 환경을 조성하여, 사회적 통합을 촉진하는 데 중요한 역할을 한다. e스포츠 종목 중 좌식성의 경기는 물리적인 제약을 뛰어 넘어 온라인에서 동등한 조건으로 경쟁할 수 있는 장을 마련해 준다. 이를 통해 장애인들도 비장애인과 함께 팀을 이루거나 경쟁하면서 동등한 기회를 가질 수 있다. 장애인의 이러한 경험은 사회적 통합에 중요한 역할을 할 수 있을 것이다. 하지만 장애인과 비장애인이 같이 경기에 참여하여 경쟁하기에는 아직 주변 환경이 마련되지 않아 장애인 e스포츠 경기에만 참여하고 있는 것이 현실이다(박민, 2024.06.13.).

둘째, 심리적, 정신적 만족감을 제공한다. 많은 장애인들이 신체적인 한계로 인해 현실에서 경험하기 어려운 도전과 경쟁을 가상세계에서 경험함으로써 긍정적인 심리적 효과를 얻을 수 있다. 성공적인 이러한 경험은 그들의 삶의 질을 향상시키는 데 기여한다. 시각장애인이 비장애인 선수를 대상으로 우승을 한 경우도 존재한다. 네덜란드 출신 시각장애인 스벤(Sven)은 스페인 마드리드에서 열린 스트리트파이터 5 대회인 '소닉붐 토너먼트'에서 비장애인 플레이어를 상대로 승리를 따냈다. 헤드셋을 이용하면 왼쪽과 오른쪽에서 일어나는 움직임의 구분이 가능하고, 모든 캐릭터의 킥과 펀치가 서로 다른 소리가 난다는 사실을 안다. "물론 이를 듣고 게임을 하려면 소리들을 오랫동안 연구해야 했다"라고 덧붙였다. 즉 그는 보이지 않는 상대 움직임에 따른 고유의 음향을 기억하고 게임에 참여하였다(한국일보, 2017.04.05.).

출처: 장애 유무와 관계없이 함께한 게임 대회에서의 우승 순간을 창작적으로 표현한 일러스트(생성형 AI)

셋째, 경쟁력 및 자립 의지를 고취시킨다. e스포츠는 장애인들이 신체적 제약을 극복하고, 기술적 능력과 전략적 사고를 통해 경쟁할 수 있는 기회의 경험을 제공한다. 이를 통해 장애인들이 경쟁력을 높이고, 독립성과 자립 의지를 고취할 수 있다. e스포츠는 앞에 언급한 사례를 보듯이 개인적인 능력에 따라 성공할 수 있는 분야이다. 장애인들도 다양한 방식으로 자신의 능력을 발휘하고 발전시켜야 한다.

넷째, 신체적, 정신적 재활에 도움이 된다. e스포츠는 장애인들에게 재활의 한 형태로 사용이 가능하다. 특히 뇌-컴퓨터 인터페이스나 특수 장비를 사용하여 장애인들이 신체 기능을 회복하거나, 정밀한 조작을 연습할 수 있는 기회를 제공한다. 예컨대 VR e스포츠 종목은 신체적 능력을 개선하는 데 도움이 될 수 있으며, 동시에 정신적 회복에도 긍정적인 영향을 미칠 수 있다. 따라서 장애인들이 e스포츠를 통해 신체적, 정신적 재활을 경험함으로써 이를 더 나은 일상생활에서의 삶 영위에 도움이 된다.

다섯째, 장애 인식 개선에 도움이 된다. 장애인 e스포츠는 사회 전반에 걸쳐 장애에 대한 인식을 개선하는 중요한 도구로 작용할 수 있다. 많은 사람들이 장애인들이 신체적 제약을 가졌음에도 불구하고 경기에서 좋은 성과를 내는 것을 본다면, 그들의 능력을 존중하고 이해할 수 있는 기회를 얻는다. 이를 통해 장애에 대한 편견을 줄이고, 장애인에 대한 긍정적인 인식을 확산시킬 수 있다. 예컨대 피파 온라인의 장애인 프로 e스포츠 선수인 박주현이다. 그는 정상인과 함께 경기를 참여하여 좋은 성적을 얻기도 하지만, 경기 접근성의 어려움으로 장애인 경기에만 참여하여 장애인 국가대표로 국제 경기에 참여한다.

여섯째, 기술적 혁신과 접근성 향상에 기여한다. 장애인들이 e스포츠에 참여할 수 있도록 하기 위해서는 특수한 기술과 장비가 필요하다. 이에 따라 장애인에 맞는 e스포츠의 종목이 탄생하기 위해서는 종목과 관련된 기술적 개발이 뒷받침되어야 한다. 장애인 e스포츠의 확산은 음성 인식, 맞춤형 컨트롤러, 뇌-컴퓨터 인터페이스 같은 기술은 장애인뿐만 아니라 모든 플레이어의 편의를 높이는 데 기여할 수 있다.

일곱째, 국제 대회 및 협력 확대에 기여가 가능하다. 장애인 e스포츠는 국제적인 대회와 협력을 통해 장애인들이 글로벌 무대에서 경쟁할 수 있는 기회를 제공한다. 이는 장애인들에게 글로벌 경쟁력을 키우고, 다양한 나라의 선수들과 교류하면서 서로의 문화를 이해하고 협력하는 기회를 제공할 수 있다. 예컨대 올림픽에서 e스포츠 종목화의 논의가 있듯이 패럴림픽(Paralympics)에서 장애인 e스포츠 종목이 인정받아 장애인 e스포츠를 통해 국제적인 연대와 협력을 촉진해야 한다. 이는 장애인 e스포츠 경기의 경쟁력 강화에 도움을 준다.

결론적으로 장애인 e스포츠는 장애인들에게 사회적 참여, 심리적 만족감, 경쟁력 향상 등의 기회를 제공하는 중요한 플랫폼이다. 장애인 e스포츠는 e스포츠 경쟁과 참여 경험을 통해 신체적 제약을 극복하고, 게임을 통해 성취감을 느끼며, 사회적 통합을 이루어 나가는 데 중요한 역할을 하기 때문이다. 따라서 장애인 e스포츠가 그들만의 참여이기보다는 포용적인 사회와 평등한 기회 제공이 가능한 도구로서 인식 전환이 필요하다.

하지만 장애인 e스포츠를 지속 가능한 전제조건이 프로그램, 시설, 지도자 양성의 관점에서 본다면, 아직 장애인 e스포츠와 관련된 내용은 부족한 것이 사실이다. 장애인 e스포츠의 시설 부족과 지원, 한정된 경기 종목, 장애인 e스포츠에 대한 인식 부족은 극복해야 할 과제이다. 장애인 e스포츠를 성장을 책임지고 있는 단체들의 각성도 필요하다.[7] 이를 통해 장애인과 비장애인 모두가 함께 즐길 수 있는 포용적인 e스포츠 문화가 확산되고, 기술 발전을 통해 장애인들이 더욱 쉽게 e스포츠에 참여할 수 있는 환경이 마련되어야 한다.

장애인 e스포츠의 지속 가능성을 위한 조건은 다음과 같다. 첫째, 맞춤형 기술 및 장비가 구비되어야 한다. 장애인들이 게임을 원활하게 할 수 있도록, 그리고 게임 접근성을 높이기 위해서는 특수 장비와 소프트웨어가 구비되어 있어야 한다. 예컨대 장애 등급에 맞게 손이 불편한 사람들은 맞춤형 컨트롤러를 사용하거나 음성 인식 기술을 통해 게임을 제어 가능한 기술과 장비가 필요하다. 이를 위해서는 보조 장치로 입으로 조작하는 컨트롤러, 뇌-컴퓨터 인터페이스 기구 등 다양한 보조 장비의 활용이 가능해야 한다.

둘째, 접근 가능한 e스포츠 환경을 만들어야 한다. 장애인들이 즐길 수 있는 게임들은 특수한 인터페이스나 게임 설정을 통해 보다 접근 가능하게 만들어야 한다. 장애에 따라 게임이 가능하기 위해 게임의 속도를 조절하거나 화면의 밝기와 색상을 조정하는 옵션이 제공되어야 한다. 이는 게임 자체에서 시각적, 청각적 도움을 제공함으로써 시각이나 청각 장애가 있는 모든 플레이어에게 게임 참여의 공정한 기회 제공과 연결된다. 사실 한국에서는 장애인 전용 e스포츠 경기장이 없다. 장애인 e스포츠 경기를 위해 임시적으로 경기장을 설치함으로서 접근 가능성을 보여주지 못하고 있다.

---

7) 대한장애인 e스포츠연맹의 횡령 사건이 대표적이다. 장애인 e스포츠 우승자들의 상금을 지불하지 않는 등 연맹의 운영 부실을 보여준다(KBS 뉴스, 2024.11.10.).

셋째, 포용적 경쟁 환경이다. 장애인 e스포츠는 비장애인 선수와 함께 경기를 펼칠 수 있는 포용적인 대회 환경을 만들고, 모든 참가자가 동등한 기회를 가질 수 있도록 해야 한다. 이를 통해 장애인들이 다양한 형태의 대회와 리그에서 비장애인 선수들과 함께 실력을 겨룰 수 있는 장이 마련될 것이다. 하지만 아직 그러한 환경은 요원한 것이 사실이다.

4. e스포츠와 도핑

1) 도핑의 의미

도핑의 어원은 '마약을 투여하다'는 도프(dope)에서 유래하였다.[8) 원래 남아프리카에 거주하는 부족이 전투나 수렵을 할 때 사기를 고양시키는 목적으로 마시는 술이나 음료를 의미하였지만, 과학의 발달에 따라 '그 약물을 투여한다'는 것에서 도핑의 의미가 형성되었다. 초창기에 도핑은 동물인 말에 투입한 약물을 의미하였다. 현대 생리학의 발달과 인간의 운동 능력 강조에 따라 도핑은 스포츠 선수의 경기력 향상에 적용되었다. 그러나 선수들의 약물 사용에 대한 부정적 결과가 나타나게 되었고, 이러한 사실은 IOC로 하여금 도핑에 적극적으로 대응할 필요성이 제기되었다.

IOC는 도핑문제를 해결하기 위해 1999년 세계반도핑기구(World Anti-Doping Agency, 이하 WADA)를 창설하였다. WADA는 선수 건강의 위협과 경기력 향상에 도움을 주는 약물이나 방법을 매년 발표하고 있

8) https://www.etymonline.com/search?q=doping

다. 스포츠에서 도핑은 집중력, 반응 속도, 정신적 안정감 등을 높이기 위해 특정 약물이나 보충제를 사용하는 행위를 말한다. 이처럼 경기력 향상을 목적으로 하는 도핑은 스포츠의 공정성을 근본적으로 부정하고 해치는 요인으로 간주된다. 도핑은 선수가 선수의 수행 증진을 위한 약물 투여와 경기력 향상을 도모하는 모든 수단을 의미한다. 후자에는 스포츠에서 기록 단축을 위한 장비와 복장과 같은 기술 도핑이 포함된다. 스포츠의 기술 도핑은 특수 섬유로 만들어진 전신 수영복과 첨단 마라톤 신발 등이 기술 토핑에 해당한다. 이외에도 기계 장치의 도핑도 존재한다. 예컨대 사이클에 동력 장치를 추가함으로써 기록 단축의 기회를 제공한다. 약물 도핑은 e스포츠에서도 일어난다. e스포츠의 승부는 심신안정과 즉각적인 반응에 크게 좌우되기 때문이다. 이외에도 e스포츠는 디지털 기기나 디지털 플랫폼 하에서 작동하기 때문에 디지털 기술의 도핑이 개입된다. 이는 스포츠에서 보인 기술 도핑이 확대를 보여준다. 이제 e스포츠는 디지털 도핑, 즉 e도핑이 중요한 윤리적 문제로 등장하였다.

e스포츠 산업의 급속한 성장과 함께 나타나는 다양한 윤리적 문제는 e스포츠의 진실성(integrity)이 위협받고 있다. e스포츠에서 약물 도핑과 e도핑은 경기 결과에 직접적인 영향을 미쳐, 공정한 경쟁 환경을 위협한다. 도핑은 팬들과 투자자들의 신뢰를 잃게 만들며, 이는 e스포츠의 장기적인 성장 가능성에 부정적 영향을 미친다. e스포츠는 공정성과 신뢰성을 확보하지 못하면 대중적 신뢰와 승부를 내는 경쟁 스포츠라는 정당성을 얻기 힘들다. 이는 e스포츠의 지속 가능성과 글로벌 수용 가능성의 부족으로 연결된다(Gupta, Shamara, & Gupta, 2021; Richardson, et al., 2024).

도핑은 선수들이 경기력을 부정하게 향상시키기 위해 아데랄, 각성제인 금지된 약물 도핑과 기술적 수단 예컨대 불법 프로그램의 사용과 같은 e도핑으로 나누어진다.

먼저 약물 도핑이다. e스포츠에서 약물 도핑이 발생하는 주된 이유는 경기력 향상이다. e스포츠 경기에서 승부의 여부는 높은 집중력과 빠른 손놀림, 정신적 안정이 요구되며, 장시간 경기를 진행하는 경우 피로도 관리 등이 중요한 요소이다. e스포츠의 승패는 집중력이 중요하게 작동한다. 따라서 코치나 감독뿐만 아니라, 선수들은 승리를 위해 자신의 신체의 피로를 줄여주거나 도움이 되는 흥분제나 각성제, 즉 약물 도핑의 사용 욕구는 클 수밖에 없다. 인간의 경쟁과 승리의 욕망이 존재하는 이상 도핑과 e도핑의 유혹은 지속될 것이다. e스포츠에서 약물 도핑은 경기력 향상을 위해 ADHD 약물, 즉 아데랄, 각성제, 또는 기타 금지된 물질을 사용한다.

그러나 e스포츠에서 도핑은 여전히 규제와 테스트 체계가 아직 부족하고 비교적 적발 가능성이 낮은 상태이다. 예컨대 국제e스포츠연맹(International Esports Federations, 이하 IESF)은 자신이 주관하는 e스포츠 경기에 공정성을 유지하고 글로벌 스포츠로서의 신뢰를 강화하기 위해 WADA의 도핑방지 프로그램을 적용한다고 하였다. 하지만 이를 e스포츠에 완전히 적용하기에는 한계가 존재한다. WADA의 규정을 따르는 것은 필수가 아니며, e스포츠의 주요 이해관계자, 즉 게임 회사, 선수, 대회 주최자 등이 주어진 상황에 따라 수용 여부를 결정한다는 한계를 보여준다. 그럼에도 e스포츠는 WADA의 규제 원칙을 참고하면서도, 게임 특성과 산업 구조에 맞는 독립적이고 맞춤형 규제 체계를 개발해야 한다(Fashina, 2021). 전통 스포츠와 달리, e스포츠 환경은 디지털이며 e스포츠 게임 개발사들이 이러한 규제의 상당 부분을 통제한다는 점에서 WADA와 같은 통일된 규제를 위한 기구의 부재와 연결된다.

WADA의 금지약물 목록과 테스트 절차는 아시안 게임에서 보여주었다. 예컨대 2022년 항저우 아시안 게임 당시 국가대표로 활약한 e스포츠 선수들이 도핑검사를 받았다. e스포츠 최초이자 최고령 금메달리스트가 된 스트리트 파이터의 김관우 선수는 "도핑검사를 처음 받아서 설렜고, 진짜 국가대표가 된 느낌이 들어 기뻤다"는 소감을 밝혔다(유요한, 2024. 1.21).

e스포츠에서 심각한 도핑은 약물 도핑만이 아니다. e스포츠 특성상 디지털의 작동과 관련된 e도핑이다. e도핑은 불법 프로그램과 장비와 같은 디지털 수단으로 경기 결과를 왜곡하는 행위이다. 이는 e스포츠의 공정성을 심각하게 훼손한다. 비록 e스포츠 게임 개발사들의 e도핑 방지 노력에도 불구하고 기술적 대응은 항상 한발 뒤처질 가능성이 존재한다.

e스포츠에서 약물 도핑과 e도핑을 금지해야 이유는 다음과 같다.

첫째, 공정성의 문제이다. 자신이 가지고 있는 기술과 능력을 바탕으로 상대를 이기는 것이 경쟁의 본질이다. 이는 스포츠와 e스포츠의 적용에 차이는 없다. 선수들의 도핑으로 인해 동일한 출발선이 아닌 곳에서 경쟁이 이루어지는 것은 공정한 경기로 인정받을 수 없다. 이는 e스포츠의 신뢰도와 공정성을 해치는 요인으로 작용한다.

둘째, 건강상의 부작용이다. 이는 도핑 금지의 가장 중요한 이유이다. 도핑은 경기력을 일시적으로 높일 수 있지만, 장기적으로는 선수에게 여러 부정적 영향을 미칠 수밖에 없다. 즉 도핑 약물은 신체적, 정신적 건강에 악영향을 미친다. 집중력 향상 약물의 지속적 사용은 심리적 의

존을 초래할 수 있으며, 이는 정신 건강에 심각한 문제를 유발하고, 장기 사용 시 중독이나 신체 기능의 저하 등 부작용이 있을 수 있다.

셋째, 역할 모형이다. 대중은 뛰어난 선수들의 기량에 찬사와 박수를 보낸다. 어린 선수들은 뛰어난 선수의 기량을 보고 e스포츠 세계에 뛰어 든다. 그 선수를 모델로 삼는 경우가 많다. 그러나 자신이 닮고 싶은 선수가 약물을 복용하였다는 사실을 알게 되면 그에 따른 실망감, 회의감, 상대적 박탈감은 더할 나위 없이 크다. 이로 인해 e스포츠를 외면하는 결과를 초래할 것이다.

셋째, 지속 가능한 e스포츠의 장애물이 된다. 불법 프로그램이나 약물 사용의 행위가 적발되면 선수 및 팀은 이미지에 심각한 타격을 입으며, 일부는 영구적인 경기 출전 금지를 당할 수 있다. 이는 프로 플레이어 선수와 팀의 평판에 대한 손상뿐만 아니라, e스포츠 종목 자체에 대한 불신으로 이어지게 된다. 결국 장기적으로 e스포츠 산업 성장의 저해요소로 작동한다. 따라서 e스포츠가 신뢰받는 글로벌 스포츠로 자리 잡기 위해서는 공정성과 규범이 필수적이다.

2) e스포츠의 약물 도핑과 e도핑

e스포츠에서 주로 사용되는 약물 도핑에는 두 가지 종류가 있다. 첫째, 각성제이다. 주로 집중력과 반응 속도를 향상시키기 위해 사용된다. 대표적인 예로는 ADHD(주의력결핍 과잉행동장애) 치료제인 애더럴(Adderall)이 있으며, 이 약물은 주의력을 증가시키고 반응 속도를 높여주는 효과가 있다. 애더럴의 효과는 지난 2015년 7월, 당시 카운터 스트라이크 글로벌 오펜시브(이하 CS:GO) 프로선수인 셈피스(SEMPHIS, 본명 코리 프리슨)이 인터뷰를 통해 대회전에 팀원들이 모두들 '애더럴

(Adderall)'을 먹었다고 밝힘으로서 큰 파장이 있었다(Emanuel Maiberg July 14, 2015).

집중력과 관련해서는 프로프라놀롤로 알려진 '베타 차단제' 계열의 약들이다. 2008년 베이징 올림픽 50m 권총 사격 대회에서 2위를 한 북한 선수가 이 약을 복용한 사실이 적발되어 실격 처리된 적도 있다. 애더럴은 WADA의 금지목록 국제표준 중 S6 흥분제에 해당한다. 이와 같이 '애더럴'을 비롯해 정신에 효과를 미치는 소위 '집중력 향상 약물'들이 치명적인 부작용을 수반한다는 점이다. 앞서 설명했던 '애더럴'의 경우 심하면 의존증상은 물론이고 심근경색이나 뇌혈관 질환으로 목숨을 잃을 수 있다. 정신적으로도 심각한 불안이나, 피해망상, 환각 같은 심각한 부작용이 존재한다. 약물을 남용하다 목숨을 잃은 몇몇 스포츠 선수의 사례가 e스포츠에서도 나타날 수 있다는 뜻이다.9)

전 CS:GO 프로게이머 SEMPHIS

출처: https://www.vice.com/en/article/counter-strike-esports-pro-we-were-all-on-adderall/

9) 베어필드(2021.01.11.) naver 포스트. https://post.naver.com/viewer/postView.naver?volumeNo=30443465&memberNo=11878364

둘째, 진정제이다. 진정제는 긴장과 스트레스를 완화하고 심리적 안정을 찾기 위해 사용되며, 높은 경기 압박감에서 편안함의 유지에 도움이 된다. 다른 금지약물로 도핑과 연관된 약물은 심혈관 질환(Cardio Vascular Disease, CVD) 치료제 하나인 P1 Beta Blockers(베타차단제)가 있다. 이 약물은 심장 박동수와 심장의 운동량을 줄이면서 침착한 경기 운영을 촉진시킨다. 물론 약물의 특성상 부작용도 나타나는데, 치명적인 기관지 발작, 저혈압, 부정맥과 심부전과 같은 심장 질환의 발생과 성기능 장애가 여기에 해당한다. 카페인 및 기타 보충제는 피로감을 줄이고 집중력을 일시적으로 높이기 위한 목적으로 사용되기도 하지만, 과도한 양은 도핑으로 간주된다. 또한 약물 도핑과 관련한 유전자 조작도 생각해 볼 문제이다. 그리고 e스포츠의 경기 승리는 상금과 광고 효과로 이어지기 때문에 선수와 관계자들이 경기력 향상을 위한 비윤리적 행위의 가능성은 언제나 열려 있다. 그 방법의 또 다른 하나가 디지털 기술을 사용한 e도핑이다.

e도핑은 e스포츠에서 선수가 정당하지 않는 디지털 기술이나 방법을 사용해 경기에서 부당한 이득을 얻는 행위를 말한다. 마치 전통 스포츠에서 약물로 신체 능력을 강화하는 것처럼, e스포츠에서는 불법 프로그램이나 하드웨어 조작으로 게임 능력을 인위적으로 끌어올리는 경우이다. 이는 스포츠의 기술 도핑과 다르다. 기술 도핑은 전신 수영복, 사이클 모터, 카본 러닝화와 같은 장비를 사용함으로써 인간의 능력을 넘어 인위적인 기록 단축에 이익이 되는 것을 말한다. 장비라는 측면에서 본다면 e도핑도 기술 도핑과 유사한 점이 있지만, e스포츠에서는 다르게 전개된다. e스포츠에서의 e도핑은 디지털이 매개된 도핑이다. e스포츠에서 경기 진행은 디지털이라는 정보 처리 방식의 물리적 기반이

필요하다. 실제 e스포츠 경기에 적용되기 위한 전자 기술과 전자 기기라는 점에서 e도핑이다. e도핑은 경기 반응 시간을 축소하거나 플레이어에게 유리한 상황을 조작하는 일종의 해킹이라고 하는 불법 프로그램의 사용을 하는 경우이다. 이는 기존 기술 도핑과는 다르다. 하지만 경기 수행에 불법 프로그램의 사용이 모든 플레이어가 동일한 조건에서 경쟁해야 한다는 e스포츠의 기본 원칙인 공정성을 저해한다는 점에서는 다르지 않다. 이는 대회의 정당성을 크게 떨어뜨리며 대중의 신뢰도의 하락으로 연결된다. 팬과 관중은 공정한 경쟁을 기대하며 e스포츠에 참가하지만, e도핑은 결국 e스포츠를 외면하게 만들 것이다.

e도핑은 기술의 관점에서 두 가지로 나누어진다. 먼저 전자 기기에서 본다면 하드웨어의 사용과 소프트웨어의 측면으로 구분이 가능하다.

먼저 하드웨어를 활용한 e도핑이다. 여기에는 선수가 사용하는 키보드의 e도핑이다. 키보드에 매크로 키로 복잡한 명령을 단순하게 조작해서 자신의 명령을 즉각적으로 실행하도록 한다. 매크로 키는 디지털 특성상 특정 치팅 소프트웨어를 가동하게 하는 도구로 활용이 가능하다.[10] 예컨대 치팅 소프트웨어를 내장한 마우스와 매크로 마우스는 시중에서 구입이 가능하다. 이러한 불법 하드웨어의 사용은 온라인에서 진행되는 경우에서는 적발이 힘들겠지만, 현실 경기에서도 완전한 배제가 이루어진다고 말할 수 없다. 아래 그림은 카운트 스트라이크 하드웨어 치팅 프로그램이다.

10) 2018년 인도에서 열린 익스트림스랜드(eXTREMESLAND) 카운터 스트라이트 글로벌 오펜시브 아시아(Asia CS:GO) 토너먼트 대회 도중 매크로 키를 눌러 치팅 소프트웨어를 가동한 사실로 적발된 선수가 5년간의 출전 정지 징계를 받았다(박슬기, 장익영, 2024).

출처: https://afkgaming.com/csgo/news/5157-new-csgo-cheat-exposed-that-is-nearly-impossible-to-detect-by-anti-cheats

다음으로 소프트웨어의 e도핑이다. 하드웨어 e도핑과 다르게 소프트웨어의 e도핑은 e스포츠 경기 진행 상황에서 이루어지기 때문에 적발도 힘들다. 더욱이 기술적으로 복잡하고 진화와 발전하는 특성상 그것을 적발하기 위한 반 치팅 프로그램이 완벽하게 구비되어 있어야 한다. 다음은 소프트웨어를 활용한 e도핑의 종류이다. 먼저 자동화 봇이다. 이는 경기 중 특정 공격을 수행할 수 있게 만들어진 소프트웨어이다. 주어진 목표의 이익과 관련된 에임 핵의 일종으로 에임은 목표가 주어지면 자동적으로 움직이게 하는 소프트웨어이다. 이는 정적인 게임 봇과 동적인 게임 봇으로 나뉘어지는데, 자동적으로 타깃팅이 설정된 것과 상대가 자신의 사격 범위로 접근할 때 자동 격발하는 트리거 봇이 대표적인 예시다. 에임 봇은 상대방이 보이는 순간 자동으로 조준점(reticle)을 상대방의 머리와 정렬시키며, 트리거 봇이라는 다른 해킹과 결합하면, 레티클이 정렬되면 자동으로 발사된다. 후자는 인공지능이 개입되어 스스로 실시간 변화하는 데이터를 분석하고 행동하는 리얼

봇(real-bot)이다. 이는 벽과 장애물에도 불구하고 상대를 추적할 수 있는 기능까지도 추가된다. 벽이나 장애물을 투시하여 적의 위치를 파악할 수 있는 기능인 월핵(Wallhack)은 적의 위치를 사전에 파악하여 전략적 우위를 얻는다. 캐릭터의 이동 속도를 비정상적으로 증가시키는 프로그램인 스피드 핵(Speed Hack)도 있다.

스크립팅(Scripting)은 e스포츠나 온라인 게임에서 불법적으로 자동화된 스크립팅된 코드를 사용해 플레이어의 행동을 인위적으로 강화하거나, 반복적인 작업을 완전히 자동화하는 치팅 방법이다. 사람이 직접 조작하는 대신에 프로그램이 대신 해서 플레이어의 능력치를 높여주는 역할을 한다. 이러한 스크립팅을 통해 상대의 게임 데이터를 읽고, 캐릭터가 비정상적으로 빠르고 정밀하게 반응이 가능하게 만든다. 덕분에 사람의 한계를 뛰어넘는 플레이가 가능해지게 된다. 스크립팅된 코드는 우리의 모든 반응 속도를 초월하게 끔 설계되어 공정한 경기 진행을 방해한다.

상대 공간 움직임의 정보를 얻기 위한 e도핑도 존재한다. 이는 초감각적 지각이라 부르지만, 인간의 감각을 넘어서 파악한다는 의미로 e스포츠 치팅 프로그램의 하나이다. e스포츠에서는 이를 ESP(Extra Sensory Perception)로 부른다. 해킹을 통해 게임 내 숨겨진 정보를 표시 자신이 보도록 하여 공격자로 하여금 이익을 얻도록 한다. 대표적인 사례로 화면상에 보이지 않아야 할 정보가 플레이어에 보여주는 치트 행위이다. 이를 e스포츠에서는 HUD(Heads-Up Display)해킹으로 설명한다. 경기 중 필요한 데이터나 정보를 시각적으로 제공하지만, HUD 해킹이 이루어지면 상대의 체력, 무기, 아이템의 정도 및 정보를 획득함으로써 전략적 우위를 점할 수 있다(박슬기, 장익명, 2024). HUD 해킹은 보통 외부 소프트웨어나 메모리 조작을 통해 구현된다. 이는 게임 클라이언트에서 원래 숨겨둔 데이터를 강제로 HUD에 띄우는 방식이다. 예컨대 FPS 게임이나 MOBA 게임에서 HUD 해킹으로 원래는 보이지 않아야 할 벽 뒤의 적 위치가 미니맵이나 화면에 실시간으로 표시된다. 여기에 공격하거나 직접 마주쳐야 확인할 수 있는 적의 체력, 방어력, 장착 무기가 HUD에 계속 나타나고 상대의 은신이나 움직임을 파악해서 상대의 허약한 부분에 대한 공격이 가능하다. 이 모든 것은 경기의 공정성을 해치는 것은 당연하다.

기기나 소프트웨어와 다른 외부적인 e도핑, 즉 스트림 저격(stream sniping)도 존재한다. 스트림 저격(Stream Sniping)은 온라인 게임에서 실시간 스트리밍을 시청하면서 스트리머의 실시간 화면과 정보를 악용해 의도적으로 방해하거나 불공정하게 이득을 취하는 행위를 말한다. 쉽게 말해서 상대방이 라이브 방송으로 자신의 움직임을 보여주는 화면을 공개하고 있을 때 이를 몰래 보면서 상대의 위치, 전략, 상태를 자신의 팀에 알려주는 행위이다. 이러한 비윤리적 행위는 e스포츠와 게임 스트리밍 생태계에서 큰 문제를 야기한다. 왜냐하면 실시간 정보는 게임에서 엄청난 전략적 우위를 제공하기 때문이다. 상대의 모든 위치나 장비 상태의 파악은 경기를 진행하기 이전에 이미 승부가 끝난 것과 같다. 또 다른 외부 e도핑으로 분산 서비스 거부 공격(Distributed Denial of Service Attack, 이하 DDoS) 공격이 있다. DDoS 공격은 대상 IP 주소로 정보 패킷이 넘쳐나 연결이 과부하되어 사실상 연결 속도가 느려지거나 연결이 차단되는 경우를 말한다. 더 이상 공격이 진행되지 못하거나 잠시나마 상대의 공격을 늦추어 자신이 원하는 팀이 승리하게 만든다.

이러한 e도핑에 따른 e스포츠 불공정성을 해결하기 위해 게임 개발자들은 부정행위를 감지하는 메커니즘을 마련하고 있지만, 이러한 메커니즘의 감시를 받지 않거나 단순히 속일 수 있는 기술의 발전이 있는 것 또한 사실이다. 기술의 급속한 발전으로 인해 더 발전된 형태의 e도핑이 확대될 것은 당연하다. 하지만 e도핑이 근절되지 않으면 프로그램 조작의 용이성으로 인해 e스포츠 공정성의 훼손으로 연결되고 결국에는 e스포츠의 정체성을 무너뜨리는 결과를 초래할 것이다(Wee, Boo, & Lim, 2017.11.15.).

오늘날 인공지능(Artificial Intelligence, 이하 AI)의 등장은 또 다른 e도핑인 생성형 AI 도핑의 가능성도 존재한다. 예컨대 경기 진행의 과정에서 딥 러닝의 과정을 거쳐 학습한 생성형 AI는 에임, 자동 반응, 전략 변경에 영향력을 미친다(김민재, 홍선기, 2024). AI 도핑은 핵보다 더 발전된 형태이다. 핵이 상대 공격에 대한 방어를 쉽게 피하거나, 상대 위치 파악과 랙을 유발하는 등의 기능을 수행한다면, 생성형 AI 기반 프로그램은 선수 실력의 보조를 넘어 정보의 전달 방식을 통해 경기 자체를 변조나 조작인 가능하게 된다. 사실상 부정행위와 정상 플레이 경계 사이를 명확하게 구분하기 힘들게 된다(김형종, 2024.07.25.).

물론 아직까지 e스포츠 경기에서 AI 도핑이 적발된 사례는 공식적으로 존재하지 않아 실제 사례를 가져올 수는 없지만, 향후 사용 여부에 대해서는 예측이 가능하다. 상대의 캐릭터와 전략을 압도할 수 있는 챔피언을 선택하고 실시간으로 AI의 도움으로 그의 움직임을 파악할 수 있기 때문이다. 또한 AI는 플레이어의 경기력을 높여주는 데 도움을 준다. 예컨대 이용자의 플레이를 기반으로 생성된 AI 캐릭터가 스스로 강화학습 알고리즘을 거쳐 상대 플레이어의 유사한 작동을 보여주고, 이에 대응 가능한 다양한 연습이 가능하다는 긍정적인 측면이 존재한다. 하지만 경기에서 AI를 어떻게 설정하느냐에 따라 부정적인 요소를 완전히 배제할 수 없다. 따라서 e스포츠의 공정성의 측면에서 본다면, 생성형 AI의 윤리적 도핑 또한 심각하게 고려해야 한다.

3) e스포츠 도핑과 e도핑의 해결 방안

e스포츠의 도핑과 e도핑의 가장 큰 문제점은 공정성의 저해이다. 불법 프로그램 사용이 만연하면 e스포츠가 갖는 정정당당한 승부의 세계는 의미가 없게 된다. 이는 e스포츠 대회와 e스포츠 산업에 대한 대중의 신뢰도 하락으로 연결되고, 장기적으로 e스포츠 성장의 저해요소로 작동한다. e스포츠가 신뢰받는 글로벌 스포츠뿐만 아니라, 모두가 즐기는 엔터테인먼트로 자리 잡기 위해서는 공정성과 윤리적 규범이 필수적이다.

도핑과 e도핑의 문제점을 해결하기 위해서는 다양한 방법이 필요하다.

첫째, 교육과 인식 제고가 필요하다. e스포츠는 미성년 선수 보호 체계의 부재가 큰 문제로 지적된다. 건강 및 윤리적 문제 선수들의 약물 남용은 신체적, 정신적 건강에 악영향을 끼칠 수 있으며, 이는 사회적 논란을 초래한다. 신체적 움직임을 강조하는 스포츠 도핑의 위험성은 많이 보고되고 있지만, e스포츠 도핑이 신경 안정제와 관련되어 있기 때문에 그 결과의 위험성에 대한 노출은 상대적으로 적기 때문에 스포츠에 비해서 아직 알려져 있지 않다. 하지만 e스포츠의 공정성과 선수 건강의 위험성을 알리기 위한 도핑 교육은 필수적이다. 물론 선수나 코치, 관계자의 교육도 같이 병행되어야 한다. 주요 e스포츠 대회에서는 경기 전후로 선수들에게 약물 검사와 하드웨어와 소프트웨어와 관련된

e도핑을 실시해야 하며, 도핑과 e도핑에 적발된 선수는 출전 정지와 벌금 등의 엄격한 제재가 진행되어야 한다. 선수와 관계자들에게 도핑과 관련된 건강의 위험성을 알리고, e도핑의 공정한 경쟁을 방해한다는 사실을 강조해야 한다. 그럼에도 불구하고 누가 어떻게 해야 하는지 구체적인 실천 방법은 아직 해결하지 못하고 있는 것이 현실이다.

둘째, 기술 기반의 감지 시스템이 필요하다. 데이터 분석과 인공지능 기술을 활용해 e도핑 행위를 실시간으로 탐지하고 억제하는 방안이 필요하다. e스포츠에서 도핑 문제를 해결하기 위해 보다 강력한 규제와 윤리적 접근이 필요하다. 이는 e스포츠의 지속 가능성과 공정성의 보장과 연결된다(Tweedie, Rosenthal, & Holden, 2022). 개별 e스포츠 종목 개발사는 자기 나름대로 불법 프로그램을 차단하기 위해 반 치팅 프로그램의 구비하여 부정행위를 방지하려고 노력한다. 예컨대 롤을 만든 라이엇 게임즈(Riot Games)는 Vanguard 시스템을 운영 중이고, 카운터 스트라이크: 글로벌 오펜시브와 도타 2의 설립자인 발브(Valve)는 발브 안티 치트(Valve Anti Cheat, VAC)를 운영 중이다. 이외에도 e스포츠 종목을 개발한 회사들은 그들 나름대로 컴퓨터에 해킹이 있는지 분석하는 부정행위 방지 유틸리티도 갖추고 있다.

그러나 기술은 항상 완벽하지 않다. 부정행위가 적발되지 않는 방법이 나타나기 마련이다. 예컨대 프로그램 자체가 필요하지 않는 스크립팅 e도핑은 반 치팅 프로그램으로 적발하기 힘들다. 따라서 공정한 경기 진행을 위한 경기 주최자의 노력이 필요하다. 즉 e도핑이 장비에서 일어난다면, 경기 주최 측에서 컴퓨터, 마우스, 키보드 등을 준비해서 공평한 경쟁의 장을 마련해야 한다. 자신의 장비가 아닌 공동의 장비로 경쟁에 참여하는 기준 제시는 어느 정도 e도핑을 방지하는 수단이 될 것이다. 하지만 이러한 조치도 선수들의 자신만의 도구 사용 금지에 대한 불평등의 문제가 야기될 수도 있다.

넷째, 통제 가능한 국제기구가 필요하다. e스포츠만의 국제적인 도핑관련 제도화와 표준화 작업이 있어야 한다. 많은 e스포츠 리그와 대회가 도핑 문제의 심각성을 인지하는 상황에서 다양한 규제를 시행하고 있지만, 아직 완벽하지는 않다. 부산에 위치하고 있는 국제e스포츠연맹(IESF)은 WADA(세계반도핑기구)와 협력하여 그 가이드라인을 따른다고 하지만, IESF의 규정이 e스포츠 선수나 관계자에게 직접적인 영향력을 발휘하고 있느냐는 다른 차원의 문제이다. 스포츠에서 보인 도핑방지 규정이 e스포츠에서 충분히 효율적이지 않다. 누구나 도핑이나 e도핑의 적발과 규제의 정당성을 확보하고 있는 전 지구적인 e스포츠 단체가 필요하다(Rana & Parsai, 2023).

2016년에 설립된 e스포츠 청렴 윤리위원회(Esports Integrity Commission, 이하 ESIC)[11]에 따르면 e스포츠의 모든 형태의 부정행위와 위법행위를 금지, 예방, 조사 및 기소하기 위해 노력하고 있다. ESIC는 퍼블리셔, 토너먼트 주최자 및 기타 이해관계자와 협력하여 경쟁 무결성에 대한 통일된 표준을 수립하여 글로벌 비디오 게임 및 e스포츠 생태계의 모든 참가자에게 안전하고 공평한 환경을 조성하기 노력하고 있지만, 이 단체가 e스포츠의 공정성을 담보할 수 있는지에 대해서는 회의적이다. ESIC는 온라인 교육 플랫폼인 페어플레이 아카데미(FairPlay Academy)를 운영하였다[12]. 이 플랫폼은 선수, 코치, 대회 운영진, 팬 등 e스포츠 이

11) https://esic.gg/press-release/vspo-joins-esports-integrity-commission-further-strengthening-global-esports-integrity-standards/. 이 조직이 세계적으로 인정받는 조직이라는 점에서는 의문점이 존재한다.

12) https://esic.gg/

해관계자들에게 윤리와 공정성에 대한 교육을 제공하는 것을 목표로 한다고 하였지만, 아직 국제적인 위상을 가지고 운영한다고 말할 수 없다.

아시아 최대 e스포츠 기업인 VSPO도 공식적으로 ESIC 회원사가 되었다고 발표하였다. 2016년에 설립된 VSPO[13)]는 아시아, 유럽, 북미 전역에서 이벤트를 개최하는 글로벌 e스포츠 업체이며, 업계의 핵심 역할을 하고 있다. 이 회사는 최근 여러 타이틀을 보유한 아시아 최고의 국제 e스포츠 토너먼트인 e스포츠 아시아 챔피언스 리그(ACL)를 발표했다. 이전에는 주요 게임 개발사 및 글로벌 브랜드와 협력하여 2022 항저우 아시안 게임에서 명예의 전당 프로 리그(KPL), 펍지 글로벌 챔피언십(PGC), e스포츠 시리즈 등 유명 e스포츠 이벤트를 개최한 바 있다 (신은서, 2024.10.11.)

VSPO는 ESIC의 회원사로 2018 자카르타 아시안게임과 2023 항저우 아시안게임에 모두 출전하는 e스포츠 시리즈뿐만 아니라 올림픽 e스포츠 주간, e스포츠 월드컵 등 많은 권위 있는 대회 제작에 참여하였다. VSPO는 또 텐센트, 크래프톤과 같은 세계 최고 수준의 게임 퍼블리셔와 협력하여 왕자영요(King of Glory) KPL 시리즈, PUBG의 PGC 시리즈 등 인기 e스포츠 리그를 조직했다. 2024년에 VSPO는 아시아 최고의 국제 멀티 타이틀 e스포츠 토너먼트인 e스포츠 아시아 챔피언스 리그(ACL)를 출범시켰다. 그럼에도 불구하고 e스포츠의 윤리적 행위에 대한 처벌의 일관성 없는 태도는 여전히 문제가 있다. 이 문제의 유일한 방법은 FIFA와 같은 단일 글로벌 규제 기관이 필요하다. 플레이어나 조직

13) VSPO(Virtual Sports Professional Organization)는 2016년 중국에 거점을 둔 e스포츠기업이다. 이 조직은 원래 VSPN(Versus Programming Network)에서 시작하였다. 현재는 Hero Esports로 불린다.

에 대한 규칙이나 제재를 설정하기 위해서는 단체와 e스포츠의 이해관계자들이 모여 문제를 논의하고 해결해야 하지만 쉽지는 않다. 개별 이해관계자들이 모두 자신의 이익을 보호하기 때문에 이를 달성하기 어렵다는 것은 이해할 수 있지만, 글로벌 규제 기관의 존재가 e스포츠의 지속 가능한 성장에 절대적이라는 사실은 변함이 없다. 따라서 국제적으로 인정받는 관리 기관이 없으면 e스포츠는 결국 어느 순간 정점에 도달했다가 하락하는 길로 접어 들 것이다.

한국에서도 e스포츠 윤리 교육이 꾸준히 강조되고 있으며, 그 교육은 한국e스포츠협회(이하 KeSPA)가 그 역할을 담당한다. 매년 KeSPA는 승부 조작 예방을 위한 교육을 진행했으며, 특히 신인 선수들을 대상으로 불법 베팅 및 이해충돌 사례를 분석해 경각심을 높였다. KeSPA는 라이엇 코리아와 함께 매년 두 번씩 소양 교육을 진행해왔다. 리그 오브 레전드, 피파 온라인 3, 스타크래프트2, 하스스톤, 히어로즈 오브 더 스톰 등 종목과 상관없이 약 100명에 가까운 현직 프로 선수들이 참여한다. 2023년에는 LCK와 협력해서 '건전한 게임 문화 조성'을 위한 세미나를 개최하였다. 최근에는 각 e스포츠 프로 팀들이 개별적으로 심리 상담 및 윤리 교육을 강화하는 움직임도 보이고 있다(이호진, 2024.02.17).

글로벌 e스포츠가 발전한 미국, 유럽, 중국에서는 아직 이렇다 할 초기업, 전 지구적인 통합을 하는 e스포츠 단체가 존재하지 않는다. 중국에는 종목별로 e스포츠 단체가 존재하나 권한이 미비하고, 미국에는 PEA(Professional Esports Association)라는 단체가 2016년도에 창설되었으나 아무런 활동 없이 유명무실한 존재가 됐다. 라이엇은 지난 2014년 자사 종목 선수들을 대상으로 문화적 다양성을 주제로 교육을 진행했지만, 이후로는 국제 대회를 앞두고 민감하게 받아들을 언행을 주의하는 문서를 전달할 뿐, 어떤 체계적인 소양 교육을 진행하지 않고 있는 실정이다.

CHAPTER 10

e스포츠의 인권과 법

1. e스포츠 선수의 인권과 법

e스포츠 선수들은 자신이 천부적으로 가져야 할 인권에 대한 관심은 상대적 부족하다. 어린 나이에 프로에 참여함으로써 인권 그 자체의 관심 부족은 어떻게 보면 당연하다. 프로 선수는 경기에서 승리를 위해 하루에 10시간이 넘게 훈련에 참여한다. 반면에 그 나이 때 친구나 동료가 학교에 다니는 것을 고려하면, e스포츠 선수들의 학습권을 생각하지 않을 수 없다. 인권의 관점에서 학습권과 경기력 향상은 서로 균형을 맞추어야 하지만, 프로 e스포츠 선수가 되거나 성공하기 쉽지 않은 상황에서 그들은 치열한 경쟁에서 살아남기 위해 현실적으로 어느 한 쪽을 포기한다. 이런 과정 속에서 선수들이 인간으로 가져야 할 권리가 보장받고 있는지를 고민해 볼 필요가 있다.

e스포츠 인권은 e스포츠에서 가져야 할 인간으로서의 보편적 존엄성과 자유의 권리를 말한다. e스포츠 인권은 모든 참여자가 존엄성과 자유를 존중받으며 공정하고 차별 없는 환경에서 활동할 수 있는 권리

이며, 선수 이전에 하나의 인간으로서 인정받아야 하는 권리이다. 이는 프로 선수들, 플레이어, 코치, 스태프, 팬, 커뮤니티 등 모두에게 적용된다. 또한 e스포츠가 디지털 공간에서 이루어진다는 측면에서 가상세계에서 인간의 기본 권리를 어떻게 접근하고 보장해야 하는지도 생각해보아야 한다. 9장에서 언급한 성 차별과 인종 차별도 크게 보면 인권의 문제이다.

사전적 의미로 인권(human rights)이란 "인간으로서 당연히 가지는 기본적 권리"를 말한다.[1)] 우리나라 헌법 제10조에도 "모든 국민은 인간으로서의 존엄과 가치를 가지며, 행복을 추구할 권리를 가진다. 국가는 개인이 가지는 불가침의 기본적 인권을 확인하고 이를 보장할 의무를 진다"고 하여 인권 보장의 의무를 제시하였다. 물론 구체적인 인권의 내용과 범주는 사회적 또는 역사적 조건에 따라 다양하게 기술할 수 있지만, 인권 그 자체는 국가나 실정법 등에 의해 외부적으로 주어지는 것은 아니다. 인간의 인권은 태어날 때부터 인간이기 때문에 인간다운 삶을 영위하기 위해 반드시 필요한 자연적인 권리이다. 인권은 국적, 인종, 계급, 성별 등과 관계없이 인간이라면 누구나 가져야 권리라는 점에서 이견이 없다. 하지만 인권은 법률이나 헌법에 억매이지 않기 때문에 그 범위가 명확하게 규정짓지 못하는 한계를 보여준다. 따라서 국제적인 관습이나 보편적인 국제법규에 의해 인권의 범위로 설명한다. 이는 1946년 유네스코(UNESCO)의 탄생 과정에서 보여준다. 유네스코 기구의 성립 목적을 "정의, 법의 지배, 인권 그리고 기본적인 자유에 대한 보편적인 존중을 함양하기 위하여 교육, 과학 및 문화를 통하여 여러 국민들 간의 협력을 촉진함으로써 평화와 안정에 공헌하는 것"[2)]이

1) https://stdict.korean.go.kr/search/searchView.do

라고 밝혔다. 그 이후 인권에 대한 국제적 관심이 고조되면서 유엔 총회에서 1948년 12월 10일 '세계 인권선언'이 나왔다. 이 선언은 제2차 세계대전 야만성의 실상을 전 세계에 알리기 위해 채택되었지만, 차후 국적을 불문하고 모두가 지켜야 할 하나의 윤리적 기준 제시로 인정받았다. 이 선언에 제시된 인권(human rights)은 인간의 권리를 넘어 인간이 되기 위한 권리, 인간이 가져야 하는 당연한 권리로 표현하였다. 이 선언문은 회원국들이 여러 가지 인간, 시민, 경제 및 사회적 권리를 증진할 것을 촉구하며 이러한 권리가 세계의 자유, 정의 및 평화의 기초의 일부라고 주장한다.[3)]

한국에서 인권의 실질적 보장은 국가인권위원회의 설치와 그 법의 목적을 제1조에 "이 법은 국가인권위원회를 설립하여 모든 개인이 가지는 불가침의 기본적 인권을 보호하고 그 수준을 향상시킴으로써 인간으로서의 존엄과 가치를 구현하고 민주적 기본질서의 확립에 이바지함을 목적으로 한다"[4)]고 하였다. 인권보장과 관련해서는 특정 나라마다 그 나라의 법률과 헌법이라는 법체계 내에서 보장하고 있으며, 한국은 헌법 2장에서 기본권, 행복 추구권, 평등권, 청구권, 사회권을 통해 인권보장과 관련된 내용을 명시하고 있다. 이를 e스포츠에 적용하면 다음과 같다.

첫째, e스포츠의 기본권이다. 이는 e스포츠가 단순한 게임 활동을 넘어, 선수, 팬, 관객, 제작사, 이해관계자 등 관련된 사람들의 기본권을 어떻게 보장하고 보호할 것인지에 대한 문제와 깊이 연관된다. e스포츠

2) https://www.unesco.org/en

3) https://ko.wikipedia.org/wiki/%EC%9D%B8%EA%B6%8C%EC%9D%98_%EC%97%AD%EC%82%AC

4) https://law.go.kr/LSW/lsInfoP.do?lsiSeq=91535#0000

는 전 세계 수많은 사람들이 참여하는 글로벌 산업으로, 다양한 배경을 가진 사람들이 함께 참여한다. 따라서 거기에 참여하는 사람들의 기본권을 보장하는 것은 필수적이다. e스포츠 인권의 보장은 e스포츠의 글로벌적인 포용적인 환경 조성에 도움이 된다. 차별 없는 환경을 만들 더 많은 사람들이 e스포츠에 참여하도록 격려하고, e스포츠 산업의 성장을 도울 수 있다. 그 외에도 선수와 관계자들이 차별, 괴롭힘, 또는 불공정한 대우를 받지 않도록 보호함으로써 심리적 안정과 건강을 유지함으로써 그들의 경기력을 유지에 도움이 된다. 또한 기본권 보장은 공정한 경쟁을 보장함으로써 누구나 자신의 실력에 따라 평가받고 성공할 수 있는 기회를 제공한다. e스포츠 선수와 팬들은 온라인에서 활동하면서 개인정보 보호와 관련된 기본권 문제에 직면할 가능성이 높다. 따라서 선수의 경기 기록, 성적, 온라인 상호작용 데이터 등은 개인정보로서 보호받아야 한다. e스포츠팬과 시청자들도 게임 플랫폼을 통해 개인 정보를 제공한다는 점에서 개인정보나 데이터도 철저하게 보호되어야 한다. e스포츠는 온라인과 디지털 공간에서 주로 이루어지기 때문에, 디지털 권리와 기본권의 보호가 상대적으로 중요하다.

둘째, 행복 추구권이다. 행복 추구권은 고통과 불쾌감이 없는 만족스러운 상태를 말한다. 이는 e스포츠에도 적용된다. e스포츠 경쟁에서 선수의 권리 보호, 공정한 경기운영, 평등한 기회 제공 등은 행복추구권과 밀접하게 연결되기 때문이다. 따라서 프로 e스포츠 선수들은 정신적으로나 신체적으로 높은 수준의 경쟁을 요구받음으로서 강도 높은 훈련에 따른 과도한 스트레스로 인해 선수의 행복 추구권이 보장되고 있는지는 질문을 던져야 한다. 또한 e스포츠 선수의 경기 참여와 훈련 과정에서 노동권과 관련된 문제에 고민해야 한다. 덧붙여 프로 e스포츠 선수를 고용하는 팀이나 스폰서는 선수들에게 적절한 근무 환경과 복지를 제공해야 한다. 선수들에게 완벽한 경기력을 발휘하기 위해서는 충분한 휴식과 건강관리를 보장해야 한다. 이러한 모든 내용들은 행복추구권과 연결된다.

셋째, 평등권이다. 평등권과 관련해서 나이, 성 차별, 인종 차별 등 e스포츠 참여에 동등하게 대우를 받는 권리이다. e스포츠는 글로벌 산업으로 다양한 인종, 성별, 국적의 선수들이 경쟁에 참여한다. 이 과정에서 성 차별, 인종 차별 등의 문제가 발생할 수 있으며, 이는 인권적 차원에서 해결되어야 할 문제이다. 모든 선수는 자신의 배경과 상관없이 평등하게 경쟁할 보편적인 인권의 보장이라는 권리가 존재하기 때문이다. 앞 장에서 언급한 여성 선수들이 e스포츠 경기에서 차별을 경험하거나, 특정 국적이나 인종에 대한 편견이 경기 결과나 커뮤니티 활동에 영향을 미치는 경우에는 이는 명백한 인권 침해이다. e스포츠의 또 다른 인권 침해가 e스포츠 접근성의 불균형이다. 모든 사람이 e스포츠에 접근할 수 있는 기회가 평등하게 주어져야 하지만, 경제적 이유로 게임 장비를 구입할 수 없거나 인터넷 인프라가 부족한 지역에서 e스포츠 참여 자체의 근본적인 제한은 인권 침해의 요소가 될 수 있기 때문이다. 따라서 이러한 문제를 해결하기 위해서는 e스포츠의 이해관계자 모두의 사회적 노력이 필요하다. 특히 e스포츠 투자사는 개발도상국이나 저소득층에서 e스포츠에 접근하기 어려운 환경을 개선에 관심을 가져야 한다. 그들은 무료 장비 제공, 훈련 지원 프로그램 등의 노력을 해야 한다. e스포츠의 평등권은 경기에서 공정한 규칙에도 적용된다. 따라서 경기 중 발생하는 부정행위나 편파적인 심판 판정은 인권적 관점에서 공정성을 해치는 행위로 간주해야 한다.

넷째, 공정한 노동권이다. e스포츠는 점점 더 프로화가 진행됨으로 해서 많은 플레이어가 e스포츠를 하나의 직업으로서 받아들인다. 하지만 상대적으로 어린 나이에 프로 e스포츠에 참여하는 선수들은 학습권의 제한과 노동자의 기본권 등이 중요한 이슈로 등장할 수밖에 없다. 프로 e스포츠 선수들은 장시간 훈련을 하고 대회를 준비하는 경우가 많으며, 때로는 과도한 근로 시간이 문제가 되기도 한다. 따라서 적절한 근로 시간과 휴식 시간을 보장받는 것은 선수의 기본적인 권리로 보호되어야 하지만, 현실은 그렇지 않다. 일부 팀에서는 합숙과 지나치게 긴 훈련 시간과 경기 일정을 강요함으로써 선수들의 신체적, 정신적 건강이 악화되는 사례를 고려해야 한다. 이러한 상황에서는 노동법에 따른 보호가 필요하다. 또한 불공정 계약이나 낮은 임금으로 선수의 권리가 침해되는 경우는 여전히 존재한다. 선수 계약에서 자유 이적을 제한하거나, 과도한 위약금의 설정 등 불공정한 계약 조건은 선수의 자유를 제한하는 것으로, 즉 기본권의 하나인 노동권의 침해로 논의될 수 있다.

다섯째, 디지털 인권의 문제이다. e스포츠가 디지털 발전과 환경에서 등장했다는 점에서 디지털 인권문제도 중요하다. e스포츠 플레이어와 팬들은 온라인 커뮤니티에서 활동함으로써 개인 정보의 침해와 사이버 괴롭힘에 쉽게 노출된다. 선수들의 경기 이전과 이후에 악성 비방과 댓글은 그들의 정신적 건강을 넘어 인권 침해로 이어지게 되기 때문이다. 따라서 팬들 간의 커뮤니티는 자유로운 공간이지만, 그 표현도 다른 사람의 인권을 침해하지 않는 범위 내에서 이루어져야 한다. 또한 국가 간의 대항 경기에서 차별적인 인종 혐오의 발현은 중지되어야 한다. e스포츠는 단순히 경기를 통해 경쟁하는 것을 넘어, 포용적이고 인권을 존중하는 문화를 형성하는 것이 중요하다. 왜냐하면 선수들 간의 존중, 공정한 규칙, 다양한 인종과 성별에 대한 평등한 기회는 e스포츠가 성장하는 데 중요한 요소이기 때문이다.

그렇다면 e스포츠에서 보편적 인간의 존엄성과 자유의 권리를 어떻게 보장할 것인가? 첫째, 제도의 도입과 명확한 규정의 적용이 뒤따라야 한다. 모든 경기에서 인종 차별, 성 차별, 혐오 발언 등은 엄격하게 금지하는 규정이 마련되어야 한다. 제도화와 관련하여 비인권적 상황이 발생할 경우에 이를 신고 처리할 수 있는 기구와 그 기구의 운영에 있어 투명한 제도화된 시스템이 작동해야 한다. 둘째, 선수들의 행위와 관련된 권리 헌장이 만들어져야 한다. 10시간이 넘은 e스포츠 경기 준비 시간, 계약, 자유로운 의사 표현, 신체적 및 정신적 건강 보호를 선언적 내용이 제도적으로 제정되어야 한다. 셋째, 선수들의 교육과 플레이어의 인식 개선이다. 선수들의 행동은 다른 일반 플레이어들의 행동 모델이다. 팬들뿐만 아니라, 사회 구성원들에게 인종, 성 차별, 비인간적 욕설 등 비윤리적 행위의 문제점을 알려야 한다. e스포츠 커뮤니티는 자유로운 의사소통이 중요한 공간이다. 그러나 표현의 자유는 다른 사람의 인권을 침해하지 않는 범위 내에서 행사되어야 하며, 혐오 발언이나 차별적인 표현에 대한 규제도 필요하다. 더 나아가 선수의 인권 교육은 모든 감독, 코치, 관계자들에게도 인권 보호의 중요성을 인식하도록 해야 한다. e스포츠 선수와 팬들은 온라인 커뮤니티에서 활동하면서 사이버 괴롭힘에 노출되거나, 개인정보 침해 위험에 직면한다. 따라서 디지털 공간에서의 인권을 보호하기 위한 법적인 방안도 필요하다. 스포츠 경기 중 또는 후에 발생하는 선수에 대한 악성 댓글이나 온라인 공격은 선수의 정신적 건강에 악영향을 미치며, 인권 침해로 이어진다. 이러한 문제를 방지하기 위해 커뮤니티 가이드라인을 강화하거나 사이버 괴롭힘을 방지하는 정책이 필요하다. 하지만 이 모든 규정이나 규칙의 제정과 적용은 국제적으로 인정받는 IOC와 같은 e스포츠단체가 설립되어야 하겠지만, 아직 국제적으로 인정받고 있는 표준화된 국제기구가 없는 것이 사실이다. 현실적인 방안으로 e스포츠 개발 회사의 명확한 인권 보장과 관련된 인권 표준과 실효적인 규제방안을 제도적으로 명시해야 한다. 그들 회사들은 각자 인권과 관련된 주장을 보여주고 있다는 점에서, 다른 회사와 통일된 인권 보장 내용을 도출하고 공통의 인권 보장 방안을 제시하는 것도 e스포츠의 지속적 발전에 도움이 될 것이다.

1) 한국e스포츠협회의 스포츠공정위원회

한국 e스포츠에서 일어나는 권리 보장은 한국e스포츠협회(이하 KeSPA)가 일부 그 역할을 한다. KeSPA는 독립적인 의사 결정으로 해결하는 조직으로 스포츠공정위원회(이하 e스포츠공정위원회)를 설립하였다. e스포츠공정위원회의 목적은 공정한 시각으로 e스포츠 분야에서 발생하는 민원, 고충, 중재 요청을 분쟁조정, 상벌위의 기능을 담당하며, 하위분과로 공정분과, 조정분과, 선수분과로 구성되어 있다. 공정분과에서는 폭행, 인권침해, 성폭력, 비위, 승부조작 등 스포츠정신에 위반되는 비윤리적 불공정 행위 일체에 대한 조사 및 규제와 징계를 하며, 조정분과에서는 선수계약 체결, 임금 미지급 등 e스포츠 분야에서 발생하는 분쟁에 대한 조정을 한다. 선수분과는 법률(계약, 해외이적 등) 지원, 행정(비자발급 등) 서비스 제공, 스포츠 인권침해 상담, 선수권익 침해 조사 및 구제, 도핑방지, 페어플레이, e스포츠 정신의 보급과 확산활동을 독려한다.[5] 세계 최초로 2020년에 설립된 이 조직은 법조계, 스포츠계, 학계, 업계 등 각 분야별 전문가인 민간형 위원회로 구성되어 있으며, 의사 결정 과정의 독립성과 공정성을 보장하고 있다. 신고 접수된 내용이 제기되면 해당 분과로 회부하여 신속한 조사와 의결을 한다. 그 구성원은 위원회를 구성한다.

e스포츠공정위원회는 KeSPA의 정관 제43조에 근거하여 설치하였다. 즉 협회는 협회, 시·도협회 및 e스포츠 분야에서 발생하는 각종 규정 관리, 포상 또는 징계 등에 관한 사항을 심의·의결하기 위하여 스포츠공정위원회를 설치한다. 43조 2항에서는 e스포츠공정위원회의 기능을 다음과 같이 설명한다. 위원회는 e스포츠 관계자의 상훈 및 징계에 관한 사항을 다루며, 협회와 그 관계 단체(그 구성원을 포함한다) 사이에서 발생하는 분쟁(경기, 제도, 계약, 단체운영 등)을 조정한다. 또한 e스포츠 선수 및 지도자의 권익 증진에 관한 사항을 관장하고, e스포츠 분야에서 발생하는 각종 규정을 관리한다. 마지막으로 e스포츠 분야에서 발생하는 포상 또는 징계 등에 관한 사항을 심의, 의결한다.

하지만 e스포츠공정위원회가 하나의 독립적인 위상을 갖고 있는지는 생각해 보아야 한다. 예컨대 KeSPA는 2020년 감독의 자격정지 5개월의 징계 처분과 2023년 선수의 자격정지 18개월을 결정을 하였지만, 사실 공정위원회에서 조사한 기록이나 자세한 사실관계는 확인하기 어렵다. 징계 처분의 사례는 보도 자료에 한정되어 구체적인 내용을 파악하기는 어려운 현실이다. 따라서 징계 대상자에 대한 징계가 법적으로 타당한지를 규명하기는 힘들다(최원미, 이민석, 2024). 이와 관련하여 최원미, 이민석(2024)은 어떠한 징계 사유에 해당하는지, 징계 범위의 하한과 상한을 규정하여 구성원들이 미리 판단하거나 예측 가능성을 담

5) http://fair.e-sports.or.kr/info.php

보하지 못함을 지적하였다. 그들은 징계가 필요한 경우에 정확한 사실 조사의 필요성과 위원회의 징계권 남용 방지를 언급하였다. 또한 사실 조사에 따른 비례징계가 필요하다고 하였다. 특히 징계 혐의가 경기 과정인지 사생활에서 일어나는 영역인지를 구분해야 하고, 징계 사유별 규범의 규정과 승부조작인지 구성원들 간의 폭력인지 사생활에서 일어나는지도 구분해야 한다고 지적하였다. 덧붙여 그들은 부정행위와 관련된 소속 단체의 책임 규정은 어떻게 할 것이며, 징계 대상자가 미성년자에 따라 다르게 징계가 적용되어야 함을 강조하였다.

e스포츠 선수의 인권을 보장하는 기구로 스포츠윤리센터가 있다. 이 단체는 스포츠윤리센터는 체육계 비리 및 인권침해를 조사하고 가해자 처벌 현실화, 피해자의 회복을 돕기 위한 심리·정서·법률 등 종합적 지원을 하기 위해 설립되었다. 이를 통해 예방교육과 국내·외 정보공유를 통해 체육계 악습의 고리를 끊고 "체육의 공정성 확보와 체육인의 인권 보호"에 기여한다고 하였다.[6] 하지만 e스포츠가 보여준 디지털 특성과 이해관계자를 고려한다면, 스포츠윤리센터 내의 새로운 독립적인 기구의 설립이 필요하다. 개인적으로 독자적인 e스포츠윤리센터의 설립으로 e스포츠에서 발생하는 윤리적 문제를 전담하는 기구 설립이 훨씬 더 타당성을 갖는다고 생각한다.

2) e스포츠 진흥에 관한 법률[7]

한국에서 탄생한 e스포츠는 e스포츠 진흥에 관한 법률(이하, e스포

6) 스포츠윤리센터(https://www.k-sec.or.kr/ste/page.do?cntntsId=3&type=H).

7) 국가의 공식문서에는 영어를 사용하지 못해 이스포츠로 표기된다. 여기에서는 단어의 통일성을 위해 e스포츠로 기술하고자 한다.

츠 법)적 근거에 의해 크게 발전해왔다. 2000년 초에 등장한 e스포츠 산업의 투명성, 신뢰도 강화, 공정한 환경, 표준화된 규제 등을 통해 국내외 산업에서 e스포츠의 신뢰도 향상을 위한 법률적 뒷받침이 필요하게 되었다. 이를 근거로 정부는 2012년 e스포츠 진흥에 관한 법률을 제정하였다. 이 법은 새롭게 등장한 e스포츠의 사회적 수용성 확대와 프로선수와 일반 플레이어 모두를 보호하고자 하였으며, e스포츠에 대한 부정적인 인식을 완화하고자 하였다. 먼저 e스포츠 법의 제정 이유는 구체적으로 설명하면 다음과 같다.

첫째, e스포츠 산업의 성장과 중요성이다. e스포츠는 한국에서 탄생한 문화 콘텐츠이자 글로벌 시장에서 선수의 역할과 LCK 리그와 같은 큰 경제적 가치를 창출하는 산업이지만, 2000년대 e스포츠 산업은 법적, 제도적 지원이 미흡하여 공정성 문제나 승부조작, 선수 처우 문제, 불공정한 계약 등으로 인해 산업의 신뢰성과 지속 가능성이 위협받았다. 이러한 문제를 해결하고 공정한 e스포츠 환경을 조성하기 위해 법적 제도가 마련되었다. 법률의 주요 내용은 e스포츠의 법적 정의와 기본원칙을 정하고 있다. “이스포츠 정의는 게임물을 매개(媒介)로 하여 사람과 사람 간에 기록 또는 승부를 겨루는 경기 및 부대활동을 말한다”. 여기에서는 정보통신기술(ICT)을 기반으로 한 게임을 통해 경쟁하는 스포츠 형태로 규정하고 있지만, 정확한 e스포츠의 개념 규정이라고 할 수 없다. 사실 게임물이 무엇인지, 부대활동의 영역이 명확하지 않다. 이는 역으로 e스포츠의 성장을 방해하는 요인으로 작동한다(이상호, 2020). 그럼에도 불구하고 진흥 원칙으로 e스포츠는 공정성, 투명성, 지속 가능성을 바탕으로 발전해야 함을 규정하고 있다는 점에서는 의미는 있다.

둘째, e스포츠 지원 정책이다. 여기에는 전문 경기장 건설 및 지역 기반 e스포츠 센터 설치 지원을 위한 정책이다. 이에 근거하여 전국에 대전, 광주, 부산, 진주에 e스포츠 경기장이 설치되어 연고지 구단이나 생활 e스포츠의 확산에 기여하고 있다. 또한 e스포츠 관련 교육 및 연구와 인재 양성을 위한 프로그램 개발과 중소 게임 개발사와 e스포츠 관련 스타트업에 대한 재정적 지원책에 법적 근거를 마련하였다.

셋째, e스포츠 산업의 육성을 통한 국가 경쟁력 강화이다. 이 법은 e스포츠의 진흥에 필요한 사항을 규정하고 있다. 즉 "이스포츠의 문화와 산업의 기반조성 및 경쟁력 강화를 도모하고 이스포츠를 통하여 국민의 여가선용 기회 확대와 국민경제의 건전한 발전에 이바지함을 목적으로 한다"고 하였다. 국가는 e스포츠의 글로벌 경제와 문화적 영향력 확대를 위해 국가 차원의 지원과 정책의 필요성을 인정하고 있다.

넷째, 선수와 관계자 보호이다. 선수의 권익 보장을 보장하기 위해 표준계약서 사용의 의무화와 확산에 노력할 것을 규정하였다. 이에 따라 3종의 e스포츠 표준계약서가 마련되었다. 즉 e스포츠 선수 표준계약서, e스포츠 육성군 선수 표준계약서, 청소년 e스포츠 선수 표준 부속합의서를 도입하여 선수권익을 보장하고자 하였다. 3종의 계약서는 선수들의 최소 보장연봉, 기준 설정 기준, 최소한의 인권 보장이 이루어졌지만, 공정성 강화를 위한 승부조작, 불법 도박, 불공정 계약의 방지를 위한 강력한 제재가 아직 부족한 것이 사실이다.

다섯째, 국제적 협력을 위한 IESF에 대한 지원을 명시하고 있다. 글로벌 네트워크 구축을 위해 국제 e스포츠 대회 유치 및 글로벌 기업과의 협력 강화시켜 K-문화의 대표적인 브랜드로 e스포츠를 포함시키고자 노력한다. 이에 따라 IESF는 e스포츠의 국제표준화의 구축과 아카이브 축적을 위해 노력하고 있다. 하지만 이 법이 e스포츠에서 한국의 글로벌 리더십 확보와 위상 그리고 글로벌 시장에서 경쟁력 강화에 도움을 주었는지에 대해서는 논란은 있다. 초기에는 산업적인 측면의 활용과 한국이 글로벌 e스포츠 주도국으로 자리 잡는 데 긍정적으로 기여하였지만, 급격하게 변화하는 국내외 e스포츠 산업과 위기에 주도적으로 대응하기 위해 그 법률이 개정되어야 한다는 주장도 존재한다.

이진우, 김호철(2021)에 따르면 이 법률의 개정과 관련하여 e스포츠 스폰서와의 분쟁 조정 등 분쟁 대상 확대를 주장하였다. 또한 지역 e스포츠 단체 및 선수를 지원할 근거를 마련하였으나 정책 실현의 구체적인 집행력의 보완을 지적하였다. 따라서 e스포츠 법규의 실질적인 시행과 전문 인력 양성이 이루어져야 하며, 선수의 직업 안정성 개선을 위한 정책적 지원 방안과 선수 이외에도 코칭스텝의 연구가 필요하다고 주장하였다. 또한 정현(2023)에 따르면 e스포츠 시설에 대한 안전과 위생 기준 마련의 필요성, e스포츠 선수의 권리보호 및 강화를 위한 표준계약서 개선 방안, e스포츠 중장기 진흥기본 계획의 마련과 e스포츠 진흥자문위원회의 구성과 운영이라는 방안을 제시하였다. 저자는 e스포츠를 체계적으로 다룰 수 있는 e스포츠 진흥위원회의 설치를 다시금 삽입해야 하고, e스포츠만의 진흥을 실천적으로 구현하기 위한 독립기구가 설립해야 한다고 생각한다. 여기에 e스포츠가 산업적 측면 이외에도 생활 e스포츠의 육성을 언급하고 있지만, 구체적인 실행 방향에 대한 언급은 부족하다. 덧붙여 국민의 건강 증진에 기여할 수 있는 e스포츠의 정책적 기여 부분을 명시해야 한다. 국제적으로는 가장 중요한 e스포츠의 국제 표준화에 주도적으로 누가 참여하여, 어떻게 이끌어 가야 하는지도 제도적으로 명확하게 명시해야 한다.

3) e스포츠 표준계약서와 템퍼링(Tampering)

e스포츠 법률 제7조 2항에는 문화체육관광부장관으로 하여금 전문 e스포츠 용역과 관련된 표준계약서를 마련하여 이를 e스포츠 분야의 사업자 및 e스포츠 단체에 보급하도록 하고, 표준계약서의 사용을 권장할 수 있도록 규정하고 있다. 또한 표준계약서를 제정 및 개정하고자 할 때에는 공정거래위원회와 협의하고, e스포츠와 관련된 이해관계자와 전문가의 의견을 들어야 한다고 규정하고 있다. e스포츠가 정식 스포츠로 인정받고 산업 규모가 커짐에 따라 법적 보호와 표준화된 계약 체계의 필요성이 대두되었다. 초기 e스포츠 산업에서는 표준화된 계약서가 없어 선수들이 불공정 계약을 체결하거나, 부당한 대우를 받는 선수 권익 침해 문제가 발생하였다. 청소년 선수의 경우 계약 조건을 제대로 이해하지 못해 계약 기간의 과도한 설정, 수익 분배의 불공정성, 일방적인 해지 조항 등은 선수와 팀 간 갈등을 유발하였다. 또한 승부조작, 불법 도박 문제와 함께 불공정 계약문제는 e스포츠의 대중성과 신뢰도를 저하시키는 요인으로 작용하였다. 선수와 팀 간의 권리와 의무를 명확히 규정하여 공정하고 투명한 계약을 보장하기 위해 e스포츠 선수의 표준계약서의 필요성이 논의되었지만, 법적으로 확정된 것은 일명 '그리핀 카나비 사건'[8]이 계기가 되었다. 이 사건의 공론화 과정으로 e스포츠 표준계약서가 만들어졌다. 이 사건을 통해 볼 수 있는 것은 비록 템퍼링을 위반하지는 않았지만 미성년자에게 자신의 권리를 충분히 알려주지 않은 것은 비윤리적 행위라는 것이다.

8) 그리핀의 조모 전 대표가 미성년자인 서군을 속여 해외 구단에 이적 시키려 했다. 조 전 대표가 서군을 중국 프로팀 징둥게이밍(JDG)에 임대하고, JDG와 서군의 이적을 추진하는 과정에서 거액의 이적료를 챙기기 위해 서군을 압박해 5년 장기 계약을 맺게 하였다(이소라, 2019.11.21.).

이에 문화체육관광부는 e스포츠 선수 표준계약서, e스포츠 육성군 선수 표준계약서, 청소년 e스포츠 선수 표준부속합의서 등 표준계약서 3종을 마련하였다.

e스포츠 선수 표준계약서는 선수들이 계약 조건에 대한 충분한 이해와 동의 아래 활동할 수 있도록 돕고, 팀 역시 선수와의 관계를 안정적이고 공정하게 유지하도록 지원하기 위해 마련되었다. 주요 내용은 후원금과 상금 등의 분배 비율을 사전에 합의하고, 계약이 종료되면 지식재산권 등 모든 권리를 선수에게 반환하도록 했다. 그리고 이적이나 임대 등 권리 양도 때 선수와 사전에 협의하도록 했으며 일방적 계약 해지를 금지하고 계약 위반 때 시정요구 기간으로 30일을 설정했다. 부당한 지시에 대한 선수의 거부 권한 조항도 넣는 등 게임단이 자의적으로 결정하는 불공정 조항을 개선해 선수와 게임단이 서로 동등한 권리와 의무를 갖게 했다.

그리고 육성군 선수 표준계약서에서는 안정적 환경에서 훈련하고 기량을 올려 정식 선수계약으로 전환할 수 있도록 유도하고, 게임단이 선수의 성장 가능성이 작다는 사유로 계약을 해지하고자 할 경우 평가 결과 등 합리적 근거를 제시하도록 했다. 아울러 e스포츠 선수들이 통상 10대 때부터 활동을 시작하는 특성을 고려해 표준 부속합의서를 별도로 마련했다. 게임단은 청소년의 자유선택권과 학습권, 인격권, 건강권, 수면권·휴식권 등 기본적 권리를 보장하도록 하고 선수활동 제공 시간의 상한(15세 미만은 주당 35시간 이내, 15세 이상은 주당 40시간 이내)을 규정했다(손봉석, 2020.09.03.). 한국e스포츠협회가 지난해까지 보급한 표준계약서에서 '노예 계약'으로 지적된 독소 조항들이 집중적으로 수정과 보완이 이루어졌지만, 대부분의 조항에 게임단과 선수의 서면 합의를 명시함으로써 게임단의 일방적인 위력 행사를 완전하게 방지했다고는 할 수 없다(이다니엘. 2020.09.03). 하재필(2025)에 따르면 3종의 표준계약서는 계약 해지 절차가 명확하지 않는 점을 지적하였다. 또한 자유로운 이적을 보장하고 과도한 위약금 부가방지를 위한 조항이 추가되어야 하며, 표준계약서가 아직 미성년 선수를 보호하는 데 부족하다고 지적하고 있다. 여기에 선수들의 법적대리인의 적극적인 개입을 보장하고, 학습권과 근로 조건을 명확하게 할 필요가 있다고 하였다.

e스포츠의 템퍼링(Tampering)은 특정 선수를 다른 팀이 계약이 끝나지 않았음에도 불구하고 불법적으로 접촉하거나 영입을 시도하는 행위를 말한다. 이는 계약이 유효한 기간 동안 선수를 빼내려는 의도로, 선수의 소속팀과의 합의 없이 선수에게 접근해 이적을 제안하거나 영입 협상을 진행하는 것으로 e스포츠의 공정한 경쟁을 방해하고 팀 간 신뢰를 깨뜨릴 수 있는 행위이다. 템퍼링이 성행하면 팀 간 전력 균형이 무너지고 공정한 경쟁이 훼손되기 때문에 많은 e스포츠 리그에서 엄격히 금지하고 있다. 따라서 많은 e스포츠 리그는 템퍼링을 방지하기 위한 규정을 두고, 규정을 위반하는 경우 해당 팀과 선수에게 페널티를 부과한다.[9)]

윤리적 측면에서 계약을 존중되어야 한다. 선수가 소속된 팀과의 계약이 유지되는 동안에, 즉 계약이 만료되지 않는 한 외부 팀이 선수

9) 라이엇은 리그 오브 레전드 공식 홈페이지를 통해 지역 내 템퍼링 금지 정책을 지역 간 탬퍼링 금지 정책으로 확대한다고 하였다. 이는 국제 이적이 날로 활발해지자 선수 이적, 계약의 안정성을 지키기 위한 조치로 판단된다. 라이엇은 "국제 이적이 날로 빈번해진 지금, 지역 간의 선수 이적이 정당한 계약의 안정성을 해치지 않도록 하는 것이 매우 중요하다. 현재 이 정책으로 보호받는 모든 계약은 최저 연봉 등 선수를 보호하기 위한 각 리그의 기준을 준수해야 한다"고 말했다(김병호, 2015.06.12.).

를 영입하려는 접촉은 비윤리적 행위이다. 그럼에도 불구하고 현실적으로 템퍼링이 지켜지고 있느냐는 다른 차원의 문제이다.[10] 지속된 템퍼링 사건은 e스포츠 에이전트의 상황의 어두운 측면을 보여준다. 한해 작게는 수억에서 많게는 수억 원의 연봉의 프로게이머들을 관리하는 에이전트에게는 이적이 큰 수익을 올릴 수 있는 기회가 된다. 지금까지 템퍼링과 관련한 의혹의 중심에는 항상 에이전트들의 개입이 되는 이유가 여기에 있다.

한국은 뛰어난 e스포츠 선수를 보유하고 있다. 그러나 LCK 10개 구단을 합쳐 100명 내외의 선수로 한정되어 있어 에이전트 업체와의 갈등은 피할 수 없다. 이러한 상황에서 한정된 파이를 나눠먹는 에이전트들의 각축장이 된 LCK 에이전트 사업에는 항상 논란이 있어 왔다. LCK에서는 거대 에이전트가 선수를 빌미로 횡포를 부리고, 구단과 대립각을 세우는 등 크고 작은 논란이 제기되었다. 이러한 해결책을 찾기 위해 LCK도 나름의 방법을 고민하였고, 그 결과로 공인 에이전트 도입을 통해 각종 논란을 최소화하고자 하였다(김건호, 2022.08.14.). 이에 따라 LCK는 2023년 스토브리그(계약 갱신이나 트레이드가 이뤄지는 비시즌)부터 공인 에이전트를 도입하였다. 이는 사설 에이전트를 고용했던 기존 체제에서 벗어나 KeSPA와 LCK가 공인한 에이전트의 활동을 인정하게 되었다. 이를 통해 선수는 마케팅, 계약교섭 등을 관리하는 전문 인력을 활용함으로서 경기에만 집중할 수 있게 되었다. 리그의 입장에서 본

10) e스포츠 관계자들은 하나 같이 이야기한다. “템퍼링을 지키는 사람이 바보로 취급 받는다”. 또 한 명의 관계자는 “템퍼링을 준수하는 게임단과 사람보다 그렇지 않은 쪽을 찾아보는 게 월등히 편하다. 사실 준수하는 사람이 있는지조차 모르겠다”라고 단언했다. 이와 비슷한 주장을 하는 관계자는 한두 명이 아니라 다수였다(심영보, 2020.11.16.).

다면, 에이전트 관련 위반 행위나 분쟁 발생 시 적극적인 개입과 제재가 가능하다. 이를 통해 선수 및 팀의 권익 보호와 안정적인 e스포츠 생태계 유지를 도모할 수 있다.[11]

2. 공공재와 지적 재산권

사전적 의미로 공공재는 "공중(公衆)이 공동으로 사용하는 물건이나 시설. 도로, 항만, 교량, 공원 따위를 이른다"고 정의한다.[12] 한국에서 e스포츠가 공공재인지 아닌지의 논쟁은 2010년 스타크래프트 중개권 분쟁에서 시작하였다. 이전에는 종목사의 허가 없이 KeSPA의 주관 아래 e스포츠를 중개하였지만, 그 당시 블리자드는 게임 방송사는 종목사와 별도의 계약 없이 그들의 저작물인 스타크래프트를 이용하여 방송 콘텐츠를 제작하거나 방송하는 것을 저작재산권 중 공중 송신권 내지 공연권을 침해하였다고 하였다. 그 당시 KeSPA의 입장은 e스포츠를 공공제로 보아야 한다고 주장하였다. 축구공을 만든 아디다스가 월드컵에 축구공 사용료를 내라고 하지 않는다는 근거로 e스포츠를 공공재로 접근하였다. 반면에 스타크래프트 개발사인 블리자드의 입장에 따르면, e스포츠 종목은 2차 저작물로 지적 재산권의 일부라고 하였다(안정빈, 2010.05.31.). 법적으로 e스포츠가 저작물에 해당하고, 게임 제작사의 2차 창작물로의 인정은 게임 제작사의 저작권 권리로 연결되어 인정하게 된다. 따라서 e스포츠는 공공재와는 달리 제작 회사의 지적 재산권을 인정받아 방송 사업자와 방송 계약을 체결해야 한다.

11) http://e-sports.or.kr/news/media_view?brd_id=32O9GP670001

12) https://stdict.korean.go.kr/search/searchResult.do

블리자드의 스타크래프트 저작권분쟁은 2010년에 발생하여 2011년까지 이어졌다. 그들은 게임 방송사가 자신들의 허락 없이 스타크래프트를 이용한 방송 콘텐츠를 제작한 것은 블리자드가 보유하고 있는 지적 재산권을 침해하였다고 주장하였다. 이러한 분쟁은 전 세계적으로 유례가 없던 사상 초유의 일이기 때문에 많은 관심을 갖게 되었다. 재판이 진행되면 어떤 판결이 날지는 장담할 수 없었던 상황이었지만, 분쟁은 블리자드와 게임 운영 주체 간 합의에 따라 소 취하의 형태로 일단락되었다(우원상, 김병일, 2013). 오늘날에는 e스포츠의 방송은 e스포츠를 만든 회사의 지적 재산권을 인정함으로써 제작사가 독립적인 리그 운영이 가능하게 되었다.

e스포츠가 스포츠로 인정받지 못하는 가장 중요한 근거로 공공재가 아니라는 점이다. 우리가 축구를 한다고 해서 그 비용을 지불하지 않는다. 공과 공터가 있으면 누구나 축구는 한다. 축구를 한다고 누구에게 허락을 받지 않기 때문이다. 하지만 축구가 완전한 공공재인지는 생각을 해 보아야 한다. 우리가 규격화된 축구경기장을 이용하기 위해서는 사용료를 지불해야 한다. 영국 프로 축구나 메이저리그의 중계도 언제부터 돈을 지불해야 시청이 가능하다. 공공재의 역할에서 상업적 권리를 인정으로 확대되고 있다. 따라서 공공재의 여부로 스포츠와 e스포츠를 명확하게 구분하기란 현실적으로 힘들다.

누군가는 스포츠는 일부 마니아나 특정 기업의 사유물이 아니기 때문에 특정 게임 개발사의 권리에 속하는 e스포츠와는 다르다고 주장한다. 그러나 스포츠와 e스포츠는 일반 관중이 즐기고 참여하는 공공적 성격을 갖는다. e스포츠가 공공재가 아니라 라이엇 게임즈나 블리자드라는 다국적 기업의 자산에 불과하다면, 한국에서의 e스포츠 산업과 관련된 정책이나 협회의 존재 의미는 처음부터 잘못된 셈이 된다. 즉 대통령배 게임 대회나 대표적 문화 콘텐츠로서의 육성과 지방 경기장 운영과 같은 정부의 정책적 지원은 의미가 없다는 것이다.

유럽 연합의 인터넷 시장을 위한 상표와 산업 디자인을 등록하는 기관인 유럽 연합 지식재산권 사무소(European Union Intellectual Property Office, 이하 EUIPO)에서 'e스포츠에서의 지식재산 검토' 내용을 발표했다. EUIPO에 따르면 e스포츠는 기본적으로 게임이 저작권으로 보호될 가능성이 높다는 점에서 기존 스포츠와는 차별화된 특징이 있다고 하였다. 게임의 기반이 되는 소프트웨어 코드부터 게임에 등장하는 단어, 그림, 음악에 이르기까지 게임의 여러 측면을 저작권으로 포괄할 수 있다. 사운드, 모션 및 멀티미디어도 상표로 등록이 가능한데 이는 게임 개발자가 게임의 고유한 특징을 보호하려는 경우에 활용할 수 있다. 디자인권은 e스포츠의 또 다른 중요한 지식재산권 보호 수단이다. 여기에 키보드, 컨트롤러, 헤드셋, 그래픽 사용자 인터페이스(GUI)에 이르기까지 모든 것이 지적 재산권과 관련될 수 있다고 하였다(이성용, 2024.07.09.).

그럼에도 불구하고 e스포츠는 공공재의 요소를 갖는다. 공공재는 일반적으로 사람들이 공동으로 사용하면서도 타인에게 영향을 미치지 않는 비경합성과 모든 사람이 이용할 수 있는 비배제성을 특징으로 한다. 이러한 관점에서 e스포츠도 공공재적 요소를 갖추고 있다. 예컨대 초기 e스포츠 경기인 스페이스워(spacewar)도 모두가 공유하는 게임이었다. 인간의 이기적이고 상업적인 관점이 개입되어 지적 재산권이 하나의 권리로 인정받음으로서 공공재로서의 인식이 변화한 것에 지나지 않는다. e스포츠와 공공재의 관계에서 우리는 e스포츠가 사회에 긍정적인 영향을 미치는 공적 자산으로 만들려는 노력이 개입되어야 한다. 물론 e스포츠 투자사의 관점이 개입되는 상황에서 모든 경기를 공공재로 하기란 쉽지 않다. 그럼에도 불구하고 디지털 시대에 e스포츠의 사회적 역할을 확대하기 위해서는 공공재로서의 역할이 무엇인지 진지한 질문을 던져야 한다. 미래에 누구나 e스포츠를 공공재로 즐기는 상황이 오지 말라는 법은 없기 때문이다.

또 다른 측면에서 e스포츠는 온라인 환경이 제공되면 누구나 참여하고 즐길 수 있는 공공재로서의 역할을 보여준다. 연령, 성별, 국적, 피부와 관계없이 누구나 참여하여 재미와 즐거움을 가질 수 있기 때문이다. 이러한 타자를 배제하지 않는 특징은 공공재로서 사회적 유대감을 형성하고 공동체 의식을 강화하는 효과를 갖는다. e스포츠는 경쟁을 프로 e스포츠만이 있는 것이 아니다. 단순히 즐기는 e놀이, e게임은 경쟁과 엔터테인먼트를 넘어 공공적 가치를 만들어낼 수 있다. 그 곳에서 우리는 전 세계에서 다양한 인종과 문화를 아우르는 커뮤니티 형성이 가능하며, 하나의 새로운 글로벌 문화로 만들어 갈 수 있다. 이를 통해 사람들은 국경을 넘어 서로 소통하며 문화를 공유하는 기회를 가질 수 있다.

e스포츠는 충분히 교육적 공공재로서의 역할도 가능하다. e스포츠의 전략적 사고, 협동심, 문제 해결 능력 등은 교육적 자원으로 활용이 가능하기 때문이다. 따라서 사회와 정부는 청소년들이 건강하게 게임을 접할 수 있는 기회를 제공하고, 교육적 가치를 확장하는 기반을 만들어야 한다. 이와 관련해서는 13장에서 살펴볼 것이다. 또한 e스포츠는 경제적 공공재로서의 역할도 보여준다. e스포츠의 발전은 그 구성원들의 역할과 산업적 가치를 창출하면서 국가나 지역 경제 발전을 돕는 중요한 자원이 될 수 있기 때문이다.

물론 e스포츠가 공공재로 자리 잡기 위해서는 정부나 공공기관의 지원이 필수적이다. 한국은 공공재를 확대하기 위해 정부나 지자체가 e스포츠 경기장과 훈련 센터 등 공공 인프라를 구축하여 누구나 접근할 수 있는 환경을 제공하고 있다. 각 지역의 e스포츠 경기장 운영 주체들은 e스포츠를 활용한 공공 교육 프로그램을 마련하고 있으며, e스포츠의 지역 청소년 프로그램의 지원을 통해 청소년들에게 e스포츠의 긍정적 가치를 접할 수 있는 기회를 제공하고 있다. 앞으로는 장애인과 노인을 위한 e스포츠 대회 개최와 저소득층 청소년에게 교육 프로그램 제공 등이 확대되어야 한다. 이는 e스포츠의 공공재적 가치의 확장으로 연결된다. 부산 e스포츠의 지역 연고팀 BNK Fear X는 자선 기부, 사회공헌 활동을 통해 팬들과 함께 사회적 가치를 창출하고 있다는 점에서 공공재로서의 역할을 잘 보여준다.

e스포츠는 전통적인 스포츠와 달리 환경적인 영향을 비교적 적게 받는다는 장점이 있지만, 전력 소모와 인터넷 망사용에 대한 공공재의 문제도 고려해야 한다. 통신망의 사용과 관련된 법적인 문제도 발생한다. 게임이 완벽하게 구현되기 위해서는 막대한 통신 트래픽이 구비되어야 한다. 이는 게임사와 통신사 갈등으로 연결된다. 한국에서 e스포츠 사용에 대한 망사용에 대한 문제는 국제적인 통상 문제를 야기한다(이도경, 2024.09.25). 또한 장비 제조의 과정에서 환경적 영향을 고려하여, 즉 에너지 효율 개선 등을 통해 e스포츠의 지속 가능성 구축에도 노력해야 한다. 따라서 우리는 e스포츠와 공공재의 관계에서 e스포츠가 단순한 엔터테인먼트를 넘어 문화적, 교육적, 경제적 가치를 지니며 공공의 이익을 위한 자원으로 활용될 수 있음을 인식할 필요가 있다. 물론 e스포츠가 지속적으로 공공재로서 자리 잡기 위해서는 앞에서 언급

한 공정성과 접근성을 갖춘 환경 구축과 사회적 기여에 대한 지속적인 관심과 노력은 말할 필요가 없다.

e스포츠의 특징은 공공재와 그와 반대되는 지적 재산권의 인정이다. e스포츠는 컴퓨팅으로 만들어진 창작물의 권리인 지적 재산권을 법적으로 보호하고 있다. 이 권리는 e스포츠 산업의 공정한 발전에 기여한다. e스포츠는 게임 개발사의 지적 재산을 바탕으로 이루어지기 때문이다. 여기에는 각종 게임의 저작권, 상표권, 그리고 경기 중계와 콘텐츠의 소유권 등이 복합적으로 얽혀 있다. 이러한 권리들은 e스포츠의 지속적 성장과 수익 창출에 필수적이기 때문에 모든 게임 관련 회사는 그들의 지적 재산권의 적절한 보호와 관리를 유지하기 위해 노력한다. e스포츠의 지적 재산권(Intellectual Property Rights, 이하 IPR)의 내용은 저작권, 특허권, 상표권, 디자인 권리, 영업 비밀 등이 있다. 세부적인 e스포츠의 지적 재산권과 관련된 내용은 다음과 같다.

첫째, 저작권과 게임 콘텐츠 보호이다. e스포츠에서 사용되는 모든 게임은 개발사의 지적 재산으로 보호된다. 각 게임의 그래픽, 음악, 캐릭터 디자인, 스토리 등은 저작권의 보호를 받으며, 이러한 저작물의 사용은 개발사에 의해 엄격히 통제된다. 게임 개발사는 게임 콘텐츠와 관련된 저작권을 가지고 있어, e스포츠 대회에서 게임이 사용되는 경우 라이선스를 요구한다. 이는 e스포츠가 공공재로서의 역할을 하지 못하는 이유로 설명한다. 대회를 운영하는 측은 개발사와의 협력을 통해 사용 권한을 부여받아야 한다. 이를 통해 개발사는 e스포츠에서 수익을 창출한다. e스포츠에서 사용되는 게임은 저작권 보호 대상이므로, 불법 복제나 무단 사용이 금지된다. 따라서 불법 프로그램을 사용한 해킹이나 복제된 콘텐츠를 스트리밍하는 행위는 저작권 침해에 해당한다.

둘째, 상표권과 브랜드 보호이다. e스포츠에서는 게임 자체뿐 아니라, 게임과 관련된 브랜드나 캐릭터, 로고 등의 상표권이 중요하게 다룬다. e스포츠 팀과 선수는 고유의 브랜드 가치를 지니고 있으며, 이름이나 로고는 상표권으로 보호받는다. 이는 팀과 선수들이 독점적인 상표를 통해 수익을 창출할 수 있게 하고, 자신의 브랜드 이미지 보호와 정체성을 강화하는 역할을 한다. 따라서 대회 조직자나 미디어는 게임 개발사의 상표권을 준수하며, 개발사와의 협의를 통해 로고나 이미지를 사용해야 한다. 이러한 상표권 보호는 게임의 브랜드 가치를 지키고, e스포츠에서 공정한 사용을 보장하는 데 기여한다.

셋째, 중계권과 스트리밍 권리이다. e스포츠 중계와 관련된 스트리밍 권리는 매우 중요하다. 대형 e스포츠 대회의 경우, 중계권을 특정 방송사나 플랫폼에 독점적으로 제공하여 수익을 창출한다. 이는 시청자가 해당 방송사나 플랫폼을 통해서만 경기를 볼 수 있게 하는 방식이다. 중계권 판매는 e스포츠 산업의 주요 수익원이 된다. 이를 위해 e스포츠의 스트리밍 권리를 보호하기 위해 게임 개발사나 대회 주최 측은 불법 스트리밍 사이트를 추적하고 법적 조치를 통해 중계권을 보호하고자 노력한다. 이를 통해 스트리밍 플랫폼과의 수익 배분을 확보할 수 있다.

넷째, 플랫폼과 콘텐츠의 저작권 문제이다. e스포츠는 다양한 스트리밍 플랫폼과 소셜 미디어에서 활성화되고 있으며, 이를 통해 팬들과 소통하는 콘텐츠 크리에이터가 그것을 많이 활용한다. 그러나 크리에이터들은 e스포츠와 게임 콘텐츠를 활용한 영상을 제작할 때 저작권 문제를 고려해야 한다. 콘텐츠 크리에이터들이 게임 플레이 영상을 제작하여 스트리밍하거나 소셜 미디어에 업로드할 때 저작권자의 허락을 받아야 하는 경우가 많지만, 실제적으로 그대로 따르지 않는다. 많은 게임 개발사는 팬과의 관계를 고려하여 개인 방송에 대해서는 관대한 입장을 취하지만, 상업적인 목적으로 사용하는 경우에는 저작권의 문제가 야기되기도 한다. 또한 게임 내 캐릭터나 스토리를 활용하여 2차 창작물을 만드는 경우에도 원 저작권자의 허가가 없는 경우 저작권 문제가 발생한다.

다섯째, 지적 재산권 보호를 위한 산업적 노력이다. e스포츠 산업은 저작권 보호와 관련하여 여러 이해관계자들이 협력해 공정하고 지속 가능한 환경을 구축하는 것이 중요하다. e스포츠 대회 운영자와 스트리밍 플랫폼은 저작권 침해를 방지하기 위해 저작권 보호 시스템을 강화할 필요가 있다. 이를 위해 자동 감지 시스템을 도입하거나, 불법 콘텐츠 유통을 감시하고 차단하는 방안을 마련하고자 노력해야 한다. 하지만 이러한 모든 지적 재산권과 관련된 표준화된 저작권의 규제 마련은 아직 부족한 것이 사실이다. 또한 각국의 저작권 관련 법률이 다를 수 있기 때문에 저작권 보호를 위한 국제적인 규제 표준화가 필요하다.[13] 왜냐하면 국제적인 저작권 협약이나 가이드라인을 통해 전 세계적으로 저작권 침해를 방지하고 공정한 사용을 보장할 수 있기 때문이다.

다섯째, 플레이어의 저작권이다. 선수가 전략을 짜고 게임을 한 내용을 추후에 누군가 그 선수의 게임 동영상을 리플레이(Replay)로 만들어서 사용자 제작 콘텐츠(User Created Contents, UCC)로 배포하거나 하는 경우 이러한 영상 저작물에 대해서는 법적으로 인정하지 못하고 있다(정연덕, 2011). 또한 e스포츠에서 캐릭터 자체는 법적 주체로서의 권리를 가질 수 없지만, 캐릭터와 연관된 플레이어의 권리는 매우 중요하

13) 배틀그라운드의 크래프톤은 넷이즈와 5년간 저작권 분쟁에서 승리하였다. 미국 법정에서 진행된 소송에서 넷이즈 배틀그라운드를 표절하다고 판결하였다(박소은, 2023.12.01.).

다. 캐릭터를 통해 게임 세계에 참여하는 플레이어들은 게임사의 정책에 따라 권리를 행사하며, 이 권리는 공정하고 투명하게 보호받아야 한다. 이는 플레이어의 표현의 자유, 개인정보 보호, 디지털 자산 권리 및 지적 재산권과 관련된 문제로 확장이 가능하기 때문이다.

외형적으로 보면 e스포츠의 공공재와 지적 재산권은 서로 모순되게 보인다. 하지만 이러한 관점은 기존 스포츠가 공공재로 이용해왔던 인식에서 e스포츠를 비판하기 위해 사용된 측면이 있다고 생각한다. 우리는 경기장 사용에는 이용료가 부가되며, 일부 경기 시청에도 시청료를 지불한다. 과거 스포츠에서 모두가 사용 가능한 공공재가 시대 변화에 따라 그 권리를 인정하는 방향으로 나아가고 있다. e스포츠는 출발부터 지적 재산권의 인정에서 시작된 것뿐이다. 지적 재산권의 보호가 e스포츠 산업의 공정한 발전과 수익 창출을 보장하는 핵심 요소이기 때문이다. 그럼에도 불구하고 e스포츠의 공공재 역할을 외면해서는 안 되고, 공공재의 역할 확대를 모색해야 한다. 모두가 참여하여 즐길 수 있는 기회의 보장은 외면할 수 없기 때문이다.

CHAPTER 11

e스포츠 정책과 조직의 윤리

1. e스포츠의 정책 윤리

정책이란 정부의 목표를 이루기 위해 필요한 수단을 정부 기관이 공식적으로 결정하는 기본 방침을 말한다. 여기에는 공동체 구성원들에게 기본적인 의무와 권리를 할당하고 이익과 부담을 지우는 정부의 행동 방침이 포함된다. 정책은 시책이나 계획도 있지만, 가장 중요한 수단은 법률이다. 정책의 결과가 개인이나 사회에 영향력을 미친다는 점에서 정책에서 윤리 문제는 회피할 수 없다. 정책과 관련된 윤리적 접근은 넓은 의미와 좁은 의미로 설명이 가능하다. 전자는 정책적 결정에 있어 공익성, 책임성, 투명성, 인권 존중 등의 윤리적 태도와 관련된다. 후자는 실제로 정책을 집행하는 개별적인 윤리적 행동과 태도와 관련된다. 개별적인 정책 집행의 윤리적 태도가 사회적 공익성과 투명성의 가치를 배제할 수 없다는 점에서 두 가지는 엄밀하게 구분하기 힘들다. 정책에서 윤리적 문제는 그 정책의 정당성 확보나 단기적인 성과를 넘어 장기적인 지속을 위해 필요하기 때문이다.

e스포츠 정책이란 e스포츠와 관련된 정책(政策) 결정 사항을 통해 e스포츠의 방향성을 안내하고 합리적인 결과를 수행할 수 있게 하는 원칙을 말한다. e스포츠 산업과 문화 속에서 발생한 다양한 문제를 공정하고 책임감 있게 해결하기 위한 가치 기준을 법률이나 제도로 뒷받침하는 것이다. 이를 통해 지속 가능한 e스포츠의 발전을 도모하는 데 있다. 이를 통해 e스포츠 산업 발전이 공정하게 지속 가능해야 하며, e스포츠 문화가 사회적으로 수용 가능한 방식으로 성장할 수 있도록 방향성도 제시해야 한다. e스포츠 종주국으로 등장은 한국의 정책적 뒷받침에서 발전하였다는 것이 정확한 표현이다. 한국은 IMF를 극복하기 위한 하나의 수단으로 초고속 인터넷망을 전국적으로 설치하였다. 여기에 1998년 스타크래프트가 한국에서 흥행이 결합하여 PC방이 단행하였다. PC방의 등장은 최상위 선수를 양성하는 기틀이 되었다. 여기에 미디어, 산업, 비즈니스 등의 개입으로 e스포츠가 탄생하였다. 이를 기반으로 e스포츠에 나타난 다양한 산업적 문화적 욕구를 대응하기 위해 2012년 세계 최초로 e스포츠 진흥에 관한 법률에 근거한 e스포츠의 정책이 탄생하였다.

한국에서 정책은 대체로 일반적으로 목표 달성의 수단이나 문제해결의 수단으로 정의한다. 이는 e스포츠 정책에도 그대로 적용된다. 민간 주도보다는 정부 주도의 역할이 위급한 상황에서 해결책으로 경제적 산업적 성과의 결과물을 가져올 수 있다고 생각하였기 때문이다. 하지만 이러한 이해는 정책의 정치성 속성을 반영함으로써 인간의 가치를 외면할 가능성이 높다(사공영호, 2008). 한국의 e스포츠 정책도 앞에서 언급한 산업적 발전에 치중한 것이 사실이다. 하지만 디지털 기술시대에 새롭게 등장한 e스포츠에 대한 정책에 대한 근본적인 변화의 시점에 있다. 산업적 성과에 초점을 맞춘 e스포츠 정책이 지속된다면, 이는 지속 가능한 e스포츠 발전을 기대하기는 힘들다. 이러한 접근은 e스포츠 종주국의 위상, e스포츠의 국제표준화의 문제, AI와 e스포츠의 관계, 한국의 e스포츠 게임 장르 탄생 등 새로운 e스포츠 현상을 주도적으로 이끌지 못할 수도 있기 때문이다.

한국에서 게임 산업과 관련된 정책을 생각해 보자. 게임 산업에 대한 정책 지원에 힘입어 한국의 게임 산업은 크게 발전하였다. 그러나 과거 우리 나름의 독자적인 게임이 있었지만, 오늘날 전 세계적으로 게임 산업과 게임 문화를 주도적으로 이끌고 있는지 생각해 보아야 한다. 특히 e스포츠 경기 종목의 서구 편중은 더 심하다고 말할 수 있다. 이러한 정책 효과와 관련하여 가장 큰 문제는 대상에 대한 명확한 학문적 타당성을 근거에서 출발하지 않았기 때문이다. 이와 관련하여 사공영호(2008)는 정책 개념이 학문적으로 타당한 개념 수립의 과정, 즉 대상에 대한 직관을 토대로 비교, 반성, 추상을 거쳐 공통된 속성을 찾아내지 못하였다. 또한 정책 대상의 구성도 논리적인 과정에 의하여 수립된 개념이라고 보기는 어렵다고 주장하였다. 이러한 지적은 e스포츠 정책에도 그대로 적용이 된다. e스포츠의 명확한 학문적 근거 설정 없이 정치적이고 산업적 측면에서 접근한다면 많은 것을 놓치게 된다.

e스포츠의 지속 가능한 정책과 관련하여 고려해야 할 것은 다음과 같다. 첫째, e스포츠 정책의 시작이 비록 산업적 발전이라는 정치성 개입을 배제할 수 없다고 하더라도 잊지 말아야 하는 것은 e스포츠의 본질적 가치를 학문적으로 정립하려는 노력이 우선적 고려되어야 한다. IMF의 위기 극복을 위한 인터넷 강국의 방침은 e스포츠를 탄생하게 되었지만, 지속 가능한 e스포츠 정책을 통해 e스포츠의 본질적 가치를 구

축했느냐의 질문을 던져야 한다. 전지구적 현상으로 누구나 즐길 수 있는 e스포츠가 하나의 문화와 산업적 영향력 확대로 나타났기 때문에 산업적 관점도 중요하지만, e스포츠의 학문적 근거 설립에 더 많은 정책적 관심이 필요하다. 디지털 발전에 근거하여 탄생한 e스포츠의 본질적 가치가 무엇인지에 대한 진지한 고민 이후, e스포츠의 산업 발전과 문화적 역할을 위한 정책에 관심을 가져야 한다.

정책은 하나의 수단일 뿐이다. 어떠한 방향으로 전개될 것인지는 그것을 추진하고자 하는 사람들의 가치와 신념에 달렸다. 특히 가치와 신념이 정책을 결정하는 데 중요한 요소라면, 그 근거에는 윤리적 태도가 어떻게 적용되고 있는지 고려해야 한다. 한국에서 e스포츠 정책에서 윤리적 문제는 크게 논의되지 않는 것이 사실이다. 그러나 사람들이 하는 일에는 자신의 윤리적 태도를 분리할 수 없다. 윤리는 바람직한 인간의 삶과 사회관계 유지에서 윤활유의 역할을 한다. 정책도 마찬가지다. 정책이 누군가만의 이익이 아닌 전체 사회에 그 혜택이 주어져야 한다는 점에서 e스포츠 정책 집행에 윤리적 태도는 중요하다. 한국에서 e스포츠 정책과 관련해서는 문화체육관광부 산하 한국콘텐츠진흥원(이하 KOCCA)이 그 역할을 주도적으로 한다. 법률에 근거한 국가 주도적 정책의 관점에서 KOCCA는 e스포츠 산업 발전을 위해 예산 지원, 인프라 확충, 국제 대회 개최 등의 정책을 주도한다. 구체적인 정책의 방향성은 e스포츠 진흥에 관한 법률에 따라 e스포츠 경기장 설립, 관련 교육 프로그램 운영, KeSPA 선수 등록, 리그 운영, 계약 표준화 등으로 생태계 기반을 강화하고 진행하는 것으로 규정하고 있다. 그러나 이 법은 산업의 안정성을 높이지만, 법률적 규정으로 변화하는 산업에 즉각적으로 대응하기란 쉽지 않다. e스포츠는 VR, MR, AR, XR, IoT, 생성형 AI와 같은 디지털 기술의 발전에 힘입어 급격하게 변화하고 있음을 앞에서 살펴보았다.

하지만 법률적 관점은 정책적 안정성을 중시함으로써 e스포츠 산업의 미래와 문화적 역할을 선도하는 데 제 역할을 다하지 못하고 있다. 따라서 e스포츠 관련 정책이 중장기적인 계획에 설계되지 못하고 단기적인 성과 중심으로 운영될 때가 있다. 앞장에서 언급하였지만, e스포츠 법이 e스포츠 개념적 정의를 명확하게 설정하지 못함으로써 장기적인 로드맵을 제시하지 못하고 있다. 이는 e스포츠 정책이 일부 보여 주기식 정책에 한정되어 진행되고 있는 현실을 잘 보여주고 있다. 경기장 설치 등과 관련된 인프라의 건설, 전문가 양성 프로그램 지원, e스포츠 실태조사, e스포츠와 관련된 연구 등의 정책적 내용을 보여주고 있지만, 그 결과물이 얼마나 현장의 요구를 반영하고 있는지는 확신이 없다. 예컨대 e스포츠의 정책적 보고서가 학계나 산업계에서 유용하게 사용된다고 말할 수는 없다. 20년의 정책 과정의 결과로 한국 e스포츠의 위상이 세계에서 그 만큼 확대되었는지 생각하면 긍정적인 답을 하기란 어렵다. “e스포츠 사업 성과분석 및 발전방안 연구”의 보고서에 따르면 한국 정부가 지난 2018년부터 5년간 약 300억 원에 달하는 자금을 투입해 e스포츠 산업 육성에 나섰으나, 일반인들이 느끼는 체감 효과는 크지 않다. 또한 e스포츠 산업계와 팬들이 그 효과를 느끼지 못하고 수박 겉핥기 지원으로 정책의 실효성과 효능감을 보여주지 못하고 있다고 지적하였다(한국콘텐츠진흥원, 2024). 물론 많은 지원이 e스포츠 경기장과 같은 인프라 구축에 지원한 것에도 그 원인이 있다.

한국의 e스포츠 정책은 전반적으로 글로벌 선도 국가의 위상에 걸맞은 강점을 가지고 있지만, 여전히 선수 복지, 장기 계획, 사회적 인식 개선 등의 과제가 남아 있다. e스포츠 탄생이라는 역사적 아카이브를 갖고 있는 상황에서 이런 단점들을 하나씩 보완해 나간다면, 한국은 앞으로도 e스포츠의 중심 국가로 계속 성장할 가능성이 크다. 그러나 중국의 e스포츠 정책을 비교한다면 아쉬움이 남는다. 중국은 세계 최대 게임 시장으로 막대한 내수 규모, 글로벌 e스포츠의 중심지로 부상하고 있으며, 전국 각지에 대규모 e스포츠 경기장 건설을 예정하고 있다. 선전, 상하이, 항저우 등은 아예 'e스포츠 허브 도시'로 국가적 차원에 지원하고 있다(장신신, 2022.10.01.). 서구의 e스포츠 정책은 우리와 다르다. 그들은 민간 중심의 산업 성장 중심으로 정부 개입은 제한적이다. e스포츠를 엔터테인먼트와 스포츠의 일환으로 보고 시장의 자율 규제에 맡기는 경향을 보인다. 그럼에도 e스포츠의 산업적 영향력을 더욱 더 커지고 있다.

e스포츠 정책에 새로운 방향 설정이 논의되는 상황에서 e스포츠 정책 윤리의 내용을 제시하기란 쉽지 않다. 저자는 담론적 측면에서 e스포츠와 관련된 정책을 수립하고 운영할 때 고려할 윤리적 요소로 본질적 가치, 공정성, 사회적 책임, 환경적 지속 가능성, 그리고 디지털 윤리 문제를 고려해야 한다고 생각한다.

첫째, 본질적 가치의 이해이다. 외형적인 산업적 성장의 목표도 중요하지만, 정책 집행자들은 그 정책이 추구하는 본질적 가치에 관심을 두어야 한다. e스포츠는 기존 정책 집행과 다르게 디지털 발전에 따라 새롭게 탄생한 정책적 대상이기 때문에 다른 어떠한 것들보다 학문적 연구에 더 많은 관심을 가져야 한다. 둘째, 공정성이다. 정책의 공정성을 갖지 않으며 누군가의 비판이나 비난의 대상이 되어 정책이 지향하는 가치나 의미를 구현할 수 없다. 예컨대 e스포츠의 전문 인력 양성

기관을 선정할 때 집행 기관의 윤리적 태도는 대단히 중요하다. 개인적 이익이나 관심에 따라 결정된다면, 이는 그 대상 간의 논란과 법적인 문제를 야기하기 때문이다. 셋째, 사회적 책임이다. e스포츠 정책은 e스포츠를 통해 긍정적인 사회적 변화를 촉진하는 데도 관심을 가져야 한다. 지역 사회와의 협력을 통한 산업 생태계 구축을 넘어, e스포츠에 대한 긍정적인 인식을 바꿀 수 있는 정책이 뒷받침되어야 한다. e스포츠의 부정적 인식 전환이 없는 e스포츠 생태계 구축은 모래 위에 성을 쌓는 것과 같다. 또한 세계를 주도하는 e스포츠 문화 환경 조성에도 노력해야 한다. 물론 선수의 인권보호와 관련된 노력도 필요하다. 넷째, 환경적 지속 가능성이다. e스포츠가 누구나 참여 가능한 환경을 만들어야 한다. 승리와 패배가 결정되는 프로 e스포츠 선수와 관계자만을 위한 환경은 e스포츠의 지속 가능성으로 이어지기 힘들다. 모두가 참여 가능한 e스포츠 경기장의 운영이 필요하지만, 한국의 지방 e스포츠 경기장이 지속 가능한 경기장이 아니라는 사실이다. 일정 계약 기간이 끝나면 다시금 경기장은 사라질 가능성이 높기 때문이다. 이는 e스포츠 지속 가능성의 장애 요인으로 작동한다. 다섯째, 디지털 윤리에 대한 관심이다. 정책 집행자는 e스포츠에서 나타난 비윤리적 행위가 e스포츠 산업의 근간을 흔들 수 있음을 알아야 한다. 일반 대중들의 e스포츠 관심은 선수의 기량보다는 부정적 현상에 더 많은 관심을 갖기 때문이다. 따라서 정책 집행자는 디지털 기술 발전에 따라 나타난 윤리 문제를 어떻게 e스포츠 정책에서 조화를 맞출 것인지 노력해야 한다. 또 다른 정책 윤리에는 AI 및 빅 데이터 기술을 활용해 부정 행위를 예방하고, 선수 보호를 강화하려는 제도가 뒷받침되어야 한다.

윤리적 정책과 다르지만 e스포츠 발전과 관련하여 구체적인 재정 지원의 정책이 필요하다. e스포츠의 진흥과 발전에 있어 중요한 것이 재정의 확보이다. e스포츠가 자체적으로 수익을 창출하고 지속하기에는 아직 무리가 있다. 수익의 많은 부분을 모기업의 지원금과 스폰서십에 근거한다는 점에서 세제 혜택과 같은 정책적 제도가 뒷받침되어야 한다.

2. e스포츠 조직의 윤리

e스포츠의 가장 취약한 부분이 제도화이다. e스포츠 종목 자체가 게임 투자사(publisher)에 의해 운영되기 때문에 스포츠에서 IOC 같은 국제적인 기구의 설립과 운영이 어렵다. 아직까지 국제적인 권위를 갖춘 국제적인 e스포츠 조직이 존재하지 않는다. 그럼에도 불구하고 e스포츠는 아시안 종목이나 국제대회 진행에 있어 국제적인 e스포츠 단체를 선정하여 e스포츠 종목 선정을 맡긴다. 아시안 e스포츠 종목은 아시아전자스포츠연맹(Asian Electronic Sports Federation, 이하 AESF)이 그 역할을 한다. 이 단체는 2005년에 설립하여 홍콩에 본부를 두고 e스포츠 종목 선정에 관여한다. 이 단체는 아시아 올림픽 평의회(Olympic Council of Asia)에서 공식 인증하였고, 2022년 항저우 아시안 게임에서 정식 종목을 선정하였다. 하지만 IOC는 e스포츠 월드컵과 같은 종목 선정에 있어 특정한 조직을 인정하지 않고 있다. 따라서 e스포츠 단체의 조직 윤리와 관련하여 논의는 아직 부족한 것이 사실이다.

e스포츠 조직 윤리와 관련된 논의는 e스포츠 게임을 만든 회사의 역할과 관련된다. e스포츠 게임 투자사(publisher) 역할은 e스포츠를 통해 수익을 창출한다. 하지만 독자적으로 경기 주최의 권리를 가지고 수익을

창출하는 e스포츠 기업은 경제적인 이익만을 추구하지 않는다. e스포츠 회사들은 그들 나름대로 기업의 사회적 책임(Corporate Social Responsibility, 이하 CSR)이라는 윤리적 행위를 한다. CSR이란 기업이 생산 및 영업활동을 하면서 환경경영, 윤리경영, 사회 공헌과 노동자를 비롯한 지역사회 등 사회 전체에 이익을 동시에 추구하며, 그에 따라 의사 결정 및 활동을 하는 것을 말한다. 기업 비즈니스는 사회와의 관계에서 수익을 얻기 때문에 사회 경제적 환경과 분리할 수 없다. 왜냐하면 기업의 활동이 수익을 위한 독립적이 영역이기보다는 사회 일부분이기 때문이다.

디지털 기술에 근거한 e스포츠의 등장과 발전에 따라 e스포츠 기업은 천문학적인 수익을 창출하게 되었다. 기업의 이익은 공동체와 직결되기 때문에 기업의 사회적 책임은 대단히 중요하다. 반면에 중독, 과몰입, 폭력성 등 부정적인 요소의 극복은 e스포츠 회사로 하여금 새로운 사회적 책임을 요구하게 된다. 산업적 측면에서 e스포츠의 장점과 윤리적 문제는 기업의 사회적 책임을 다시금 생각하는 계기가 되었다. e스포츠 회사의 경제적 수익만을 추구하는 것에서 사회적 책임의 관점에서 논의되어야 하는 것은 당연하다.

사회적 책임의 관점에서 CSR의 역할은 e스포츠에서도 진행되고 있다. 예컨대 글로벌 e스포츠전문기업 디알엑스(DRX)은 CSR 브랜드로 'DRX DREAM(디알엑스 드림)'을 진행하고 있다. DRX는 2012년 창단 이후 선수와 e스포츠 팬 모두에게 'ENJOY CHALLENGE(즐거운 도전)'의 가치를 전파해 왔다. DRX는 창단 10주년을 맞아 팬 사랑에 보답하고자 다양한 사회공헌 프로그램을 진행하였다. 2023년에는 'DRX DREAM: 청소년 진로 체험 프로그램'을 통해 e스포츠 산업에 관심을 지닌 청소년, 학부모들을 대상으로 진로 교육과 함께 다양한 체험형 활동을 제공하였다. 이를 통해 그들 자신이 꿈을 키워나갈 수 있도록 지원하였다(조진호, 2023.04.26.). 롤을 만든 라이엇 게임 회사의 사회공헌 활동은 한국 문화재 보호에 관심을 갖고 있다.[1] 라이엇 게임즈는 처음 회사가 만들어질 때부터 한국의 사회 환원 사업으로 외국에 있는 한국 문화재 환수에 관심을 가졌다.[2] 또한 블리자드는 한국에서는 게임 IT 분야에서의 미래를 꿈꾸는 청년 인재를 위한 장학금 및 해외 현장 학습 체험 기회를 제공하는 Realize Your Dream 프로그램과 어린이 환자들을 위한 e도서관인 '블리자드 i-Room' 개설 및 지원을 비롯하여 다양한 사회공헌 활동을 진행하였다.[3]

그러나 e스포츠 기업과 관련된 CSR은 사회 공헌의 활동 이외에도 e스포츠와 관련된 게임 제작사, 리그 운영, 스폰서 등이 활동에서 공정성, 다양성, 환경 보호 등을 증진에도 초점을 두어야 한다. e스포츠는 성별, 인종, 지역적 차이에 따른 불평등 문제가 지속적으로 제기되고 있는 상황에서 다양한 배경의 선수와 관중이 참여할 수 있는 환경 조성에도 노력해야 한다. 이를 위해 e스포츠 기업은 CSR의 일환으로 성 차별, 인종 차별, 혐오 발언에 대한 강력한 규제, 교육 프로그램의 실행, 지역 사회와 협력, 사회적 가치 창출에도 관심을 가져야 한다. 예컨대 지역 커뮤니티와의 협업으로 청소년 게임 리터러시(게임 활용 능력)와 e스포츠의 부정적 인식 전환의 노력이 여기에 해당한다. 또한 CSR은 환경

1) http://dailyesports.com/view.php?ud=2016101115403642925_26
2) https://www.riotgames.com/ko/news/korea-cultural-heritage-protection-project-ko
3) https://www.thisisgame.com/webzine/news/nboard/4/?utm_source=facebook?utm_source&utm_medium=outlink&utm_campaign=tigadmin76&utm_content=88015&page=675&n=90152

의 지속 가능성에도 관심을 가져야 한다. e스포츠 이용과 대회 운영에서는 많은 에너지 사용에 대한 대안을 제시해야 한다. e스포츠 장비 또한 전자 폐기물이기 때문에 환경에 부담을 줄 수밖에 없다. 따라서 탄소 배출량 감소를 위한 친환경 대회 운영과 지속 가능한 전자기기 사용 및 폐기물 재활용 프로그램 실행에도 관심을 가져야 한다.

마지막으로 CSR에서 e스포츠의 디지털 책임에서도 그 역할을 해야 한다. 디지털 플랫폼은 선수와 관중의 데이터를 수집하고 이를 상업적으로 활용하며, 데이터 유출 위험이 항상 존재하다. 이에 따라 데이터 수집의 투명성과 개인 정보 보호와 보안에 강화해야 한다. 왜냐하면 디지털 플랫폼에는 선수의 전략, 전술, 행동의 결과가 데이터로 축적되어 있지만, 이러한 것이 해킹 등으로 개인이나 다른 팀이 이용가능하기 때문이다. 또한 경기 진행시 캐릭터의 편향성에서 벗어난 알고리즘 공정성도 확보해야 한다. 인공지능과 기계 학습에 편향성을 배제할 수 없기 때문에 경기 진행의 알고리즘의 공정성 확보가 필요하다. 물론 기업들의 CSR 실천 사례는 존재한다. 예컨대 라이엇 게임즈는 e스포츠 커뮤니티에 반차별 캠페인 도입 및 청소년 교육 프로그램 지원하고 있다. 또한 ESL 게이밍(Electronic Sports League) 회사는 탄소 배출 감소를 위한 친환경 대회 운영 시도하고 있다. 트위치(Twitch)는 사용자 데이터 보호와 안전한 스트리밍 환경 구축을 위한 AI 기반 콘텐츠 모니터링 강화하고 있으며, 블리자드(Blizzard)는 데이터 활용 방식을 투명하게 공개하고, 디지털 플랫폼의 공정성 유지에 노력하고 있다.

콜리퍼라스(Kolyperas, et al., 2024)의 연구에 따르면 e스포츠는 CSR과 연결된 디지털 책임을 강조하였다. 그들은 e스포츠 조직이 지속 가능성을 갖기 위해서는 기업의 사회적 책임(CSR)과 디지털 책임(Corporate

Digitial Responsibility, 이하 CDR)을 통합한 운영방식을 제시하였다. 기존 캐롤(Caroll)이 주장한 CSR의 경제적, 법적, 윤리적, 자선적 책임[4])을 넘어 e스포츠는 디지털 역할이 크기 때문에 CSR도 거기에 맞추어 비즈니스 성과, 대응성, 사회적 관심, 디지털 윤리를 분석하여 제시해야 한다고 하였다. 이 연구는 전 세계 e스포츠 조직의 사회적 책임 접근 방식을 기존의 윤리적, 환경적, 사회적 문제를 넘어, e스포츠 이해관계자가 윤리적 및 사회적 목표를 조화롭게 구현할 수 있도록 실행 가능한 방법을 찾아야 한다고 주장한다. 특히 디지털 윤리와 관련된 CSR의 역할을 강조한다. 이러한 사실은 CSR과 CDR 전략을 통합함으로써 더 넓은 관객층을 유치하고, 커뮤니티 신뢰를 강화하며, e스포츠 산업의 지속 가능성을 높일 수 있다고 하였다. 그들은 디지털 중독, 윤리적 데이터 사용과 같은 문제를 해결하기 위한 e스포츠 조직의 혁신 필요성을 강조하였다. 따라서 앞으로 e스포츠 기업들은 다양성, 환경 지속 가능성, 공정성의 역할을 요구받는다. 예컨대 ESL 게이밍 회사의 'GGForAll' 프로그램은 경기에서 남녀의 포용성과 정신 건강 인식을 증진하고, 환경적 영향

4) 미국의 경제학자인 Carroll이 기업의 사회적 성과에 대한 이론으로 제시한 모형이다. 기업의 사회적 책임(CSR)은 경제적이고 법적인 의무뿐만 아니라 윤리적이고 재량적(자선적) 책임 또한 갖고 있음을 단계적으로 설명한다. 경제적 책임(Economic Responsibilities)으로 경제 주체로서 소비자에게 필요한 재화와 서비스를 생산하고 여기에서 이윤을 창출한다. 법적 책임(Legal Responsibilities)이란 기업은 자신의 경제적 임무를 주어진 법의 영역 내에서 진행해야 한다. 윤리적 책임(Ethical Responsibilities)은 소비자, 직원, 주주, 사회 공동체가 정당하고 생각하는 윤리적 권리의 존중 또는 보호하기 위한 노력을 해야 한다. 자선적 책임(Philantropic Responsibilities)은 인간의 복지 증진을 위한 바람직한 회사가 되기 위해 노력이 필요하다.

출처: https://www.mynewsdesk.com/uk/swipe-right/images/20231210-luc-bouchon-esl-impact-s4-07002-dot-jpg-3030241

해결에 있어 좋은 예시이다.[5] 위 그림은 'GGForAll'의 경기 우승 장면이다.

이와 같이 e스포츠에서 CSR과 디지털 책임은 단순한 선택 사항이 아니라 필수적인 경영 전략이 되고 있다. 공정성과 지속 가능성을 중심으로 한 책임 있는 활동은 e스포츠 산업의 신뢰도를 높이고, 글로벌 경쟁력을 공고히 하는 데 도움이 되어야 한다. 왜냐하면 e스포츠 기업들은 기술 혁신과 윤리적 가치를 조화시켜 지속 가능한 미래를 만들어 가야할 의무가 있기 때문이다.

5) https://eslfaceitgroup.com/blog/2021/12/esl-gaming-announces-new-ggforall-program-and-launches-500000-prize-pool-womens-circuit-for-counter-strike-global-offensive-as-first-2022-initiative/

CHAPTER 12
e스포츠 지도자와 심판 윤리

1. e스포츠 지도자의 역할

e스포츠 지도자는 외형적으로 자신의 팀이나 선수들이 경기력을 발휘하여 성과를 내는 것이 목적으로 한다. 이를 위해 지도자는 중장기적인 목표, 과정, 실천 방법 등을 선수들에게 제공해서 선수들로부터 자발적인 동기부여를 이끌어낸다. 지도자는 좁게는 전략적인 방향 제시, 전략 전술의 기술적 훈련, 데이터 분석, 집중력, 팀워크, 동기 부여, 경기의 피드백 등을 통해 상대 전략에 맞추어 경기를 준비한다. 이를 바탕으로 선수들은 경기에서 효율적으로 자신의 기량을 구현한다. 지도자는 선수들이 e스포츠를 통해 개인적 성장을 이룰 수 있도록 지속적인 피드백과 훈련 계획을 제공해야 한다. 이를 통해 선수들이 가지고 있는 자신의 잠재력을 최대한 발휘하고, 장기적인 경력 발전에 필요한 자기계발을 위한 환경조성에도 노력을 해야 한다. 또한 e스포츠는 개인 종목 이외에도 롤과 도타 2와 같은 단체전에서는 팀워크가 중요하기 때문에 팀원 간의 원활한 의사소통을 어떻게 구현해 나갈 지에도 관심을 가

져야 한다. 왜냐하면 e스포츠에서 의사소통은 경기의 기술력 못지않게 승부 결정에 중요한 부분을 좌우하기 때문이다.

오늘날 e스포츠가 프로화되어 감에 따라 지도자의 역할도 세분화된다. e스포츠 선수의 심리적 관점을 관리하는 멘탈 코치와 건강을 책임지는 피지컬 트레이너가 있지만, e스포츠 지도자는 선수들의 건강과 멘탈 관리까지도 관심을 가져야 한다. 선수를 스카우트하고 그들을 잠재력을 이끌어 최고의 선수를 만드는 것 또한 지도자의 역할이다. 선수들 대부분이 어린 나이에 경기에 참가하지만, 그들의 게임에 대한 전술적 사고는 높기 때문에 지도자는 게임의 이해와 전술적 사고도 그들보다 뛰어나야 한다. 팬들과 선수와의 관리 등도 e스포츠 지도자가 관심을 가져야 할 부분이다. e스포츠 지도자는 e스포츠의 발전을 위해 지속적인 자기 학습과 e스포츠 산업에 대한 이해도 향상에 힘써야 하며, 팀과 선수들이 지속적으로 변화하는 e스포츠 메타와 트렌드를 따라갈 수 있는 능력을 구비해야 한다.

결국 e스포츠 지도자는 단순히 게임 내의 기술적 지도를 넘어, 팀의 정신적, 심리적, 전략적 리더 역할을 수행해야 한다. 여기에 e스포츠 잠재력을 가진 선수를 성장시키고 팀워크를 바탕으로 팀을 성공적으로 이끌기 위한 노력도 필요하다. 따라서 e스포츠 지도자의 역할은 스포츠 지도자의 역할과 마찬가지로 기술적인 측면 이외에도 정신적인 측면까지도 함께 발휘할 수 있는 능력을 키워야 한다.[1]

---

1) e스포츠 선수의 경기에서 진정한 승리자가 되기 위한 정신적 노력과 관련된 내용은 이상호 역(2025)을 참조.

2. e스포츠 지도자의 윤리

e스포츠 지도자는 경기에서 이기기 위해 전략과 전술 분석력이 중요하지만, 선수들을 바라보는 지도자의 윤리적 태도는 다른 스포츠보다 중요하다. 내가 만난 e스포츠 지도자는 e스포츠 선수 관리에서 가장 중요한 것이 무엇인지 질문한 적이 있다. 그는 코치나 감독 이전에 아버지의 역할을 한다고 하였다. 어린 나이에 가족의 품을 떠나 치열한 e스포츠 세계에 참여한 그들에게 자신이 가진 기량을 발휘하기 위한 지도자의 전제 조건은 기술도 아닌 인간적 관계라는 것이다. e스포츠 경기에 참여하는 선수들의 나이가 10대와 20대가 대부분이고 코칭스태프와 크게 차이가 나지 않는다. 많은 프로 e스포츠 선수들은 합숙으로 지도자와 함께 시간을 보내기 때문에 지도자의 윤리적 행동에 영향을 받는다. 윤리적 가치 판단이 완전하게 확립되지 않는 어린 선수들이 e스포츠에 참여하기 때문에 지도자의 역할은 다른 스포츠 종목보다 크다고 말할 수 있다.

또한 그 감독에게 어떤 선수를 뽑는지도 질문하였다. 그는 선수의 경기력도 중요하지만, 팀 경기에서 상호 간의 협력을 할 수 있는 태도를 가진 선수를 선발한다고 하였다. 그는 도덕적 태도가 선수 기량 발휘에 중요한 요소로 판단하였다. e스포츠 지도자는 e스포츠 팀을 이끌고 경기에서 승리를 얻기 위해 노력하지만, 단지 경기에서 승리만이 e스포츠 선수에게 필요한 것으로 생각해서는 안 된다. e스포츠 지도자는 e스포츠의 기술적 지도를 넘어, 인격적 지도자로서의 역할을 해야 한다.

e스포츠 선수들은 자신의 완벽한 실력을 경기에서 잘 발휘하기 위해서는 기술 못지않게 마음의 태도가 중요하다. 예컨대 e스포츠 경기에서 마음의 평정심은 승리와 직결된다. 즐기기 위해 경기에 참여한 사람

과 경기 승리만을 목적으로 참여한 선수들의 경쟁력을 비교한다면, 그들 간의 차이는 있다. 전자가 훨씬 경기에서 승리 확률이 높다. 우승을 의식한다는 사실은 그 만큼 자신의 기량 발휘에 장애 요소로 작동하기 때문이다. 따라서 동료 선수나 상대를 배려하는 윤리적 태도는 승부에 영향을 미친다고 할 수 있다(이상호 역, 2025b).

또 다른 e스포츠 감독에게 물었다. 어떤 선수가 최고의 선수인지, 어떠한 기준으로 선발하는지 질문하였다. 그의 대답은 기량도 중요하지만, 인성을 본다고 하였다. 단체전의 경우는 개인 능력도 중요하지만, 근본적으로 같은 팀 구성원과의 관계를 풀어가는 자세가 중요하기 때문이다. 이러한 뛰어난 선수선발과 운영은 지도자의 윤리적 자세와 태도와 연결된다. 선수들은 지도자의 말과 행동에 직접적인 영향력을 받기 때문이다. 따라서 e스포츠 지도자의 윤리적 태도는 선수들에게 공정한 경쟁과 정신적 성장에 영향력을 미친다. 지도자는 모든 선수들이 자신들의 선수 경력이 끝내고 e스포츠와 다른 영역에서 역할을 하기 위해서라도 선수 경력의 연장으로 접근해서는 안 된다.

e스포츠 지도자의 윤리에서 가장 중요한 요소는 경기를 하는 선수 이전에 하나의 인격체로서 인정해야 한다. e스포츠 특성상 10대와 20대의 어린 선수들이 공동생활을 하는데 선수 양성의 관점이기보다는 개개인의 인격과 권리를 갖는 대상으로 인식해야 한다. 개인의 자율성을 보장하고 정신적, 신체적 건강 유지를 위해 노력해야 한다. e스포츠의 경력을 축적시켜 나가기 위해 경쟁에서 일어날 수 있는 비윤리적 행위, 즉 도핑과 e도핑과 같은 스포츠맨십에 부합되지 않는 비윤리적 행동을 알려주어야 한다. e스포츠 지도자는 선수들에게 공정한 기회를 제공해야 한다. 특정 팀원에게 과도한 특혜나 불공정한 대우는 선수들의 생명

을 끊을 수 있는 비윤리적 행위이다.

e스포츠 지도자에게 필요한 윤리의 중요성은 다음과 같다.

첫째, 지도자의 윤리적 관심은 선수 건강을 포함한 선수 보호에 관심을 가져야 한다. e스포츠는 청소년 선수들이 많이 참여하는 분야이기 때문에 e스포츠 지도자는 미성년자 선수 보호에 대한 책임이 클 수밖에 없다. 가능하다면 어린 선수들이 학업과 e스포츠 선수로서 균형 있게 병행할 수 있도록 지원해야 한다. 즉 지도자는 선수들의 정신적, 신체적 건강을 보호하려는 윤리적 책임을 다해야 한다. e스포츠 선수들의 높은 집중력은 몸의 피로와 정신적 스트레스를 야기한다. 과도한 훈련에 따른 손목 증후군, 눈 피로에 따른 부상은 인간의 건강권 침해에도 관심을 가져야 한다. 미성년인 선수들에게 건강한 생활습관을 유지하기 위해 적절한 휴식의 기회를 제공해야 한다. e스포츠 지도자는 e스포츠에 전문적이고 책임감을 갖고 있어야 하고, 윤리적 리더십도 필요하다. 따라서 e스포츠 지도자는 심리적 안정과 감정적 태도를 선수 스스로 통제할 수 있는 환경을 만들어야 한다. 이를 위해 선수나 팀원들과의 관계에서 신뢰와 존중을 기반으로 항상 선수들과 소통하고 자신의 권위나 권력을 남용해서는 안 된다.

둘째, 공정한 e스포츠 문화 조성에 기여해야 한다. e스포츠는 전 세계적으로 빠르게 성장하고 있는 산업이다. 그러나 공정한 경쟁과 스포츠맨십의 확립이 전제되지 않는다면, 경기로서 e스포츠는 정당성을 확립할 수 없다. 지도자 자신의 윤리적 행동은 팀 내뿐 아니라, 전체 e스포츠 산업에 긍정적인 영향을 미친다는 생각을 해야 한다. 이는 건전한 e스포츠 문화 형성과 연결된다. 선수들의 윤리적 교육도 필요하지만 지도자의 윤리적 리더십이 더 중요하다. e스포츠 경기 특성상 지도자에 많은 부분 의지하고 있기 때문이다.

셋째, 선수의 장기적인 성장과 미래에 관심을 가져야 한다. 많은 지도자는 팀 경기 성과에 관심을 갖는다. 이로 인해 선수들의 미래에는 상대적으로 관심이 적다. 그러나 윤리적 지도자는 선수들이 단기적인 성과에만 집중하지 않고, 선수들의 개인적 성장과 경력 발전을 도울 수 있는 역할을 해야 한다. 이는 선수들이 선수 경력을 마친 이후 e스포츠 산업 이외에도 다른 삶을 살아갈 수 있게 하여야 하며, 사회 구성원으로서 낙오하지 않고 사회에 긍정적인 역할을 할 수 있도록 기여해야 한다. e스포츠 선수의 권리나 관련 법률을 상세하게 설명해주어야 하고, 그들의 자기발전을 위한 기회를 제공해야 한다. 즉 지도자는 선수를 마치고 나면 일반인으로 살아갈 수 있는 능력을 키우는 데 관심을 가져야 한다. 또한 e스포츠 지도자는 공정성, 선수 보호, 스포츠맨십을 바탕으로 하는 윤리적 책임을 다해야 한다. 이를 통해 e스포츠 팀과 선수들이 건강하게 성장하고, 더 나아가 e스포츠 산업 전반에 긍정적인 문화를 조성할 수 있을 것이다.

3. e스포츠 심판의 자격과 역할

심판의 자격과 역할은 e스포츠와 관련된 기술적인 부분뿐만 아니라, 스포츠맨십과 윤리적 판단의 최종 결정자로서의 역할을 한다. 이를 위한 심판의 자격과 역할은 다음과 같다.

첫째, e스포츠 종목에 대한 이해이다. e스포츠는 종목에 따라 그 규칙의 내용과 적용이 다르기 때문에 e스포츠 종목에 대한 전문 지식과 경기 규정에 대한 명확한 이해가 필요하다. 리그 오브 레전드(LOL), 스타크래프트, 도타 2와 배틀그라운드 모바일 경기, 철권 등 다양한 e스포츠 종목은 각각 고유의 규칙과 메타가 있기 때문에 거기에 맞는 메타, 전략적 요소, 기술적 규칙의 숙지는 필수적이다. 예컨대 경기 중 버그(glitch) 치팅(cheating), 핵(hack) 사용 등 부정행위를 파악하고 적절한 조치를 취해야 한다. 왜냐하면 디도스, 핵, 승부조작은 e스포츠 성장의 가장 중요한 악재로 작동한다(김형종, 2024.04.24.).

둘째, e스포츠의 기술적 문제의 해결 능력이다. e스포츠는 디지털 기술에 근거하여 경기가 이루어지기 때문에 e스포츠 심판은 기술적 문제 해결에도 관심을 가져야 한다. 경기의 진행이 디지털 플랫폼이나 디지털 기기에 의해 작동되기 때문에 불안한 서버나 기계 고장이나 불안정한 네트워크는 경기 진행에 중요한 장애요소로 작동한다. e스포츠 심판은 위와 같은 문제를 발견할 때 적절한 대처를 할 수 있어야 한다. 또한 e스포츠 심판은 경기와 관련된 장비가 규정에 맞게 구비되어 있는지도 확인해야 한다. 여기에 작동하는 소프트웨어와 하드웨어가 규정에 맞게 작동되는지도 확인해야 한다. 이는 경기의 공정성 측면에서 본다면 가장 중요하다.

셋째, 경기 진행과 관련된 심판의 행위이다. 심판은 경기가 원활하게 진행될 수 있도록 게임 시작과 종료 시간, 타임아웃 등을 관리해야 한다. 또한 선수들이 규정된 시간 내에 준비하고, 경기가 정해진 시간에 시작되도록 경기 일정을 엄격히 준수해야 한다. 예컨대 교통의 문제로 경기 시간을 넘겨 참가하는 경우에 어떻게 해야 하는지 결정해야 한다. 경기 중 규칙을 위반한 행위가 발생하면, 심판은 즉시 경기를 중단하고 필요한 조치를 해야 한다. 또한 심판은 경기 중 발생한 모든 판정에 대한 기록을 유지하고, 경기 후 보고서를 작성해야 한다. 이러한 기록은 이후의 논란이나 판정에 대한 증거 자료로 활용될 수 있으며, 대회 주최 측에 제공되어 최종 평가에 반영되어야 한다.

넷째, e스포츠 심판은 공정성의 윤리적 태도를 견지해야 한다. 선수 간의 분쟁, 혹은 규칙 위반 등이 있을 때 즉각적으로 페널티나 제재를 부과할 수 있어야 한다. 사심 있는 심판은 e스포츠 경기의 정당성을 훼손하여 관객이나 팬들의 신뢰를 떨어뜨린다. 경기 공정성의 최후의 보루는 심판임을 명심해야 한다. 왜냐하면 공정한 심판 행위는 e스포츠 경기의 정당성과 e스포츠 경기 신뢰도의 전제 조건이기 때문이다. 따라서 e스포츠 심판은 선수의 노력과 팬들과 관객들에게 최선의 경기를 보여주는 윤활유 역할을 해야 한다. 이를 위해 e스포츠 심판도 경기의 유지와 관련된 스포츠맨십과 윤리적 소양은 필수적이다. 국제 심판으로 활동 중인 이성원 심판은 심판 자격으로 e스포츠 종목에 대한 이해도와 어학능력은 필수적이고, 경기 내에 평정심과 공평성을 e스포츠 심판으로 갖추어야 할 자세라고 설명한다. 이를 위해 그는 체계적인 교육을 통한 심판의 전문성 강화를 주장하였다(이성원, 2025).

요약하면 e스포츠 심판은 경기의 공정성을 보장하고, 규칙을 엄격히 적용하며, 모든 선수들이 동등한 환경에서 경쟁할 수 있도록 관리하는 중요한 역할을 수행한다. 심판의 공정하고 일관된 판정은 관객이나 선수들에게 경기에 대한 신뢰를 높이고, e스포츠의 발전에 기여한다. 따라서 전문적인 게임 지식과 공정성, 위기 대처 능력, 그리고 윤리적 소양을 갖춘 심판의 존재는 e스포츠 대회의 성공의 필수 조건이다. 하지만 심판 양성프로 그램이 얼마나 심도 깊게 진행되고 있는지도 검토해야 한다. 이를 통해 배출된 전문 심판의 인력이 스포츠와 같이 전문 인력으로서 대우와 처우를 받고 있는지도 검토해야 한다(이성원, 2025).

4. e스포츠 심판의 윤리

심판이 갖추어야 할 윤리 기준은 학자들마다 다르게 정의된다. 하지만 모든 사람들에게 경기가 공정하게 진행되어야 한다는 점에서 심판은 공평하여 사사로움이 없는, 즉 공평무사(公平無私)의 태도가 중요하다. 공평무사는 경기 공정성의 전제 조건이다. 편견을 가진 심판의 행위는 선수나 관객에게 경기를 망치게 된다. 오심과 편파 판정은 지연, 학연, 성별, 인종 등의 이유에 근거한 오심과 편파 판정은 공평무사의 태도가 아니다. 또 다른 심판의 윤리 기준은 사심 없는 태도이다. 인간의 생각은 자신의 전제된 생각에 의해 행동으로 나타난다는 점에서 사심 없는 태도는 경기 진행과정 내내 심판이 가져야 할 윤리적 기준이다. 이는 경기 진행에 있어 잘못된 판정은 있을 수 있지만, 심판 자신의 사심 없는 태도는 그 자신이 잘 알 수 있기 때문이다.

e스포츠 심판 윤리의 기준과 역할은 공정한 경기 운영과 선수 및 팀 간 신뢰 유지에 필수적이다. 심판은 e스포츠 대회의 중립적이고 권위 있는 운영자이다. 심판은 관객에게 재미와 열광을 제공하는 연결자의 역할과 e스포츠 경기 규정을 적용하고, 모든 플레이어가 동등한 조건에서 경쟁할 수 있도록 관리한다. 또한 경기 중 발생하는 분쟁이나 문제를 해결해야 한다. e스포츠 심판은 선수와 같이 경기에 참여하는 참여자이며 동시에 심판을 보는 객관적인 심판자를 하는 이중적인 역할을 한다. e스포츠 경기에 참여한 심판의 행동은 그 경기를 보는 관중이나 선수들에게 영향력을 미친다는 점에서 윤리적 원칙 준수는 당연하다. 또한 선수들이 경기를 진행함에 불편이 없이 경기 시설에 대한 확인 과정도 필요하다. 스포츠와 비교하여 본다면 상대적으로 심판의 개입은 적은 편이지만, 디지털 특성상 선수와 관련된 비윤리적 행위는

승부 결정에 결정적인 역할을 한다. 하지만 e스포츠에서 심판의 중요성이 커지고 있는 상황에서 e스포츠 심판의 권위나 위상이 그 만큼도 가지고 있는가는 생각해 보아야 한다.

e스포츠 심판의 역할은 세부적으로 설명하면 다음과 같다. 첫째, 경기 규칙의 집행이다. 심판은 경기 진행 중 규칙 위반이나 부정행위를 식별하고, 필요한 경우 경고, 벌칙, 또는 실격을 부여해야 한다. 경기 시작 전 경기 규칙을 선수와 관계자들에게 명확히 전달해서 선수들이 숙지할 내용을 주지시킨다. 둘째, 경기 관리이다. 경기가 계획된 일정과 규정에 따라 진행되도록 감독해야 한다. 기술적 문제가 발생했을 때 경기를 중단하거나 재개하는 권한을 행사해야 한다. 이 모든 것은 경기 전에 심판 회의에서 사전 숙지되어야 한다. 셋째, 부정행위 방지이다. 심판은 선수들의 경기 시 플레이어 뒤에서 모니터와 선수의 움직임을 파악해야 한다. 여기에서 선수들의 해킹, 버그 악용 등 부정행위가 발생하는지를 감시해야 한다. 비윤리적 행위 발생 시 이를 엄중히 처리하는 것은 당연하다. 넷째, 중재 역할이다. 선수나 팀 간 분쟁이 발생할 경우 중립적으로 상황을 판단하고 해결책을 제시해야 한다. 경기 중 논란이 발생할 경우 공식 규정을 기준으로 신속한 결정을 내려야 한다. 다섯째, 경기 기록이다. 경기 결과나 데이터를 정확히 기록하고 보고해야 한다, 그 정보는 대회 주최 측뿐만 아니라 모두에게 공유해야 한다. 경기에서 발생한 규칙 위반이나 기술적 문제 등은 문서화해서 다음 경기에 심판이 참조할 수 있도록 해야 한다.

e스포츠 심판 자신이 가져야 할 인식 태도도 중요하다. 예컨대 e스포츠 심판이 내린 자신의 결정이 누군가의 윤리적 기준으로 작동한다는 것을 인식할 필요가 있다. 저자가 아는 e스포츠 국제심판은 심판에

서 가장 중요하게 생각한 것으로 평정심을 언급하였다. 그는 흔들리지 않는 태도가 심판의 올바른 판단과 권위를 가져다준다고 판단하였다. 심판이 어떠한 윤리적 태도를 갖는지는 e스포츠 심판의 운영에서 가장 중요한 요소이다. 심판 윤리는 공정성과 투명성의 태도와 관련된 자신만의 윤리적 행위 기준이 확립되어야 한다.

이와 관련된 e스포츠 심판이 가져야 할 태도들은 다음과 같다. 첫째, 공정성이다. 이는 편향된 판정의 금지이다. 심판은 특정 선수, 팀, 지역, 또는 스폰서에 대해 편견을 가져서는 안 된다. 심판은 대회 규칙을 정확히 이해하고, 이를 일관되게 적용해야 한다. 둘째, 중립성이다. 이는 이해 충돌이 발생할 때 가져야 할 윤리적 태도이다. 즉 심판은 자신의 판단이 특정 이익과 얽히지 않도록 해야 하며, 선수나 팀과 사적인 관계를 맺는 것을 피해야 한다. 특히 감정이나 개인적인 의견에 의해 결정이 좌우되지 않는 객관적 판단을 내려야 한다. 셋째, 전문성이다. e스포츠는 매우 빠른 속도와 각 종목마다 경기 규칙이나 반칙 등이 다르게 적용된다. 심판은 해당 게임의 메커니즘, 규정, 메타 등을 깊이 이해하고 있어야 한다. 이를 바탕으로 빠르고 정확한 판단을 내려야 한다. 따라서 각 e스포츠 경기 종목에 대한 이해가 다른 종목보다 더 중요시되기 때문에 e스포츠 심판은 변화하는 게임 환경과 규정을 숙지하기 위해 지속적으로 학습해야 한다. 넷째, 책임감이다. e스포츠 심판은 경기 진행의 최종 결정자라는 책임감을 가져야 한다. 자신의 심판 행위가 e스포츠 선수, 관객, 이해관계자 등과 마찬가지로 e스포츠 발전의 중요한 역할을 담당하고 있음을 스스로 확인해야 한다. 다섯째, 지속적 심판 교육과 인증 제도가 있어야 한다. 이는 심판이 전문성과 윤리 의식을 갖추도록 정기적인 교육과 자격 인증 프로그램의 도입과 연결된다. 또한 이를 위해서 모든 대회가 동일한 심판 윤리 기준을 적용하도록 국제적인 표준을 마련해야 한다. 여기에는 심판의 행동과 결정이 객관적으로 평가될 수 있도록 독립적인 감사 및 감독 시스템이 운영되어야 한다.

하지만 e스포츠 심판 행위와 관련된 윤리적 규정은 어느 정도 마련되어 있지만, 심판의 자격이나 심판의 능력을 확대시키기 위한 교육이나 인정 제도는 아직 부족한 것이 사실이다. 여기에 덧붙여 심판의 권리와 인권 보장도 생각해 보아야 한다.

Part 04

e스포츠와 학교교육

학교 e스포츠의 도입은 아직 시기상조이다. e스포츠가 협력, 리더십, 팀워크, 창의성 등 교육적 가치를 갖지만, e스포츠에 대한 부정적 낙인 효과는 학교 현장에 적용을 어렵게 하기 때문이다. e스포츠의 교육적 목적과 가치가 명확하게 설정되지 않은 상황에서 선수 경쟁력에 초점을 맞춘 e스포츠를 인성 교육을 목적으로 하는 학교 교육에 도입되기에는 어려움이 따를 수밖에 없다. 그럼에도 불구하고 e스포츠 교육은 4차 산업 혁명 시대에 필요한 인재 양성에 중요한 역할을 담당할 수 있다. 서구의 e스포츠 교육은 상대적으로 우리보다는 앞선 것이 사실이다. 학교 교육에서 아직 e스포츠 교육의 커리큘럼이 없는 상황에서 e스포츠 윤리를 논하는 것이 성급하다고 하더라도 학문적 관점에서 논의는 충분히 가능하다.

CHAPTER 13

e스포츠와 윤리 교육

1. e스포츠 교육과 인성 교육[1)]

e스포츠 교육이 필요하다는 주장에는 부정과 긍정의 입장이 교차한다. 먼저 부정적 관점이다. 이는 학습에 방해되는 e스포츠가 교육적 가치를 가질 수 있는가의 근본적인 의문을 던진다. 학교 교육이 프로 e스포츠 선수를 양성하는 기관은 아니지 않는가? 학생들의 관심은 경기력 발휘에만 관심을 두지 않는가? 한마디로 학교 교육에서 e스포츠의 학습과 즐기는 e스포츠는 구분해야 한다. 더욱이 학교 교육의 대상으로 다루기에는 아직 교육 과정으로 설정되지 않는 상황을 고려해야 한다. e스포츠에 대한 부정적인 인식 전환이 개선되지 않는 상황에서 e스포츠 교육을 말하기에는 시기상조라는 입장이다. e스포츠의 중독, 과몰입, 폭력성이 잔존하는 상황에서 e스포츠가 인격과 도덕성을 보장할 수 없다는 것이 핵심 주장이다.

다음은 긍정적인 입장이다. 현실적으로 많은 초등학교, 중학교, 고

1) 이 부분은 이상호(2024a) 12장의 내용을 수정 보완하였다.

등학교 학생들이 e스포츠를 하는 상황에서 e스포츠를 제도화 교육의 영역에 포함시켜야 한다는 입장이다. 우리는 e스포츠가 보여주는 경쟁, 상호 존중, 협력 등의 긍정적인 교육적 가치를 외면할 수 없다. 그들은 디지털을 입에 물고 태어난 세대이기 때문에 미래 교육을 대비한다는 측면에서 e스포츠를 학교 교육에서 다루어야 한다. e스포츠가 그들의 일상생활과 학교에서 중요한 요소로 작동하는 이상 e스포츠의 올바른 사용을 위해서라도 e스포츠 교육은 필요하다는 견해이다.

이러한 긍정적인 관점도 두 가지 입장으로 나누어진다. 첫째는 과외 활동으로서의 e스포츠 교육이다. 이는 e스포츠를 하나의 교육적 효과를 얻기 위한 수단으로 인정한다. 세부적으로 e스포츠 종목의 경험을 통해 학생들에게 학습 증진의 유용한 방법으로 적용할 수 있다는 입장이다. 여기에는 e스포츠를 통해 경쟁, 협력, 리더십, 팀워크, 스포츠맨십을 배우는 과정으로서 의미와 e스포츠 특성상 기존 스포츠와 다른 리터러시의 교육과 디지털 이해의 새로운 교육 내용을 경험할 수 있다. 이와 관련된 e스포츠 프로그램은 서울시 교육청 학생교육원에서 진행하였던 “지금은 L0L(놀) 시간! LOL(놀)면서 공부하는 온라인 게임 학교”의 프로그램이 여기에 해당한다. 이 프로그램은 “게임은 나쁜 것이야, 하면 안 돼!”라는 말보다 학생들이 전문가와 만남을 통해 게임 문화를 제대로 알고, 자신의 진로와 삶에 대해 고민해 볼 수 있는 시간을 제공하기 위해 기획되었다. 이 프로그램은 학생들의 학습 증진의 수단으로 롤(LOL)이라는 e스포츠의 종목을 선택하여 과몰입 해소나 재능 교육의 교육적 효과를 달성하고자 하고자 하였다.[2] 그 내용들은 영어, 게임 인

2) 홍선욱(학생교육원 보도자료, 2020.10.28).
https://enews.sen.go.kr/news/view.do?bbsSn=169601&step1=3&step2=1

문학, 게임 토론과 글쓰기, 게임 분석, 전략 수립, 자기 조절 등 다양한 프로그램으로 구성되어 있다. 이와 관련하여 김영선, 방승호, 황옥철(2021)은 이 프로그램에 참여한 학생들과 학부모 세대 간의 경험과 인식 변화를 연구하였다. 이 연구에서 그들은 e스포츠 교육이 가져야 할 방향성으로 안정성, 공정성, 공공성을 제시하였다. 안정성이란 플레이어와 학부모들이 서로 제도적으로 인정해야 하는 조건 하에서 경기가 진행되어야 한다. 공정성은 e스포츠의 경험이 스포츠맨십이나 인격 형성에 도움이 되어야 한다. 공공성이란 e스포츠 경험을 통해 제도, 사회성, 시민성을 배울 수 있는 기회로 e스포츠 교육이 진행되어야 한다.

물론 이러한 과외 활동의 성과에 대해서도 의문은 존재한다. 실제로 e스포츠를 배움으로서 동료와 협동심을 배우는 기회를 가질 수 있지만, 실제로 현실에서 그렇게 적용되어 실현되는 것은 다른 차원의 문제이다. 즉 학생들의 롤 경험의 내용이 현실의 삶에서 긍정적인 행동의 실천으로 나타났는지는 아직 명확하지 않다는 것이다. 롤과 같은 e스포츠가 친구 동료와 즐거운 시간을 보내는 것이 부모의 부정적인 인식 전환에 도움이 되겠지만, 그것이 바로 교육적 가치로 이어지는 것은 아니기 때문이다. 그렇다고 해서 저자는 과외 활동으로 e스포츠의 활동을 폄하하는 것은 아니다. 앞으로도 이러한 과외 활동의 e스포츠 프로그램이 확대되어 더 많은 학생과 학부모가 참여해서 e스포츠에 대한 부정적 인식 개선에 도움이 되어야 한다.

e스포츠에 대한 부정적, 긍정적 관점과 관계없이 e스포츠 교육에 대한 이해는 필요한 시점이라는 모두가 동의할 것이다. e스포츠가 한국에서 시작하였듯이, e스포츠 교육에 대한 학문적인 근거도 제시해야 한다. 한국은 e스포츠와 관련된 풍부한 인적 자원과 충분히 교육적 내용

을 뒷받침할 수 있는 토대가 준비되어 있기 때문이다. 하지만 e스포츠의 교육을 누가, 어떻게, 무엇을 교육해야 하는가의 질문을 던지면, 긍정적인 답변을 하기란 쉽지 않다. 우리의 주위를 돌아보면 e스포츠 교육과 관련된 내용은 빈약하다. 교육이 아닌 e스포츠와 관련된 연구도 교육보다는 프로 e스포츠 선수들의 기량 발휘와 일반 청소년들의 과몰입 연구, e스포츠의 경제적 가치와 현황 등의 분야에 한정되어 있다.

반면에 서구에서는 e스포츠를 교육과 연계한 학습의 관점에서 제시하고 추진해나가는 움직임이 있다. e스포츠 교육과 관련하여 미국에서는 학술 및 학술적 e스포츠연맹(Network of Academic and Scholastic Esports Federations, 이하 NASEF)이 그 중심 역할을 한다. 학교가 아닌 단체인 NASEF는 e스포츠가 전 세계적으로 성장함에 따라 업계를 이끌어갈 젊은 인재 양성이 중요하다고 생각하였다. 그들은 e스포츠가 단순히 즐기는 게임을 넘어, 교육과 연계될 수 있는 거대한 가능성을 지닌 산업으로 파악하였다. NASEF는 학문적 e스포츠의 성장을 돕는 비영리 NGO로서 교육자, 기업 및 e스포츠 연맹과 협력하며 지속적인 발전을 추구하고 있다. NASEF는 교육자들이 e스포츠를 활용해서 학생들에게 몰입형 학습의 경험을 제공할 수 있다고 하였다. 이 교육에 참여한 학생들은 팀워크, 리더십, 디지털 리터러시뿐만 아니라, e스포츠와 관련된 직업 역량까지 키울 수 있다. 더 나아가 NASEF는 전 세계적인 네트워크를 구축하여 교육자들이 e스포츠의 커리큘럼과 모범 사례를 공유할 수 있도록 지원하고 있다(Lee Hojin, 2025.02.14.).

NASEF는 사회 정서 학습(Social and Emotion Learning) 이론을 기반으로 아동과 청소년의 정서와 감정의 역량을 증대시키는 데 교육의 초점을 맞춘다. NASEF는 STEAM(과학, 기술, 공학, 예술, 수학) 기반의 융합

교육을 기획하였다. 이를 통해 모든 학생들이 e스포츠 경험을 통해 일상과 미래 직업 선택의 도움과 e스포츠의 경험을 통해 사회적 협력과 문제 해결의 능력을 제공하는 데 있다. 비전으로 모든 학생이 사회의 게임 체인저가 되기 위해 필요한 지식과 기술을 교육받아 생산적이며 공감할 수 있는 개인들의 능력을 소유하도록 한다. 또한 학생의 주도 학습을 통해 교육의 현실적 가치를 경험할 수 있도록 한다. 이를 위해 교실 안팎에서 학습과 e스포츠 놀이를 연결하고자 한다. 그 속에서 핵심 가치는 누구나 참여하여 경험이 가능한 기회 제공에 있다.

NASEF는 3가지 핵심 가치를 주장한다. 먼저 모든 학생이 e스포츠로 놀이, 학습, 성장을 할 수 있는 안전하고 매력적인 공간을 제공하고자 한다. 그 속에서 핵심 가치는 소통이다. 그 다음으로 NASEF는 모범적인 플레이 간의 경험을 통해 리더십, 책임감, 헌신, 그리고 강인함을 경험하고, 상호 연결된 강한 공동체를 경험하고자 한다. 그 속에서 핵심 가치는 다양성이다. 물론 다양성에는 자신만의 통일성을 갖추고 동시에 그곳에 참여한 사람들의 개성과 그들 간의 차이점을 배울 수 있을 것이다. 마지막으로 NASEF는 자신과 타인을 존중할 수 있는 인간의 잠재력에 대해 존중의 경험이다. 그 속에서 핵심 가치는 존중이다(이상호, 2024a).

하지만 위에서 언급한 NASEF의 프로그램이 e스포츠 교육과 관련하여 어느 정도 타당성을 갖고 있는지 지금의 단계에서는 판단하기 어렵다. 학습과 관련된 NASEF 프로그램의 주장이 경쟁하는 e스포츠 플레이와 연관된 공동체에서 어떠한 역할을 할 수 있는지, 디지털 기술의 발달에 따른 미디어의 영향력이 어느 정도인지, e스포츠의 이해관계자들과 관련된 상황에서 실제로 e스포츠 교육에 어떻게 구현되고 있는지는 아직 명확하지 않다.

NASEF가 추구하는 목적과 핵심 과제의 제시가 현실적으로 구현되는지는 또 다른 차원의 문제이다. 교육적 성과도 아직 미흡한 것이 사실이다. 더욱이 학교의 정규 과목으로 e스포츠 교육의 적용에는 더 많은 연구 성과가 뒷받침되어야 한다. 또한 이러한 교육 프로그램이 한국에 적용되기 위해 한국적 교육 상황을 고려해야 한다(이상호, 2024a). 왜냐하면 미국에서는 개인의 재능, 다양성, 조화로운 삶을 추구한다면 한국은 인성 교육에 초점을 맞추고 있다는 점에서 교육의 방향성과 내용은 다를 수밖에 없기 때문이다. 따라서 NASEF 프로그램이 e스포츠 교육과 관련하여 어느 정도의 타당성을 갖고 있는지 지금의 단계에서는 판단하기 어렵다. 이 프로그램이 e스포츠 플레이어와 연관된 공동체의 역할, 학습의 성과, 이해관계자들과 관련된 상황에서 실제로 어떻게 구현되어야 하는지도 학문적 차원에서 검토한 후 타당성을 인정받아야 하기 때문이다.

우리는 가장 중요한 교육의 목적으로 인성을 강조한다. 저자 또한 e스포츠 교육에 가장 중요한 문제가 인성이라는 것에 동의를 한다. 문제는 e스포츠 교육을 통해 인성을 어떻게 키울 것인가이다. 교육 기본법 제2조 교육 이념에 따르면 우리나라의 교육은 "홍익인간(弘益人間)의 이념 아래 모든 국민으로 하여금 인격을 도야(陶冶)하고, 자주적 생활능력과 민주 시민으로서 필요한 자질을 갖추게 함으로써 인간다운 삶을 영위하게 하고, 민주 국가의 발전과 인류 공영(人類共榮)의 이상을 실현하는 데에 이바지하게 함"을 목적으로 하고 있다. 따라서 e스포츠 교육이 한국적인 교육 방향의 하나인 인성 교육을 어떻게 접목할 수 있는지를 제시해야 한다.

한국은 2015년 인성 교육 진흥법을 통과시켜 세계 최초로 인성 교육을 의무로 규정하였다. 인성 교육 5개년 종합 계획에 따라 각 학교의 상황에 따라 인성 교육을 실시하고 있다. 인성 교육 진흥법에 따르면 인성 교육이란 자신의 내면을 바르고 건전하게 가꾸고 타인·공동체·자연과 더불어 살아가는 데 필요한 인간다운 성품과 역량을 기르는 것을 목적으로 하는 교육을 말한다. 핵심 덕목으로 예(禮), 효(孝), 정직, 책임, 존중, 배려, 소통, 협동 등의 마음가짐이나 사람됨을 추구한다. 인성 교육은 우리가 처한 문제 해결을 위한 방안일 뿐만 아니라 성공적인 미래사회 진입을 위한 필요조건으로 설명한다. 인성 교육의 핵심 역량으로 자기관리 역량, 심미적 감성 역량, 의사소통 역량, 갈등관리 역량, 공동체 역량을 균형 있게 학습해서 가정, 학교, 사회에서 실천적 행동이 가능하도록 해야 한다.[3)]

위와 같이 한국의 교육 목적은 서구와 다르게 인성교육을 강조한다. 한마디로 e스포츠 교육과 관련된 핵심은 한 문장으로 e스포츠가 인성을 키울 수 있느냐로 요약된다. e스포츠를 통해 스포츠맨십, 상호 협력, 공정성 등의 경험이 인성을 키우는 데 도움이 되겠지만, 아직 e스포츠가 인성 교육에 도움이 되는 이론적 근거나 방법을 제시하지 못하고 있는 것이 사실이다. 과거에는 인성 방향을 우리의 문화적 전통인 충, 효, 예절에 바탕으로 진행되었다면, 오늘날 디지털 세대는 공정성과 평등성을 기초로 자신의 감정과 욕망에 따라 행동하는 경향이 있다. 따라서 e스포츠 교육은 디지털 사회에 태어난 청소년들은 과거와 다르게 행동한다는 것을 인정할 필요가 있다. 이를 근거로 디지털 시대에 맞는

---

3) https://moe.go.kr/boardCnts/view.do?boardID=316&boardSeq=62204&lev=0&searchType=null&statusYN=C&page=20&s=moe&m=0302&opType=N

인성 교육이 필요하다. e스포츠 교육은 디지털 시대에 새로운 인성 교육의 목적과 방향성을 설정해야 하는 숙제가 우리 앞에 놓여있다.

2. 윤리 교육의 내용과 e스포츠의 역할

학교 교육 현장에서 e스포츠 교육은 아직까지 논란은 있다. 일부 특수 고등학교에서 e스포츠 교육을 실시하고 있지만, e스포츠 선수와 전문가 양성에 초점을 맞추어 진행되고 있다. 이를 위해 전공 교과는 e스포츠 실습, e스포츠 심리훈련, 방송 제작 시스템 운영, 빅 데이터 분석 등이 있다. 하지만 일반적인 학교에서 e스포츠 교육은 하나의 커리큘럼으로 인정받지 못하고 있다. 이러한 상황에서 e스포츠 윤리 교육을 학교 현장에서 적용하기란 더욱 더 힘들다. 물론 일부 고등학교에서 e스포츠학과 개설된 곳에서는 e스포츠 윤리 교육이 진행되고 있다. 그 과정의 교과서로 서울시 교육청에서 인정한 '고등학교 e스포츠 윤리'가 있다. 이 책은 e스포츠人이 되기 위한 필요한 규범과 규칙이 무엇이고, 어떤 윤리적 조건을 갖추어야 하는지를 설명하고 있다(최은경 외 4, 2024). 하지만 이 책은 e스포츠 윤리 교육이 추구하는 방향성 설정과 윤리 교육의 증진을 위한 이론적 방법 및 평가 방법까지는 설명하지 못하고 있다.

학교 현장에서 e스포츠 교육이 이루어지지 않는 상황에서 e스포츠의 윤리 교육을 논하는 것은 성급하고 논리적으로 맞지 않는다고 앞에서 지적하였다. 따라서 본 장에서는 담론적 관점에서 e스포츠의 윤리 교육 내용과 방향성 제시에 한정하여 설명하고자 한다. e스포츠의 윤리 교육의 방향성은 게임 및 디지털 환경에서 발생하는 다양한 상황을 학생 자신의 윤리적 경험을 통해 현실과 가상세계가 주는 어려움을 해결하는 방향으로 진행되어야 한다. 또한 교육이 바람직한 사회 구성원이 살아가는 데 필요한 인간관계의 과정을 배우고 준비해 나가는 것이라면, e스포츠의 윤리 교육은 e스포츠를 통해 우리 자신이 도덕적 능력을 가지고 있음을 경험적으로 확인하는 과정으로 접근해야 한다. 이를 통해 e스포츠 윤리는 바람직한 한 윤리적 행동과 태도를 배울 수 있을 것이다. e스포츠 윤리 교육의 내용은 이 책에서 언급한 윤리 이론과 내용을 배우는 과정과 다르지 않다.

학교에서 e스포츠 윤리 교육의 내용은 7가지 방향으로 진행되어야 한다.

첫째, e스포츠의 윤리 교육의 방향성을 명확하게 제시해야 한다. 왜 e스포츠 윤리 교육이 필요한지, 그 윤리적 가치와 기본 개념이 무엇인지를 명확하게 제시해야 한다. 또한 e스포츠에 나타난 윤리적 쟁점의 이론적 근거가 무엇인지, 그 해결 방안이 무엇인지를 제시해야 한다. 그 속에서 학생들은 그러한 문제점의 원인이나 결과가 어떻게 진행되는지를 경험적으로 배워야 한다.

둘째, 스포츠맨십과 페어플레이를 경험하고 배워야 한다. e스포츠의 모든 경험들은 현실의 윤리적 태도에 영향력을 미치기 때문에 대단히 중요한 문제이다. e스포츠는 경쟁적인 특성을 지니고 있기 때문에 스포츠맨십과 공정성 가치를 경험하는 교육이 되어야 한다. 디지털 경기 특성상 경기 결과는 명확하게 드러남으로서 승리의 책임과 패배 수용이라는 윤리적 경험이 가능하다. e스포츠는 특성상 인종, 나이, 성별의 차별 없이 공정한 경기이기 때문이다. 따라서 경기에 참여한 플레이어는 규칙의 준수와 상대방의 존중을 통해 정직성과 도덕적 책임의 경험을 해야 한다.

셋째, 팀워크와 협동이다. e스포츠는 많은 경우 팀 기반의 경기로 이루어지며, 팀원 간의 협동과 소통이 필수적이다. 이는 사회적 윤리, 특히 타인과 협력하는 방법, 의견 차이를 조율하는 방법 등을 배우는 기회로 이용해야 한다. e스포츠 윤리 교육도 팀원 간의 효과적인 의사소통이 경기력 향상에 도움을 준다는 사실을 경험적으로 확인해야 한다. 이를 통해 플레이어는 갈등 해결을 위해 의사소통의 중요성을 확인할 수 있을 것이다. 또한 팀이 승리하거나 패배했을 때, 개인의 역할과 책임을 공정하게 평가하는 책임의 태도도 배울 수 있다.

넷째, 긍정적 커뮤니티와 온라인 매너에 대한 인식 전환이다. e스포츠는 대부분 온라인 환경에서 진행되기 때문에 온라인 매너와 디지털 윤리를 학습할 수 있는 중요한 장이 된다. 온라인 환경에서 일어나는 디지털 윤리는 현실의 학교라는 장소 속에서 그 윤리적 내용과 적용 과정 그리고 실천을 직접적인 대면으로 검토할 수 있는 기회를 제공한다. 예컨대 온라인에서 발생할 수 있는 욕설, 괴롭힘, 차별 등의 문제가 현실에서 어떻게 적용되고 있는지 파악이 가능하고, 그 과정 속에서 예방의 교육적 경험이 가능하다. 이를 통해 플레이어는 온라인상에서 상대방을 존중하고 부정적 행위의 지향이 현실과도 밀접한 관계를 가진다는 사실을 인식해야 한다. 이러한 인식은 플레이어로 하여금 윤리적 성장과 사회구성원으로서 역할을 하는 데 도움을 줄 수 있다. 또한 자신이 남긴 온라인 기록에 대한 확인과 책임을 지는 태도는 장기적으로 윤리적 의사결정을 할 수 있는 능력을 키우는 데 도움이 된다.

다섯째, 자기관리 및 과몰입 방지이다. 공개된 e스포츠 교육은 규정된 시간과 제도 하에서 진행된다. 여기에 참여하는 플레이어는 e스포츠 사용에 자기 관리를 배우는 장으로 인식하게 된다. e스포츠는 직접적인 화면이 보여주는 디지털 특성상 과몰입 및 중독 문제와도 밀접하게 연관되어 있다. 따라서 e스포츠 교육은 자기 관리를 배우는 기회로 활용해야 한다. 이는 중요한 윤리적 학습을 배우는 기회이다. 예컨대 개인의 시간 관리, 감정 조절, 그리고 가상세계와 현실세계를 구분하는 능력을 기르는 것이 e스포츠 윤리 교육의 중요한 부분이다. 이를 통해 플레이어는 자신의 e스포츠 몰입을 경계하고 건강한 e스포츠 습관을 유지할 수 있는 경험을 획득해야 한다. 물론 이 모든 것은 플레이어 자신의 역할과 책임 하에서 가능하다는 사실은 변함이 없다. 따라서 e스포츠 윤리 교육은 자발적인 윤리적 행동을 이끌어내는 것에 초점을 맞추어야 한다.

여섯째, 다양성 존중과 차별 방지에 대한 경험을 배워야 한다. e스포츠는 전 세계적으로 다양한 배경을 가진 플레이어들이 모여 경쟁하는 환경에서 이루어진다. e스포츠 경기에서는 성별, 인종, 문화적 배경에 대한 차별 없이 서로 소통하면 존중하는 태도의 경험을 배울 수 있다. 여기에서 우리는 일상에서 리더십 발휘에 중요한 요소인 공정한 대우와 포용적 태도를 배울 수 있다. 여기에 자신의 행동이 다른 사람의 롤 모델에 될 수 있음을 확인해야 한다. 따라서 e스포츠는 단순한 경쟁 게임 이상의 의미를 지니고 있으며, 이를 통해 다양한 윤리적 가치를 학습하고 실천할 수 있는 교육의 도구로 활용될 수 있을 것이다.

일곱째, 윤리적 문제 해결의 능력을 배우는 기회로 삼아야 한다. e스포츠 경기에서 이루어지는 도핑, 치팅, e도핑, 중독 및 과도한 몰입 등의 문제와 관련하여 직접적인 경험이 가능하다. 주어진 부정적 e스포츠의 경험 과정은 교육적으로 토론이 가능하다. e스포츠 윤리 교육은 이러한 디지털 문제를 해결하거나 예방하는 데 필요한 사고력과 문제 해결 능력을 배양에 초점을 맞추어 진행되어야 한다. 디지털 시대에 즉각적인 판단과 인식이 필요한 상황에서 e스포츠를 통해 즉각적인 윤리적 태도를 배울 수 있는 경험이 가능하다는 것은 의미가 있다.

물론 e스포츠가 정규 과목이 아닌 상황에서 e스포츠 윤리 교육을 언급하는 것이 성급하다는 지적은 피할 수 없다. 이는 저자가 앞에서 지적한 윤리 교육 내용들이 학문적 체계를 갖추는 일차적인 숙제가 남아있기 때문이다. 예를 들어 e스포츠 윤리 교육이 인간의 도덕적 행위에 진정으로 도움이 되는지에 대한 근본적인 질문을 던져야 한다. e스포츠를 통해 윤리적 추론이 가능한지, 학습 및 인지 발달에 도움이 되는지, 그리고 이를 바탕으로 e스포츠가 실천적 지식을 형성할 수 있는지에 대한 더 많은 학문적 검토 과정이 필요하다. 덧붙여 학생 교육에서 e스포츠 교육이 얼마나 교육적 효과를 갖는지에 대해서도 학문적 검토가 있어야 한다. 이때 e스포츠 윤리 교육의 방향성은 기술 교육보다는 인성과 사회성 교육이 뒷받침되어야 한다. 결국 e스포츠를 통해 인성을 어떻게 함양할 수 있는지와 관련된 구체적인 이론, 실천적인 방법, 나아가 평가 방법까지 제시해야 한다.

참고문헌

1. 국내자료

강현정, 김양현 역(2011) / Korsgaard, C.M. **규범성의 원천.** 서울: 철학과 현실사.

곽영근(2015). 도덕교육에서의 호모루덴스. **초등도덕교육, 50,** 31-52.

구마태(2024). 기술이 가져올 e스포츠의 변화. **e스포츠人을 만나다.** 서울: 부크크.

김건호(2022.08.14. 세계일보). **e스포츠 판 뒤흔든 템퍼링 의혹, 후반전으로.** https://www.segye.com/newsView/20220811516634

김겸섭 역(2014) / Sicart, M. **컴퓨터 게임의 윤리.** 서울: 커뮤니케이션북스.

김겸섭(2018). **노동사회에서 구상하는 놀이의 윤리.** 서울: 지성인.

김겸섭(2022). **디지털 게임의 사회적 상상력.** 서울: 지성인.

김기한, 이승애, 장원석 역(2024) / Schimidt, S. L. **디지털 기술과 미래 스포츠.** 한울: 경기도.

김동환 역(2018) / Slingerland, E. **애쓰지 않기 위해 노력하기.** 파주시: 고반.

김민재, 홍선기(2024). 도핑 개념의 확대를 통한 e스포츠 대회에서의 AI 도핑 규제. **문화·미디어·엔터테인먼트 법(구 문화산업과 법), 18**(1), 101-122.

김병호(2015.06.12. 인벤). **라이엇 게임즈, 지역 간 '템퍼링' 금지 정책 실시.** https://www.inven.co.kr/webzine/news/?news=134287&site=esports

김병호(2017.05.01. 인벤). **게임 속에 들어 있는 평등의 가치-e스포츠의 인종차별에 대하여.** https://www.inven.co.kr/webzine/news/?news=177228&site=marvel

김성하(2024.09.27. 여성경제신문). **T1 우승팀 아닌 린킨파크가 메인?…논란의 2024 롤드컵 뮤비.** https://www.womaneconomy.co.kr/news/articleView.html?idxno=226314

김서연(2023.09.01. 한국e스포츠협회). **e스포츠에 여성 프로 선수가 있을까.** https://m.post.naver.com/viewer/postView.naver?memberNo=6799533&volumeNo=36503525

김영록(2014.09.17. 스포츠조선). **유럽게이머, 아시아 인종차별 '파문'…롤드컵 '찬물'.** https://www.chosun.com/site/data/html_dir/2014/09/17/2014091701818.html

김영선, 방승호, 황옥철(2021). 부모-자녀세대의 e스포츠교육 경험에 관한 질적 연구: '온라인 롤 (LOL) 게임학교'의 의미를 중심으로. **한국스포츠교육학회지, 28**(4), 151-183.

김영선(2023). e스포츠경험의 재구성과 스포츠교육의 가능성. **한국스포츠교육학회지, 30**(1), 49-75.

김인우(2024.06.07. 뉴스퀘스트). **"롤 통해 많은 것 배워", "가장 큰 동기부여는 팬"… '전설의 전당'에서 쏟아진 '페이커' 말말말.** https://www.newsquest.co.kr/news/articleView.html?idxno=224909

김주환(2024.07.09. 연합뉴스). **페이커 "돈·명예는 한시적…좋은 영향력 끼치는 사람 되겠다".** https://www.yna.co.kr/view/AKR20240606071300017

김현정(2024.09.08.). **아시아 경제 "왜 동양인 얼굴은 똑같아?"…'롤드컵' 뮤직비디오 인종차별 논란.** https://view.asiae.co.kr/news/view.htm?idxno=2024092820365227010

김형종(2024.04.24. 게임메카). **디도스·핵·승부조작... e스포츠 발목 잡는 악재들.** https://www.gamemeca.com/view.php?gid=1748282

남송우, 권유리아(2009). 리니지에 내재된 이중의 정치담론. **동북아 문화연구, 18,** 471-490.

노양진 역(2008) / Johnson, M. **도덕적 상상력.** 파주: 서광사.

노양진(2013). **몸이 철학을 말하다-인지적 전환과 체험주의의 물음.** 경기도: 서광사.

노양진 역(2017) / Johnson, M. **인간의 도덕: 윤리학과 인지과학.** 파주: 서광사.

문종길, 김미덕(2023). **현대사회와 윤리 주제 탐구(개정판),** 서울: 책과 나무.

박주현(2024.06.17. 에이블뉴스). **"승리를 갈망한다" 장애인 e스포츠 프로게이머.** https://www.ablenews.co.kr/news/articleView.html?idxno=213157

박상진(2016.10.08. 포모스). **I MAY '로드' 윤한길, 부주의한 채팅으로 1경기 출장 금지.** https://www.fomos.kr/esports/news_view?entry_id=33872

박성주, 임다연, 김진희(2020). e스포츠선수의 약물복용 문제에 관한 윤리적 고찰. **체육과학연구, 31**(2), 306-317.

박성주(2014). 스포츠윤리의 이론적 기초. **한국체육철학회지, 22**(3), 77-97.

박소은(2023.12.01. 뉴스1). **크래프톤, 넷이즈와 '배그'저작권 둘러싼 소송 5년 만에 종지부.**

박성봉 역(2004) / Walhout, D. **도널드 월하웃의 미학과 함께 한 일주일.** 서울: 일빛.

박슬기, 장익영(2024). e스포츠 시대의 (e)도핑. **한국스포츠사회학회지, 37(특별호),** 69-88.

박주한(2009). 체육의 정책윤리에 관한 연구. **한국체육철학회지, 17**(4), 189-202.

박형빈(2021). 도덕철학과 도덕심리학에서 직관과 정서-그린(J. Greene)의 이중과정 모형과 하이트(J. Haidt)의 사회적 직관을 중심으로. **도덕윤리과교육, 72,** 29-65.

박철홍 역(2016) / Dewey, J. **경험으로서 예술 1.** 경기도: 나남.

백우진 역(2019) / Bailenson, J. **두렵지만 매력적인-가상현실(VR)이 열어준 인지와 체험의 인문학적 상상력-.** 서울: 동아시아.

사공영호(2008). 정책이란 무엇인가?-정책의 수단적 가치에 대한 반성. **한국정책학회보, 17**(4), 1-36.

손봉석(2020.09.03. 스포츠경향). **문화체육관광부, e스포츠 '표준계약서' 도입.** https://sports.khan.co.kr/article/202009032119003

손환, 임석원 역(2008) / Loland, S. **스포츠윤리학–스포츠와 페어플레이–.** 서울: 철학과 현실사.

송영민 역(2018) / May, L., Friedman, M., & Clark, A. **마음과 도덕: 윤리학과 인지과학.** 파주: 율력.

송주상(2021.12.28. 조선일보). **'LoL' 제작사, 사내 성차별 소송 합의에 1100억원 배상.** https://www.chosun.com/economy/tech_it/2021/12/28/S7KOZ3L4T5HFFKVYEZ4QTJO6IY/

신은서(2024.10.11. 게임포커스). **아시아 최대 e스포츠 기업 VSPO, CEO 신규 선임 및 'Hero Esports'로 브랜드 개편.** https://gamefocus.co.kr/detail.php?number=159913&thread=14r01

신충식(2016). 공감에서 놀이로: 가다머의 이해와 선(善)의 본성에 관한 연구: 가다머의 이해와 선(善)의 본성에 관한 연구. **현상학과 현대철학, 68,** 33–76.

신휘제, 이동건(2019). e스포츠의 신체관. **한국체육철학회지, 27**(4), 15–28.

심영보(2020.11.16. 인벤). **템퍼링, 그 참을 수 없는 가벼움.** https://m.post.naver.com/viewer/postView.naver?volumeNo=29979711&memberNo=11982345

안정빈(2010.05.31. 디스이즈게임). **스타가 축구공? e스포츠 '공공재' 논란.** https://www.thisisgame.com/webzine//nboard/4/?n=16295

안진경(2020). 온라인 게임의 치팅 프로그램에 나타난 플레이어의 욕망 - 슈팅 장르를 중심으로. **한국게임학회 논문지, 20**(4), 89–100.

오승현(2018). 놀이는 어떻게 윤리적 주체를 만드는가–제4차 산업 혁명 시대에서의 인간의 욕망과 놀이의 관계에 관한 탐색. **시대와 철학, 29**(3), 125–161.

왕수민 역(2014) / Haidt, J. **바른 마음.** 서울: 웅진 지식하우스.

우원상, 김병일(2013). e스포츠와 저작권–저작권관련 쟁점을 중심으로–. **정보법학, 17**(1), 139–173.

유요한(2024.01.21. JTBC). **프로게이머가 도핑검사는 왜?…e스포츠 도핑검사 A to Z.** https://v.daum.net/v/5NbTfVyjD6

윤종석, 나유진, 이진 역(2017) / Bolz, N. **놀이하는 인간.** 서울: 문예출판사.

윤형섭, 권용만 공역(2010) / Salen, K., & Zimmerman, E. **게임디자인 원론.** 서울: 지코사이언스.

엔씨소프트문화재단(2016). **게임사전.** 서울: 해냄.

이도경(2024.09.25. 국민일보). **e스포츠와 망 사용료… 게임사-통신사 갈등은 예고된 미래.** https://v.daum.net/v/20240925041412748

이보라 역(2021) / Markey, P. M., & Feguson, C. J. **모럴컴뱃: 게임의 폭력성을 둘러싼 잘못된 전쟁.** 서울: 도서출판스타비즈.

이상호(2019). e스포츠의 역사와 과정. **e스포츠연구: 한국e스포츠학회지, 1**(1), 1-27.

이상호(2020). e스포츠의 개념 형성과 특징. **e스포츠연구: 한국e스포츠학회지, 2**(1), 1-16.

이상호(2021.01.17. 게임와이). **e스포츠와 MZ세대의 이해: 롤 (LOL)을 중심으로** http://www.gamey.kr/news/articleView.html?idxno=3000781

이상호(2021). e스포츠와 몸 기능 향상. **게임은 훌륭하다(조영삼 편저).** 부산: 호밀밭.

이상호(2022). e스포츠 재미와 열광의 인지적 특성. **한국체육학회지, 61**(2), 25-38.

이상호(2023). e스포츠의 개념 분석을 통한 e스포츠 연구 방향. **한국체육철학회 춘계학술대회 자료집.**

이상호(2023). **검도철학.** 서울: 박영사.

이상호(2024a). **e스포츠의 이해(개정판).** 서울: 박영사.

이상호(2024b). **e스포츠문화.** 서울: 부크크.

이상호(2025a). **e스포츠의 학문적 이해(개정판).** 서울: 부크크.

이상호 역(2025b) / Andrejkovics, Z. **보이지 않는 e스포츠(개정판).** 서울: 박영사.

이성용(2024.07.09. 특허뉴스). **e스포츠, 저작권 · 상표 · 디자인권 광범위해.** https://www.e-patentnews.com/11523

이소라(2019.11.21. 한국일보). **[시시콜콜 What] e스포츠판 흔드는 '그리핀 카나비 사건'이 뭐길래?.** https://www.hankookilbo.com/News/Read/201911211104721007.

이윤정(2024.08.14. 조선일보). **中 청소년 게임 규제는 끝나지 않았다.** https://biz.chosun.com/international/international_economy/2024/08/14/JUMKHJMKWJFZ3FZJWY5ZC6BBUQ/

이윤제 외(2023). **도핑과 스포츠.** 서울: 국민대출판부.

이윤지(2017.05.02. 데일리 e스포츠). **인종 차별에 대한 라이엇 게임즈의 대응.** http://dailyesports.com/view.php?ud=2017050216255368952_27

이영록(2017.03.07. 디스이즈게임). **오버워치 제프 카플란, "시메트라는 자폐증을 갖고 있다" 밝혀.** https://m.thisisgame.com/webzine/news/nboard/4/?n=69918

이재훈 역(1997) / Winnicott, D. W. **놀이와 현실.** 서울: 한국심리치료 연구소.

이제욱, 박용범(2023). e스포츠 정책기관 역할 제고를 위한 거버넌스의 역할. **스포츠엔터테인먼트와 법, 26**(4), 51-67.

이진우, 김호철(2021). [이스포츠 (전자스포츠) 진흥에 관한 법률] 개정안 평가 및 개선 방안 제언. **한국게임학회논문지, 21**(4), 13-23.

이진우 역(2021) / MacIntyre, A. **덕의 상실.** 서울: 문예출판사.

이진호(2024). **앨버트 반두라의 심리학 사회학습이론 톺아보기.** 서울: 루미너리북스.

이학준(2024). e스포츠의 윤리적 쟁점과 방향. **e스포츠연구: 한국e스포츠학회지, 6**(2), 44-54.

이호진(2025.02.17. esportsinsider). **ESIC, e스포츠 윤리 교육 플랫폼 '페어플레이 아카데미' 출시.** https://esportsinsider.com/kr/2025/02/esic-fairplay-academy-esports

임지룡, 윤희수, 노양진, 나익주 역(2002) / Lakoff, G., & Johnson, M. **몸의 철학 -신체화된 마음의 서구 사상에 대한 도전.** 서울: 박이정.

임홍배 역(2012) / Gadamer, H-D. **진리와 방법 2.** 경기도: 문학동네.

장성진 역(2014) / Juul, J. **하프 리얼: 가상 세계와 실제 규칙 사이에 존재하는 비디오게임.** 서울: 바즈앤비즈.

장신신(2022.10.01. 중국뉴스). **中 선전, "국제 e스포츠의 도시" 건설에 총력전... 베이징, 상하이, 항저우에 이어.** https://www.cmnews.kr/news/articleView.html?idxno=401804

정낙림(2017). **놀이하는 인간의 철학.** 서울: 책세상.

정연덕(2011). 이스포츠(E-sport)에서 플레이어의 법적 지위 - 저작권법을 중심으로 -. **원광법학, 27**(1), 127-152.

정현(2023). [이스포츠 (전자스포츠) 진흥에 관한 법률] 의 개선방안 연구. **스포츠엔터테인먼트와 법, 26**(3), 67-88.

최우석(2019). **후설의 현상학적 윤리학.** 경희대 일반대학원. 미간행 박사학위논문.

최원미, 이민석(2024). e스포츠 공정위원회의 징계처분 사례 연구. **e스포츠연구: 한국e스포츠학회지, 6**(1), 53-66.

최은경, 이유찬, 유옥식, 최홍규, 김형섭(2024). **고등학교 e스포츠 윤리(3판).** 서울: 교문사.

최호영 역(2017) / Green, J. **옳고 그름.** 서울: 시공사.

하재필(2025). e스포츠 표준계약서의 개선방향 연구: 한국 표준계약서와 일본 히나형계약서의 비교 분석을 중심으로. **스포츠엔터테인먼트법학회. 28**(1), 291-308.

한국체육철학학회(2015). **스포츠윤리.** 서울: 대한미디어.

한용환, 변지연 역(2001) / Murray, J. H. **인터랙티브 스토리텔링.** 서울: 문예출판사.

한국콘텐츠진흥원(2011). **장애인 e스포츠 활성화를 위한 스포츠 등급분류 연구.**

한국콘텐츠진흥원(2024). **e스포츠 사업 성과분석 및 발전방안 연구.**

황찬익(2017.04.05. 한국일보). **'나는 귀로 싸운다' 스트리트파이터5 대회에서 승리한 시각장애인.** https://www.hankookilbo.com/News/Read/201704050915797668?type=AB1&rPrev=201703131648698098.

KBS뉴스(2024.11.10.). **장애인 e스포츠 우승자들 상금도 '먹튀'?…'횡령 사건'에 뒤집힌 연맹.** https://news.kbs.co.kr/news/pc/view/view.do?ncd=8102289

2. 외국자료

Abad, D. (2010). Sportsmanship. *Sport, Ethics and Philosophy, 4*(1), 27-41. https://doi.org/10.1080/17511320903365227

Abdulaal, A. M. (2020). *Sport Corruption: The Case of doping in eSports* (Master's thesis, Høgskolen i Molde—Vitenskapelig høgskole i logistikk).

Barger, R. (2008). *Computer Ethics: A Case—Based Approach.* Cambridge: Cambridge University Press.

Becker, B. (2003). Marking and crossing borders: bodies, touch and contact in cyberspace. *Body, Space & Technology, 3*(2). DOI: http://doi.org/10.16995/bst.218

Borkowski, J., Besombes, N., & Cabagno, G. (2024). The construction of esports careers in France: Are there gender—based inequalities right from the start? *International Review for the Sociology of Sport.* https://doi.org/10.1177/10126902241290042

Brey, P. (2000). Method in computer ethics: Towards a multi—level inter—disciplinary approach. *Ethics and information technology, 2*(2), 125—129.

De Koven, B. (2013). *The Well−Played Game: A Player's Philosophy.* MA: The MIT Press.

Elstein, D. (2024). On Esports and competitive cooking: once more on the nature of sport. *Journal of the Philosophy of Sport, 52*(1), 98-113. https://doi.org/10.1080/00948705.2024.2408260

Fashina, O. (2021). Doping in Esports: How and to What Extent can we Look to WADA for Guidance. *Sports Law. J., 28,* 19−48.

Flanagan, M. (2009). *Critical Play: Radical Game Design.* Cambridge, MA: MIT Press.

Francis, Laura(February 13, 2019. Eurogamer.). "Character before condition −looking at gaming and autism representation". https://www.eurogamer.net/character−before−condition−looking−at−gaming−and−autism−representation

Gershenfeld, N. Alan Gershenfeld, A., & Cutcher−Gershenfeld, J. (2017). *Designing Reality: How to Survive and Thrive in the Third Digital Revolution.* New York: Basic Books.

Grizzard, M., Tamborini, R., Lewis, R. J., Wang, L., & Prabhu, S. (2014). Being bad in a video game can make us morally sensitive. *Cyberpsychology, Behavior, and Social Networking, 17*(8), 499−504.

Gupta, D., Sharma, H., & Gupta, M. (2022). Doping as a barrier in uni−versal acceptance of esports. *International Journal of Sports Marketing and Sponsorship.* 23(3), 645−664.

Hwang, J. (2021). Cheating in E−sports: a proposal to regulate the grow−ing problem of E−doping. *Nw. UL Rev.,* 116, 1283.

Klimmt, C., Schmid, H., Nosper, A., Hartmann, T., & Vorderer, P. (2006). How players manage moral concerns to make video game violence enjoyable. *Communications 31,* 309–328.

Kohlberg, L. (1981). *The Philosophy of Moral Development: Moral Stages and the Idea of Justice.* New York: Harper & Row.

Kolyperas, D., Anagnostopoulos, C., Pavlopoulou, I., Manoli, A. E., & Chadwick, S. (2024). Corporate social and digital responsibility in esports. *Internet Research. Vol.* ahead–of–print No. ahead–of–print. https://doi.org/10.1108/INTR–01–2024–0134

Lee Hojin(2025.02.14. Esports Insider). *Esports and Education Meet: NASEF–led Global Talent Training.* https://esportsinsider.com/kr/2025/02/esports–education–nasef

Littlejohn, S. W., & Foss, K. A. (2021). *Theories of human communication*(12th). Illinois: Waveland Press.

Mackie, J. (1977). *Ethics: Inventing right and wrong.* New York: Viking Press.

Maiberg, Emanuel(July 14, 2015). *Counter–Strike eSports Pro: 'We Were All on Adderall'.*

McKee, H. A., & Porter, J. E. (2009). Playing a good game: Ethical issues in researching MMOGs and virtual worlds. *International Journal of Internet Research Ethics, 2*(1), 5–37.

Milgram, S. (1963). Behavioral study of obedience. *The Journal of abnormal and social psychology, 67*(4), 371.

Neely, E. L. (2019). The ethics of choice in single–player video games. *On the Cognitive, Ethical, and Scientific Dimensions of Artificial Intelligence: Themes from IACAP 2016*, 341–355. in Berkich, D., & D'Alfonso, M. V. (edited). New york: Springer.

Nicholson, Jonno(2025.01.27. Esports Inside). *Imperial FE versus NAVI peaks at 490,000 viewers.* https://www.vice.com/en/article/counter-strike-esports-pro-we-were-all-on-adderall/

Nguyen, C. T., & Zagal, J. P. (2016, January). Good violence, bad violence: The ethics of competition in multiplayer games. *In Proceedings of DiGRA/FDG 2016 Conference.* https://esportsinsider.com/2025/01/imperial-fe-navi-490k-peak-viewers

Orbik, Z., & Zozuľaková, V. (2019). Corporate social and digital responsibility. *Management Systems in Production Engineering, 27*(2), 79-83.

Parry, J. (2019). E-sports are not sports. Sport, *Ethics & Philosophy 13*(1): 3-18. doi:10.1080/17511321.2018.1489419

Parry, J., & Giesbrecht, J. (2023). Esports, real sports and the Olympic Virtual Series. *Journal of the Philosophy of Sport, 50*(2): 208-228. doi:10.1080/00948705.2023.2216883

Pezdek, K. (2024). Fair Play Principle in Esports. *Sport, Ethics and Philosophy, 19*(1).1-14.

Piaget, J. (1931). *The Moral Judgment Of The Child.* London: Routledge.

Pojman, L. P., & Fieser, J. (2016). *Ethics: Discovering right and wrong.* Belmont. CA: Cengage Learning.

Rana, I., & Parsai, A. (2023). Doping in eSports: need for a techno legal synchrony. *The International Sports Law Journal, 23*(2), 212-224.

Richardson, A., Tjønndal, A., Demetrovics, Z., & Bates, G. (2024). Issues and Threats to the Integrity of Esports. *Performance Enhancement & Health, 12*(3), 100297.

Schöber, T., & Stadtmann, G. (2022). The dark side of e-sports: An analysis of cheating, doping & match-fixing activities and their countermeasures. *International Journal of Esports, 1*(1). 1-15. https://www.ijesports.org/article/98/html

Schrier, K., & D. Gibson. 2010. *Ethics and Game Design: Teaching Values through Play.* Hershey, PA: Information Science Reference.

Sicart, M. (2013). *Beyond Choices: The design of ethical gameplay.* MA: MIT Press.

Tweedie, J. W., Rosenthal, R. R., & Holden, J. T. (2022). Doping in esports. In *Social Issues in Esports* (pp. 101-114). New York: Routledge.

Zagal, José P. (2011). "Ethical Reasoning and Reflection as Supported by Single-Player Videogames." *In Designing Games for Ethics: Models, Techniques, and Frameworks,* edited by K. Schrier and D. Gibson, 19-35. Hershey, New York: Information Science Reference.

Wee, R., Boo, B., & Lim, V. (2017.11.15.). *MWKA Esports Law Meta: Edoping-The Plague in Esports(Part 1). https://mahwengkwai.com/mwka*-esports-law-meta-edoping-plague-esports-part-1/

Wee, R., Boo, B., & Lim, V. (2017.12.20.). *MWKA Esports Law Meta: Edoping-The Plague in Esports(Part 2).* https://mahwengkwai.com/mwka-esports-law-meta-edoping-plague-esports-part-2/

Xu, Y. (2023). The Evolving eSports Landscape: Technology Empowerment, Intelligent Embodiment, and Digital Ethics. *Sport, Ethics and Philosophy, 17*(3), 356-368. https://doi.org/10.1080/17511321.2023.2168039

색인

[ㄱ]

가다머(Gadamer) 138
가상세계 22, 24, 25
각성제 204
감정 51
감정이입(empathy) 86
개념적 은유 53
게구리(Geguri) 190
게임 디자인 33
게임 중독 173
결과론적 윤리 59
결과주의 이론 58
경쟁 26, 27
공감 84, 88
공공성 274
공공재 235
공리주의(Utilitarianism) 44, 59
공정 27
공정성 26, 28, 274
과몰입 27, 51, 83
광안리 대첩 134
구성적 규칙(Constitutive Rule) 165
굿 게임 122
기본권 220
기술 도핑 201
기업 윤리 31

[ㄴ]

노동권 223
노자 76
놀아지는(played out) 140
놀이 33
닐 게센펠드(Neil Gershenfeld) 89

[ㄷ]

대리 28, 62
덕 윤리 68
덕 이론 58
도덕(morality) 20, 21, 22
도핑 24, 200
동양사상 58
디자인된 윤리 164
디지털 142
디지털 놀이 31, 32
디지털 매개체 22, 24, 30, 74
디지털 생동감 146
디지털 행위 23, 26

[ㄹ]

라이엇 게임즈(Riotgames) 170
로렌스 콜버그(Lawrence Kohlberg) 55, 152
롤 148

[ㅁ]

마법의 원(magic circle) 126
마음챙김 79
마크 존슨(Mark Johnson) 53
매킨타이어(MacIntyre) 70
몰입 34
몸 자신(proper body) 33
몸에 배인 상태(embodiment) 146
몸에 배인 인지(embodied cognition) 54
무위(無爲) 76
미적 경험 169
미적(aesthetic) 169

[ㅂ]

바츠해방전쟁 175
발생적 현상학 80
배틀그라운드(Battlegrounds) 157
버나드 드 코벤(Bernard De Koven) 124
분투적 놀이(striving play) 31, 168
불평등 186

[ㅅ]

사물인터넷(IoT) 29, 95, 100, 104, 106
사회 직관 모델(Social Institution Model) 151
사회 학습이론(Social Learning Theory) 52
상대주의 36, 38
상상력 128, 164
상호작용성 142
상호주관성 33, 86
생성형 AI 101
선(善) 44
성 차별 31, 187
성취형 놀이(achievement play) 31
세계반도핑기구(World Anti-Doping Agency) 200
속임수 24
순수 자아 80
스크립팅(Scripting) 209
스타크래프트 33, 148
스탠리 밀그램(Stanley Milgram) 46
스트리밍 플랫폼 94
스티브 러셀(Steve Russell) 134
스페이스워(Spacewar) 134
스포츠맨십 28, 62
스피드 핵(Speed Hack) 209
승부조작 24, 28

시각장 36, 97, 169
시간낭비 83
시메트라(Symmetra) 161
시카트(Sicart) 73
신경윤리학(neuroethics) 55
신데렐라법 37

[ㅇ]

아레테(Arete) 68
아리스토텔레스(Aristotle) 68, 69
아바타 24, 32, 54
아시아전자스포츠연맹 251
안정성 274
약물 도핑 202
에드문트 후설(Edmund Husserl) 81
에이전트 234
에임 핵 208
엠마뉴엘 칸트(Immanuel Kant) 63
연기법 77
열광 81
예(禮) 75
오버워치 161, 166
옴닉 위기(Omnic Crisis) 165
우선 순위 167
유즈맵(Usemap) 135
윤리의 e스포츠(eSports of Ethics) 23
의(義) 75
의무론 44
의무론적 윤리 63
의무론적 이론 58
이해관계자 29
인(仁) 75
인격자 86
인공지능 29
인권 27, 218
인성 277
인성 교육 272
인종 차별 31, 38, 180, 184
인지과학 47

[ㅈ]

자넷 머레이(Janet Murry) 143
자연주의적 태도 83
장 피아제(Jean Piaget) 55
재미 34, 81
절대주의 36, 40
정적 현상학 80
정책 윤리 31, 244
제프 카플린(Jeffrey Kaplan) 161
조나단 하이트(Jonathan Haidt) 50
조슈아 그린(Joshua Greene) 51
중간 영역 129
중독 27, 83
쥬울(Juul) 164
지(智) 75
지적 재산권 27, 235
지향성(intentionality) 82

진정제 206

[ㅊ]

치팅 62

[ㅋ]

칸트 44
컴퓨팅 기술 146
클라우드 게이밍(cloud gaming) 94

[ㅌ]

태도변경 82
테니스 포 투(tennis for two) 89
템퍼링(Tampering) 231, 233
투명성 30
투자 종목사(publisher) 154
트롤리 딜레마 51
트위치(Twitch) 94

[ㅍ]

판단중지 82
페어플레이 62, 114
페이커(Faker) 72, 78, 86
평등권 222
평등성 66, 184
포켓몬 고(Pokemon Go) 96
폭력성 27, 51, 83
표준계약서 30
피코 파크(pico park) 162

[ㅎ]

학습권 218
학습권 침해 27
한국e스포츠협회 216
해킹 28
핵 28
행복 추구권 221
행위성(agency) 23, 140, 143, 162
행위자 34, 71, 151
현상학 79
현상학적 윤리이론 58
현상학적 윤리학 81
호이징가(Huizinga) 126, 127, 130
환원 82

[기타]

8정도 77
AI 101
AI 도핑 211
AR 95, 96
e도핑 28
e스포츠 교육 272
e스포츠 심판 262
e스포츠 지도자 257
e스포츠 진흥에 관한 법률 227
e스포츠 표준계약서 229
e스포츠 플랫폼 95
e스포츠공정위원회 225
e스포츠의 윤리(Ethics of eSports) 23

IOC 200
MR 95, 98
MZ세대 33
NASEF 275
NPC 25, 86
PC방 91, 150
VR 95
WADA 200
XR 95, 99

e스포츠 윤리

초판발행 2025년 10월 18일

지은이 이상호
펴낸이 안종만 · 안상준

편 집 탁종민
기획/마케팅 박부하
표지디자인 BEN STORY
제 작 고철민 · 김원표

펴낸곳 (주) 박영사
서울특별시 금천구 가산디지털2로 53, 210호(가산동, 한라시그마밸리)
등록 1959. 3. 11. 제300-1959-1호(倫)
전 화 02)733-6771
f a x 02)736-4818
e-mail pys@pybook.co.kr
homepage www.pybook.co.kr
ISBN 979-11-303-2351-0 93690

정 가 19,000원